MINERVA TEXT LIBRARY 57

# 経済統計の計量分析

## 計量経済学入門

井上勝雄 著

ミネルヴァ書房

# はしがき

本書は，経済統計学や計量経済学といった講義科目のテキストブックとして活用できることを目的に，経済学における統計分析あるいは数量分析と言われる実証分析の方法と，それらの背景にある考え方を解説した書である。

経済学は様々な議論の中で，経済構造や経済社会の変動のメカニズムを明らかにしようとする。あるいは政策効果を評価したり経済予測をしたりしようともする。こういった分析を整合的に行うためには，いくつかの経済変数の間に成り立つ関係式から構成される経済モデルを考える。そして，現実の経済データを利用して，それら経済モデルを計測する。このようなプロセスを踏まえてこそ，様々な議論の現実妥当性を検証したり，政策や予測にとって有益な情報を導いたりできるのである。

それには，まず，様々なデータから，的確に経済の実態を把握しなければならない。実証分析に重点をおいた経済学の領域では，経済統計データをどのように眺め，それらから経済社会の実態を如何に見いだし，問題意識を如何に把握するかなどが，重要なポイントになる。そこでは，統計的な分析や考察に至るまでの，むしろ経済社会をどう捉えるかといった経済学的なテーマが問題になる。本書の第Ⅰ部の各章は，経済学の入門的な解説とともに，経済統計の資料からどのように経済を把握するかの基本が習得できるよう意図して構成されている。

経済学の実証分析の基本は，回帰分析とその推測統計の理論を中心に，これを如何に活用するかを主題とする。回帰分析そのものは，生物学をはじめ実験を通して実証する自然科学の領域で有効な手法であった。したがって，経済学の領域をはじめ，経済現象や社会現象を扱うときには，相応の工夫が必要になる。計量経済学の入門書・解説書でも，それら工夫された手法と，その考え方の蓄積を解説することに多くが割かれている。本書第Ⅱ部は，推測統計の基礎理論を解説した後，続く各章において，経済統計を如何に計量分析に適用させるか，つまり経済関係式を計測し，それらを如何に活用するかの基本が習得できるように配慮している。

第Ⅱ部のベースにある推測統計理論については，多くの場合，読者の直観に訴えるかたちで叙述している。厳密な証明のためには，行列・ベクトルと多次元確率変数の知識が必要になるからである。そこで，本書第Ⅲ部は，行列・ベクトルと多次元確率変数について，必要な知識と議論を解説することによって第Ⅱ部を補強し，さらに，より発展的な分析手法をまとめている。

本書全体を通して，回帰分析を中心とした経済統計の計量分析の基本を，読者に分かりやすく伝えることを目指した。この基本的な視点から，連立方程式体系の推定理論，時系列分析は割愛することとした。これらのテーマは，本書の内容を理解した上で取り組むべく，上級のエコノメトリックスや時系列分析を扱う書物に譲ることにしたい。

本書の出版にあたっては，編集部の浅井久仁人氏に大変お世話になった。心から感謝申し上げたい。もちろん，本書のあり得べき誤りや不足する点は，筆者の責任である。読者と教科書に採りあげていただいた先生方からのご叱正を賜らなければならない。

平成22年２月10日

井 上 勝 雄

# 目　次

# 第 I 部

# 経済をデータで把握する

# 第1章　経済循環と産業連関表

## 1.1　経済問題と経済学の課題

### 経 済 活 動

日常生活をかえりみると，身につけている衣服，毎日口にする米やパン，肉類，コーヒ・紅茶や日本茶，住居としての家屋，通勤通学に利用する交通機関の輸送サービス，映画や演劇の娯楽サービス等，日常生活に不可欠であったり，より豊かな生活のために何千何万種類の財やサービスを消費している。他方，消費できるためには，何らかの生産にたずさわり，所得をえなければならない。ある者は電気器具を製造する工場に，またある者は電鉄会社に勤務し，給料や賃金を受けとる。あるいは，商店や町工場を経営し，社会のニーズを満たす財・サービスを生産したり，その生産組織を管理・運営したりして所得をえる。

自らの生命を維持し，またより良い生活をしたいという欲求の中で，財・サービスによって満たされるものを物質的欲求という。このような物質的欲求を満たすため，財・サービスの獲得をめざす活動が経済活動である。

経済活動を具体的に考えると，生産と消費に大別できる。つまり，(1)道具，機械設備等を用い，自然資源に働きかけ，われわれの欲求を満たすものを作りだす生産行為と，(2)それら生産された財・サービスを，欲求を満たすべく消耗する消費行動とが経済活動の中心である。

### 分業と交換

社会に住む人びとは物質的欲求を満たすために経済活動を行なう。しかし，名個人が自ら日々消費する財・サービスを，直接に生産しているものはほとんどない。たいていは，他の人びとが生産したものである。それは，現代の経済社会において高度に分業が行なわれているからである。例えば，電子レンジやテレビなど電化製品が利用されるまでには，何万，何十万の人びとの生産活動が加わっている。ある部品や回路基盤だけを製作する者，ある一部の組立てだけに関わる者，組立に使うネジを製造する者，そのネジを製造する機械を造る者等々，電化製品が完成するまでの生産過程をさかのぼれば分業の細分化に際限がない。

電化製品に限らず，日々消費している財やサービスのほとんどが，分業と労働の特化（専門化）による生産で成り立っている。各個人の生産活動は，財・サービスの生産過程のごく一部を担当するにすぎない。これは，一連の生産過程を独りで担うよりも，それぞれの作業毎に分担して製品を完成させる方が効率的であるからである。

さて，分業が高度に発達したわれわれの経済社会では，物質的欲求の主体（人）と，それを充足するための生産活動する主体（人）とが直接に連絡をとっていない。したがって，生産機構に投ずる自らの労働と，自ら欲する財・サービスとの交換が経済活動の中心となる。もちろん，自らの労働は社会的でなければならない。趣味や独特の考えだけで，労働を投じても，それが社会の多くの人びとの欲求を満たすものの生産に結びつかないならば，自ら欲する財・サービスと交換されえないであろう。個人の生産活動は社会的分業の一環でなければならないのである。

## 経済法則

経済社会の各人は，財・サービスを獲得しようとするし，そのために所得を得るべく生産のために労働を投ずる。このとき，どんな財・サービスを欲するかは自由であるし，どのような生産に労働を投ずるか，あるいはどんな犠牲を払うかも自由である。つまり，経済生活の中で何と何を交換しようとするかは，全く自由である。個人が自由勝手に何と何を交換しようと，それらを経済社会の何かが規制するのでもなく，また統一的に指示するものもない。このような状況にあって，われわれの社会が大きな混乱もなく運行しているのは非常な驚異と言わざるをえない。

換言すると，経済社会が大きな混乱もなく運行しているのには，何らかの法則性があると言える。なぜならば，経済的秩序を維持する何らかの法則性がなければ，個々人の不満がつのり，社会全体に不安と混乱を来たすだろう。現代社会が大きな破綻もなく経済的秩序が維持されているのは，そこに経済法則というべきものがあると判断できる。経済学は，この法則を明らかにしようとする科学である。

### 資源の稀少性

われわれの経済社会において，生活に必要な，あるいは欲求される財が無制限に存在しない。財・サービスを作りだすために必要な資源が限られているからである。いわゆる天然資源も有限であろうし，また，財を生産するために必要な原材料，あるいは工場設備，機械の類も無制限に存在しないし，生産に投じる労働力も有限である。さらに，有限の原材料と有限の労働力でもって，消費しうる財を無限に生産する生産技術もあり得ない。ここに述べた諸点を一括して，一般に，資源の稀少性という。

上に述べた資源の稀少性こそが，実は，経済問題の根源である。
われわれの日常生活を維持し，より豊かな生活をするために必要な，あるいは欲求される財が，無制限に存在するとしたら，全く問題はないからである。社会のあらゆる人が欲しいと思うものを欲しいだけ消費し得るなら，経済的秩序も不要であるし，そこに経済法則も生じえない。

ここで，稀少性といっても物理的な有限性を問題にしているのではない。天然資源の開発，工場設備や機械等の生産手段の蓄積，生産技術の向上を考えれば，これらの有限性は，絶対的なものではない。しかし，資源の有限性の範囲が広がったとしても，その時には社会全体の必要物，欲求物も拡大しており，経済問題の根元である資源の稀少性が解消することはないだろう。

### 資源配分

われわれの社会では，各人が求める財・サービスは種々様々で，社会全体としてどのような財をどれほど生産すべきかを統一的に把握している主体はない。

しかし，どのような財がどの程度生産されるべきか，社会全体として解決されなければならない。社会全体の欲求・ニーズを満たす生産が行なわれなければ，不満が累積し，社会として維持されないからである。しかも，資源の稀少性より，何をどれだけ生産するかという選択の問題が生じる。

何をどれだけ生産すべきかという問題と密接に関わって，どのように生産すべきかも解決されなければならない。ある財を生産するのに機械を使うのか手造りにするか。いくつかある技術や生産方法のどれを使って生産するかは何らかの方法で解決されなければならない。「いかなる財をどの程度，いかなる方法で生産すべきか」という問題は，言いかえると，社会の欲求を満たすため，「様々な資源をどのように配分されるべきか」ということになる。一般に，これを資源配分の問題という。

### 所得分配

資源の稀少性から生ずる問題で，資源配分とならんで重要なのは一般に所得分配と言われるものである。これは「生産が誰のためになされるか」あるいは「生産物は誰が享受するか」という問題である。所得分配は資源配分と別個に存在するのではない。社会全体の欲求を反映して資源配分がなされ，財・サービスが生産せられるとして，生産された財・サービスが社会の構成員に分配される。その際，経済社会の生産に貢献したところに応じて財・サービスが享受されるべきかもしれない。あるいは別の基準に従って社会の構成員に分配されるべきかもしれない。いずれにしても生産された財・サービスを誰が享受するか，換言すると生産されたものが個々の人びとの間にどのように分配されるかは，社会が解決せねばならない。すでに述べたように，高度な分業体制のもとでは，財・サービスそのものを直接社会の構成員に分配する仕組はない。したがって，一方で，社会の生産機構に投ずる労働や様々な犠牲にいかなる価格がつけられ，他方で，生産された種々の財・サービスにどれほどの価格がつけられるかということが，所得分配の具体的な問題解決になる。

### 再生産

経済社会において，人は物質的欲求から経済活動をするが，この物質的欲求は一時的なものではない。物質的欲求は永遠に続くものであり，社会全体として消費は不断に続く。しかも資源の稀少性もおそらく永久に続くであろう。このように見れば，資源配分と所得分配の問題は一時的に解決されればよいという問題ではない。持続的に資源配分と所得分配がなされてはじめて社会がそれ自身維持されるのである。稀少性から生ずる資源配分と所得分配の問題を解決しながら，物質的欲求充足のため，財・サービスの生産と消費が持続的に反復されていく過程が，経済社会の本質である。これを一般に社会の再生産過程という。したがって，社会の再生産の条件を明らかにすることが経済学の基本的問題であると言ってもよい。

### 価格機構

われわれの経済社会は，資源配分と所得分配の問題を，どのようなメカニズムを通じて，解決していくのだろうか。現代のように分業が高度に進み，消費と生産が全く個人的に行なわれながら，なお社会全体として再生産が可能ならしめるのは，実は，価格機構なのである。価格機構の体制のもとで，各人の経済活動に関する意志決定は，すべて価格を指標になされる。つまり，各人は種々の財・サービスの価格を目安に自らの経済活動をする。したがって，社会に存在する種々の財・サービスの価格に依存して，資源配分と所得分配の問題が解決されていくと見て良い。

現在，日本経済は主として，価格機構による経済体制である。もっとも経済体制の視点として，資産の所有や使用が私有か公有か，あるいは経営管理が私営か公営かという見方もある。現在の日本における経済体制は大体において「私有・私営・価格機構」ととらえられるが，政府の経済活動が果たす役割も無視できない。したがって，通常，「混合経済体制」と言われる。

## 1.2　経済主体と経済活動

これまでに述べてきたように，高度な分業体制のもとでは，経済活動の中心は交換である。この交換に関連して，経済主体，財・サービス，生産要素，要素報酬といった経済学の基本的な概念を説明しておこう。

### ある製造会社に勤める人の経済活動

いま，電気器具製造会社に勤める人を想定してみよう。彼は会社の電気器具製造のために労働力を提供している。その労働力は，器具の一部を組み立てる作業であれ，品質管理検査の作業であれ，販売の営業活動であれ，製品が社会に供給されるに必要な生産要素である。彼はその会社から，月末には賃金を受けとる。それは生産要素である労働力にたいする報酬である。会社にとってこれは生産費用であるが，彼にとっては所得の一部を形成する。ここで所得の一部と述べたのは，この賃金あるいは給料が所得の全部であるとは限らない。

過去すでに銀行預金をしているとか，自分の勤める会社も含めて他の会社の株式を過去に購入しており，それらから利息や配当を受けとるかもしれない。これも彼にとって所得の一部である。彼の銀行預金や株式に投じた貨幣はおそらくは企業にとっては，当面の原材料仕入れの短期的な資金，あるいは工場設備や機械の購入の資金となっているだろう。もしそうならば工場の建物や機械等の生産にとって必要な資本という生産要素の一部を，彼が提供していることになる。したがって預金利息や株式の配当は資本という生産要素にたいする報酬と言える。

労働力あるいは資本という生産要素を提供し，その報酬として所得をえて，彼は生計を立て，よりよい生活をしようとする。彼の家庭では，どのような財・サービスを，どんな割合で購入するかを自らの必要度や趣味・嗜好に従って，得られた所得のもとで，満足のいくよう消費支出するだろう。

## ある製造会社の経済活動

他方，電気器具製造会社に目を向けてみよう。その企業が多くの人びとの出資によって設立されているとするなら，その工場の建物や機械等の資本設備という生産要素を多くの人びとから提供されていることになる。また，その企業の工場が建てられている土地も，おそらくは土地という生産要素の提供を受けている。しかも日々，電気製品を生産するためには多くの人びとを雇用し，労働力という生産要素を購入しなければならない。そうしてその企業は原材料を購入し電気器具という生産物を生産することになる。生産したすべての生産物を販売したとしても，企業にとって販売総額全部が収入となるわけではない。生産のために投入された労働力等の生産要素には報酬が支払われねばならないし，さらに，原材料購入費も販売額から差し引いたものが企業にとっての利潤である。その電気器具製造会社は，この利潤が大きくなるように経営努力する。つまり，機械化をどの程度進めるべきかやどんな生産方法をとればより利潤が大きくなるかを考慮するのである。

## 経済主体

上述のことから，経済主体を大別すると，家計と企業になる。そして，経済学では，各経済主体の行動原理を以下のように想定している。

家計は，労働力や土地（用役），資本（用役）といった生産要素を企業に提供し，それらの報酬として所得をえる。その所得の一部あるいは全部で，企業が販売する財・サービスを購入し，最も満足のいくように消費生活をする。

企業は生産物を生産する経済主体であり，そのために，労働力，土地，資本用役（＝サービス）等の生産要素を購入し，さらに他企業から原材料を仕入れる。企業は生産を行なうとき，販売額から生産要素に支払う報酬および原材料費を差し引いて得られる利潤をできるだけ大きくするよう行動する。そのために生産技術や生産方法さらには生産組織の管理・運営に努力する。これら管理運営もまた生産要素と見なされ，その報酬が利潤なのである。

現代の経済社会の現実を分析する場合，企業と家計という２つの経済主体のみでとらえるだけでは不充分である。国内経済のもう一つの経済主体として政府をあげなければならないだろう。経済活動する政府は，家計，企業に課税することによって収入を得て，企業とは異なる観点から，公共財や企業が供給できない財・サービスを供給する。さらに諸外国の国内経済に及ぼす影響をみるため，経済主体として海外をあげる必要があろう。

### 生産要素とその報酬

経済主体間で一般的に交換される財・サービスを経済財という。経済財は，その交換される目的や利用の仕方に応じて，次のように分類できる。まず，家計から企業へ提供される財として生産要素がある。生産要素というのは前にも述べたように，労働力および土地，資本である。経済社会に存在する労働，土地，資本は家計によって所有されている。土地や資本は企業の所有者である株主のものであり，企業はそれを株主の家計から借り入れて，その用役（＝サービス）を購入していると考えられる。

資本あるいは資本ストックというのは，具体的には，工場や工場設備，機械設備，技術装置などを指す。これらは生産可能な生産要素である。生産の過程で，労働とともにこれらの資本を活用し，その用役に対して，資本所有者へ報酬が支払われる。企業は，生産物の価値額から原材料費用，資本設備の減耗分を差し引き，さらに労働の対価である賃金，土地用役の対価である地代，資金の使用料である利子などを差し引いた残り，つまり利潤が最大となるように生産活動する。したがって，利潤は，資本用役に対する報酬であり，同時に生産組織の維持管理や企業経営力に対する報酬であると言える。

そして，利潤が一般の賃金・給与，地代，利子と異なるのは，それが決して確実ではないところにある。同じ資金の提供に対する報酬であっても，社債や銀行の貸付利子のように確実なものは利潤ではない。利潤は，正のときも，負のときもあり，企業の成功，失敗と運命をともにする。その意味で利潤は危険負担行為に対する報酬であるとも言える。

### 消 費 財

家計は消費する主体である。家計は生産要素を企業に提供し，所得を受けとり，生計維持，あるいはよりよい生活のために財・サービスを購入する。それらの財・サービスを生産する主体である企業から大部分を購入し消費する。したがって家計が消費するために購入する財・サービスを消費財という。家計の購入する消費財は多種多様で，われわれ個々人が日常生活で用いるほとんど全部がこの消費財である。

### 投入財＝生産のための原材料

次に，企業間の交換をみてみよう。企業間での交換される財は，大別して2種ある。

一つは投入財と言われるもので，生産のための原材料である。例えば，電気器具製造会社においては，ある器具のプラスチック部分，鋼板から成る部分，回路基盤，ネジ等の何千にも及ぶ部品は，その会社で生産していないならば，投入財として別の企業から購入し，電気器具生産に用いる。中間投入財とも言われる。もちろん，原材料として仕入れ，生産のために消費されるものは，他の企業の生産物であり，原材料費として購入費が支払われる。投入財あるいは中間投入財に分類される財は多種多様であり，分業が高度になればなるほど，それらの範囲は広がる。

### 投資財

企業間で交換がなされる財のもう一つは投資財と呼ばれるものである。例えば先述の電気器具製造会社が既存の工場を拡大するために，新たに購入した建物，設備，機械や備品は投資財である。つまり，他の企業が生産した生産物を，中間投入財のように，自ら生産のために消費してしまうのではなく，将来の生産拡大のために生産要素の一部として購入する財が投資財である。

投資財も生産のために用いられるのであるから，その価値が減じないわけではない。生産のために用いられた機械設備がいずれ消耗して使用不可能となるであろうから，投資財も生産のために消費されると考えられる。しかし，生産のために消費される過程（期間）が長期にわたる。いわば生産のために徐々に消費されるのが投資財である。これにたいして，中間投入財は一挙に生産物の生産のために消費されるのである。したがって，投資財は徐々に生産物にその価値が移転していくが，投入財は一挙に生産物にその価値が移転する。したがって，企業は投入財の購入額は全額費用として計上するが，投資財の購入費用は長期にわたってその費用を販売価格に計上する。

## 市　場

上述のように経済社会で交換される経済財を生産要素，消費財，投入財，投資財の4つに分類した*。これら4つの財が交換される場を，経済学では，市場（しじょう）という。市場というのは特定の場所を指すのではない。財・サービスが取引される抽象的な場を市場というのである。市場において，財・サービスを提供しようとする供給者と，その財・サービスを購入しようとする需要者が相対する。供給者，需要者の双方はそれぞれ，価格に応じて供給量と需要量を意志決定する。そのとき，市場においてどのように価格が決まるかを，きわめて簡単にみておこう。

＊第2章の図2-1に，社会の多数の家計から多数の企業へ種々の生産要素が流れ，逆に企業から家計に消費財が流れる様子と，多数の企業間で投資財と投入財が取引される様子を図示している。

## 需要と供給

いま，ある財の取引される市場を想定しよう。

供給者は，生産費用を充分カバーできる（あるいは提供することによる犠牲が充分補償できる）価格であれば，その財を供給するであろう。したがって市場での価格が相対的に高くなれば生産能率の悪い供給者もその供給に応ずることができる。つまり，一般に価格が高くなるにつれて供給者が増し，市場での供給量は増大する。この様子を，図1-1の曲線SSに描いている。

他方，需要者はその価格が相対的に低ければ市場への参加が容易となる。例えば，価格が相対的に低いとき所得水準の低い者も購入ができる。したがって市場での価格が相対的に低くなるにつれて需要者が増し，市場での需要量は増大する。この様子を，図1-1の曲線DDに描いている。

図1－1

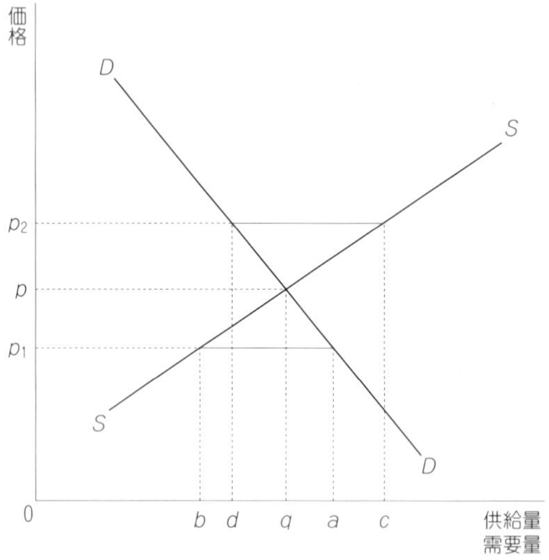


**市場の均衡**

上述のように，図1－1の供給曲線SSは，価格が高くなるにつれて供給量を増大させる供給者の市場における意志決定の態度を表わしている。他方，需要曲線DDは，価格が低くなるにつれて市場の需要量が増大するという需要者の価格への対応を表わしている。

いま，市場での価格が図の$p_1$の高さにあると，そのときには需要量は$Oa$，供給量は$Ob$であって$ab$だけ需要が大きいことになる。これを超過需要という。市場の供給者は超過需要のある限り価格を上げようと反応するだろう。事実，価格を$p_1$より少し高くして供給したとしても販売されつくすだろう。また，市場での価格が$p_2$であるならば需要量は$Od$，供給量は$Oc$で，$cd$の超過供給がある。この場合，供給者は価格を下げてでも販売しつくそうとするだろう。事実，価格を下げれば需要量は多くなり，売れ残りは減少する。

このようにみれば超過需要があるならば，市場には価格が上昇する傾向が生じ，超過供給があるときには価格が下落する傾向が生じる。図1－1において，価格が，$p$のときには，超過需要もなく超過供給もなく，需要と供給は$q$で一致し価格が変化する傾向が全くない。このように需要と供給が一致する市場状態を均衡状態といい，そのとき市場で成立する価格を均衡価格という。上述の説明から，市場での価格が均衡価格と異なるとき，それが均衡価格へ向かう力がはたらくと言える。つまり，一般的に，市場価格は均衡価格 $p$ に落ち着く傾向があるといってよい。

## 1.3　経済循環

### 市場と経済循環

個々の経済主体はそれぞれの行動原理に従って経済活動を行ない，種々の市場と関わりをもつ。ある特定の家計をとってみても，労働力市場や他の生産要素市場では供給する主体であり，消費財市場では需要する主体である。個々の企業も種々の市場で取引をする。企業や家計がそれら種々の市場でどのような関わり方をするか，需要量，価格がどのように成立するか。こういったことを見るのは，いわば経済のミクロ（微視）的な視点である。

これに対して，それら個々の市場がどう関わり合っているか，そしてその全体をどのように把握するかという視点がある。つまり，経済社会全体を種々の経済活動の総計として見る，いわばマクロ（巨視）的な視点である。その一つの方法は各市場で取引された財や生産要素が，各主体間をどのように，どれだけ流れたかを見る方法がある。この取引の流れを経済循環という。

### 産業部門と企業グループ

さて，経済循環をどう把握するかを，まず以下の仮設例によって説明しよう。

いま，ここに想定する経済社会の一定期間（例えば1年間）の経済活動を，財・サービスの取引額に集約しよう。経済主体は大別して，企業と家計であるが，企業をその生産する生産物の種類によって，さらに3つのグループに分けよう。第Ⅰ企業グループは第Ⅰ生産物を生産する企業のグループであり，例えば，いわゆる第1次産業（農林水産業）に属する企業群を想定しよう。第Ⅱ，第Ⅲの企業グループも，それぞれ第2次産業（製造業が中心），第3次産業（商業などサービス産業）を想定しよう。そうして，ある1年間の様々な財・サービスの取引の全体が表１-１のようにまとめられたとする。

**表１-１　投入産出表**

| | 【第Ⅰ】 | 【第Ⅱ】 | 【第Ⅲ】 | 内生部門計 | 国内消費支出 | 国内総資本形成 | 需要総計 | 販売合計 |
|---|---|---|---|---|---|---|---|---|
| 【第Ⅰ部門】 | 2 | 8 | 1 | 11 | 4 | 1 | 5 | 16 |
| 【第Ⅱ部門】 | 3 | 180 | 62 | 245 | 66 | 90 | 156 | 401 |
| 【第Ⅲ部門】 | 2 | 80 | 145 | 227 | 273 | 26 | 299 | 526 |
| 内生部門 | 7 | 268 | 208 | 483 | 343 | 117 | 460 | 943 |
| 雇用者所得 | 2 | 90 | 200 | 292 | | | | |
| 営業余剰 | 7 | 43 | 118 | 168 | | | | |
| 付加価値合計 | 9 | 133 | 318 | 460 | | | | |
| 購入合計 | 16 | 401 | 526 | 943 | | | | |

### 投入と産出

まず，表１-１の縦列の見方を述べておこう。

表の第１列は，第Ⅰ企業グループ（第１次産業（農林水産業）に属する企業群）全体で，第Ⅰ生産物を生産するために，中間投入財＝原材料と，労働力などの生産要素をどれだけ購入し，生産のために投入したかを表わしている。第Ⅰ企業グループ全体で，合計16の生産物を生産しており，そのために，それぞれの企業グループの生産物を，２，３，２だけ投入財として購入し，したがって合計７の原材料費用をかけて生産したことが分かる。もちろん，原材料を使うだけでなく，２の労働力と，労働以外の生産要素を７購入し，それらを活用して生産を行なったことが示されている*。

＊第２章で説明する用語を先取りして，生産要素である労働力に対する報酬を雇用者所得とし，労働力以外の生産要素に対する要素報酬全体を集計して営業余剰としている。

表の２列目は，第Ⅱ企業グループ全体で，第Ⅱ生産物の生産のために，中間投入財＝原材料と労働力はじめ生産要素をどれだけ購入し，自らの生産に投入したかを示している。第Ⅱ企業グループ全体は，401の生産物の生産のために投入財あるいは原材料の投入が268（＝８＋180＋80）であり，労働力を90，労働力以外の生産要素を43購入し，生産に投入したことが示されている。第３列目も第Ⅲ企業グループ全体が，第Ⅲ生産物の生産のために，どれだけの中間投入財と生産要素を購入したかが示されている。

表1-1の4列目は，3つの企業グループが中間投入財として購入した，各企業グループの生産物の合計額，および生産に投入した労働力とその他生産要素の合計額が，それぞれ示されている。

5列目は家計全体で，消費財として購入した各企業グループの生産物の価値額（4＋66＋273）と，それら消費支出の総計343が示されている。

6列目は企業全体で，投資財として，第Ⅰ生産物を1，第Ⅱ生産物を90，第Ⅲ生産物を26購入し，したがって投資支出の合計が117（＝1＋90＋26）であることを示している。

次に，表の行の見方を説明しよう。

第Ⅰ企業グループは表の1行目最後の販売合計にあるように16の生産物を生産し販売している。その内訳は第Ⅰ企業グループ内の他の企業への販売額は2であり，8の生産物を第Ⅱ企業グループに，また1の生産物を第Ⅲ企業グループに，それぞれ中間投入財（原材料）として販売している。また，家計に消費財として4販売し，各グループの企業に投資財として1販売している。

表の2行目には第Ⅱ企業グループの販売総額とその内訳が記されている。第Ⅱ企業グループは総計401の生産物を生産し販売している。その内訳は，第Ⅰ，第Ⅱ，第Ⅲのそれぞれの企業グループに，中間投入財として3，180，62の第Ⅱ生産物を販売している。さらに，消費財として66の生産物を家計に販売し，投資財として90の生産物を企業に販売している。表の3行目に第Ⅲ企業グループの販売内訳を示しているのは，1，2行目と同様である。

表の4行目は，各産業が中間投入費用をどれだけ掛けたか，そして家計の消費支出，および企業の投資支出＝投資財購入費は，経済全体でどれだけかを表わしている。

表の5行目は家計が労働力という生産要素を各企業グループにどれだけ販売したかを表わしている。つまり家計は労働力を各々の企業グループに販売し，それぞれの企業グループから賃金として2，90，200の所得をえていることがわかる。もちろん，経済全体で賃金総額は292（＝2＋90＋200）である。表の6

行目には，家計が労働力以外の生産要素（土地，資本）を各企業グループに提供して受けとった所得（地代，利子，利潤の合計）の合計が168(＝7＋43＋118)であることが示されている。

表1-1に示された内容を，投入産出表という。この表で各企業グループごとの販売総額と購入総額は等しい。

### 産業連関分析

先に示した投入産出表によって，経済全体における様々な財サービスと生産要素の取引の流れが把握できる。経済社会全体で，例えば，第1次産業，第2次産業および第3次産業の生産額が，それぞれどれ程であり，それぞれの生産額に応じて，家計が提供した労働力に対してどれ程の賃金が支払われ，労働力以外の生産要素に対してどれ程の所得が支払われたか等，経済全体の実態を比較的詳細に把握できる。

経済の実態の把握に対して，上述とは異なる視点から経済構造を把握したり，あるいは経済政策的な視点から経済実態を眺めることができる。通常，中間投入財としての需要ではなく，家計の消費支出あるいは企業の投資支出を最終需要という。ここでは，ある1部門の生産物に対する最終需要の変化が，当該部門の産出額だけでなく，すべての部門の産出総額に及ぼす変化，そしてひいては，賃金やその他生産要素報酬に及ぼす変化についての分析を取りあげてみよう。

具体的には，ある1部門の最終需要の変化に対して，その変化が当該部門の生産水準に影響を及ぼすだけに止まらず，すべての産業に影響が生じる。つまり，先に示した投入産出表による分析は，経済社会における産業間の取引は互いに連関し合い，1産業の生産額の変化が，実は，すべての産業の生産水準に影響を引き起こすことになるのである。一つの産業におけるある種のショックが経済全体に影響を引き起こす現実を描写し，その波及効果を明らかにする。その意味から，先の投入産出表は産業連関表とも言われる。

## 投入係数

表1-1の投入産出表（産業連関表）において，第Ⅰ産業の生産額は16であるが，この生産のために，第Ⅰ，Ⅱ，Ⅲ産業の生産物それぞれを，中間投入財として，（2，3，2）だけ消耗しなければならない。これら中間投入財と第Ⅰ産業の生産額との間に比例的な関係があるとすると，第Ⅰ産業の生産額1単位あたり必要な中間投入あるいは原材料として，第Ⅰ，Ⅱ，Ⅲ産業の生産物の投入額は，（2／16，3／16，2／16）＝(0.125，0.1875，0.125）であると考えられる。言いかえると，第Ⅰ産業の生産額1単位を生産するために，原材料として，第Ⅰ，Ⅱ，Ⅲ産業の生産物（0.125，0.1875，0.125）が必要であると見なされる。第Ⅱ産業の生産，第Ⅲ産業の生産についても同様に考えると，結局，次の投入係数が得られる。

$$\begin{bmatrix} 2/16 & 8/401 & 1/526 \\ 3/16 & 180/401 & 62/526 \\ 2/16 & 80/401 & 145/526 \end{bmatrix} = \begin{bmatrix} 0.125 & 0.01995 & 0.0019 \\ 0.1875 & 0.448877 & 0.11787 \\ 0.125 & 0.1995 & 0.275665 \end{bmatrix}$$

上に示した投入係数から，例えば，第Ⅰ産業の生産額が $X_1$ であるとき，中間投入財として，第Ⅰ，Ⅱ，Ⅲ産業の生産物をそれぞれ，$0.125X_1$，$0.1875X_1$，$0.125X_1$ だけ，生産のために消耗することになる。また，第Ⅱ産業の生産額が $X_2$ であるとき，中間投入財として，第Ⅰ，Ⅱ，Ⅲ産業の生産物をそれぞれ，$0.01995X_2$，$0.448877X_2$，$0.1995X_2$ だけ生産のために消耗することになる。第Ⅲ産業の生産に関しても同様である。

## 各産業の需要と供給

いま，経済社会において，第Ⅰ産業の生産物に関して，家計の消費と企業の投資を合計した最終需要額が $F_1$ であり，また，第Ⅱ産業および第Ⅲ産業の生産物に対する最終需要額がそれぞれ $F_2$，$F_3$ であるとしよう。このとき，各産業の需要と供給が等しくなる生産総額が，$X_1$，$X_2$，$X_3$ であるとする。そうすると，

$$
\begin{aligned}
&0.125X_1+0.01995X_2+0.0019X_3+F_1=X_1\\
(1.1)\quad &0.1875X_1+0.448877X_2+0.11787X_3+F_2=X_2\\
&0.125X_1+0.1995X_2+0.275665X_3+F_3=X_3
\end{aligned}
$$

が成り立つ。上述の経済全体の投入産出体系から，最終需要額の値 $F_1$，$F_2$，$F_3$ が与えられると，各産業の需要と供給が等しくなる生産総額 $X_1$，$X_2$，$X_3$ を求めることができる。

上に示した体系から，

$$
\begin{aligned}
&(1-0.125)X_1-0.01995X_2-0.0019X_3=F_1\\
(1.2)\quad &-0.1875X_1+(1-0.448877)X_2-0.11787X_3=F_2\\
&-0.125X_1-0.1995X_2+(1-0.275665)X_3=F_3
\end{aligned}
$$

が得られる。

この体系を $X_1$，$X_2$，$X_3$ について解くと，

$$
\begin{aligned}
&X_1=1.154111F_1+0.045558F_2+0.010443F_3\\
(1.3)\quad &X_2=0.462486F_1+1.946311F_2+0.317936F_3\\
&X_3=0.326549F_1+0.543929F_2+1.469948F_3
\end{aligned}
$$

が導ける。この体系の意味するところは次の通りである。

### 波及効果

家計の消費あるいは政府の施策に変化があって，第Ⅰ産業の生産物に対して最終需要が1単位増大したとする。第Ⅰ産業内の需要供給がバランスするためには，当然，1単位の生産が増大しなければならない。しかし，第Ⅰ産業の生産量が増大するに際して，第Ⅰ産業，第Ⅱ産業，第Ⅲ産業の生産物が中間投入されなければならない。言いかえると，各産業の生産物に対して，中間投入需要が増大するのである。この中間投入需要の増大は，各産業の生産物に対する需要をさらに引き起こすのである。上に示した式から，最終的に，第Ⅰ産業の生産物に対して最終需要が1単位増大すると，第Ⅰ産業の生産総額は1.154111

単位の増産をもたらすのである。しかし，これだけに止まらない。第Ⅰ産業の生産増加は，第Ⅱ産業，第Ⅲ産業の生産物を中間投入として必要とするから，それぞれの産業の生産増加を引き起こす。

最終的に，第Ⅰ産業の生産物に対する最終需要が1単位増大すると，第Ⅱ産業，第Ⅲ産業の生産物に対して0.462486および0.326549の生産増加をもたらす。

第Ⅱ産業の生産物に対する最終需要が1単位増大すると，その波及効果は大きく，当該産業の生産総額は，1.946311倍にもなるのである。先の説明と同様に，それだけには止まらない。第Ⅰ産業と第Ⅲ産業の生産物を中間投入されなければならない。したがって，それぞれの産業の生産額に波及するのである。その究極的な波及結果は，第Ⅰ産業に対しては0.045558と，第Ⅲ産業に対しては0.543929の生産増加をもたらすのである。もちろん，第Ⅲ産業の生産物に対する最終需要の増加がもたらす波及効果についても，同様の議論ができる。

### 所得への波及効果

ある産業の生産物に対する最終需要の変化が，経済社会全体の賃金やその他生産要素報酬へ，どれ程の影響を与えるか，つまりどのような波及効果をもたらすかを数量的に把握するためには，まず，付加価値率係数を導出しておくことが必要である。

投入係数を導いたのと同様にして，各産業の生産額1単位を生産するために，労働力とその他の生産要素が，どれ程必要であるか示す係数を付加価値率係数とすると，付加価値率係数は，

$$\begin{bmatrix} 2/16 & 90/401 & 200/526 \\ 7/16 & 46/401 & 118/526 \end{bmatrix} = \begin{bmatrix} 0.125 & 0.224439 & 0.380228 \\ 0.4375 & 0.107232 & 0.224335 \end{bmatrix}$$

とできる。これより，各産業の需要と供給が等しくなる生産総額が，$X_1$，$X_2$，$X_3$ であるとすると，そのときの雇用者所得 $W$ および労働力以外の生産要素に対する報酬である営業余剰 $Q$ は，

(1.4)　雇用者所得：$W = 0.125X_1 + 0.224439X_2 + 0.380228X_3$

(1.5)　営業余剰　：$Q = 0.4375X_1 + 0.107232X_2 + 0.224335X_3$

である。

例えば，先に取りあげたように，第Ⅱ産業の最終需要が１単位増加すると，第Ⅰ，第Ⅱ，第Ⅲ産業の生産が，それぞれ，0.045558，1.946311，0.543929だけ増加する。これによって，雇用者所得が，$0.125\times0.045558+0.224439\times1.946311+0.380228\times0.543929=0.64934$だけ増加すると推測される。また，営業余剰についても，$0.4375\times0.045558+0.107232\times1.946311+0.224335\times0.543929=0.35066$の増加がもたらされると推測できる。

## 1.4　産業連関表の実際

第１章の最後のこの節で，これまでに述べてきた産業連関の実際を，公表されている最新の2005年日本経済の産業連関表から掲げておこう。

### 2005暦年日本経済の産業連関表

公表されているのは，108の産業部門の表と34部門表とがある。それらを，そのままの形で取り上げるのは煩雑に過ぎるので，表１-２に，公表されている34部門表を13部門に集計したものを掲げる*。したがって，産業部門は，01　農林水産業，02　鉱業，03　製造業，04　建設業，05　電力・ガス・水道業，06　商業，07　金融・保険業，08　不動産業，09　運輸業，10　情報通信，11　公務，12　サービス業，であり，最後に，13　分類不明と表記される部門である。

＊公表データでは，家計外消費支出が最終需要の欄と付加価値欄とに表示されているが，表１-２では，中間投入として内生化している。

上記産業大分類のうち，特に，03　製造業は，きわめて多種多様の産業を含んでいる。産業中分類でいえば，飲食料品，繊維製品，パルプ・紙・木製品，化学製品，石油・石炭製品，窯業・土石製品，鉄鋼，非鉄金属，金属製品，一般機械，電気機械，情報・通信機器，電子部品，輸送機械，精密機械，その他の製造工業製品，事務用品等の製造業産業を含んでいる。

また，12　サービス業も多様であり，中分類基準で言えば，教育・研究，医療・保健・社会保障・介護，その他公共サービス，対事業所サービス，対個人サービス等のサービス業産業を含んでいる。

先に説明した産業連関表では，経済主体は家計と企業だけであった。しかし実際は，前にも述べたように，家計と企業だけなく，政府と海外が経済に大きく関わってくる。したがって，経済社会において生産される財・サービスの購入主体として，さらに生産主体としても，政府と海外が追加されなければならない。

政府が購入する財の種類は一般政府消費支出，政府の投資（公的固定資本形成と在庫投資）がある。そうして生産する財サービスとして「公務」があり，公共サービスの生産に寄与している。

また，海外が国内生産物を購入するのは一括して「輸出」としている。日本国内の経済主体が海外から購入するのは，一括して「輸入」としている。輸入は，海外（外国）の生産物であるから，国内生産物に対する購入欄ではマイナスで勘定されるべきである。

付加価値あるいは要素報酬の欄で，「資本減耗引当」がある。これは資本設備の摩耗分を補填する勘定項目である。財・サービスを生産する過程で，資本設備などを利用する。先に述べたように，中間投入財とは異なって，資本設備は生産のために一挙に消費するのではなく，長い年月を掛けて消費すると考えられる。言い換えると，資本設備の価値が長期にわたって生産物に移転していくと言える。そこで，資本設備の摩耗分を，経常的な資本減耗引き当てとして計上し，置き換え投資のための積み立て金として企業の内部に留保される。

また，付加価値あるいは要素報酬の欄にある「間接税」は，政府が徴収する税である。財サービスの購入者からすれば，これだけ分の生産物の価値額が膨張すると見なしてよい。「経常補助金」は，政府から生産者への補助金であるが，これによって生産物の価値額が縮小する。つまりマイナスの間接税であると見なせる。

表1-2　平成17年(2005年)産業連関表　取引

| | 01<br>農林水産業 | 02<br>鉱業 | 03<br>製造業 | 04<br>建設 | 05<br>電力・ガス・水道業 | 06<br>商業 | 07<br>金融・保険 | 08<br>不動産 | 09<br>運輸 | 10<br>情報通信 |
|---|---|---|---|---|---|---|---|---|---|---|
| 01 農林水産業 | 1.71 | 0.00 | 7.80 | 0.09 | 0.00 | 0.01 | 0.00 | 0.00 | 0.00 | 0.00 |
| 02 鉱業 | 0.00 | 0.00 | 12.62 | 0.50 | 3.32 | 0.00 | 0.00 | 0.00 | 0.00 | 0.00 |
| 03 製造業 | 2.56 | 0.07 | 132.95 | 18.59 | 2.24 | 3.76 | 1.31 | 0.14 | 7.33 | 2.72 |
| 04 建設 | 0.07 | 0.01 | 1.20 | 0.14 | 1.28 | 0.65 | 0.16 | 3.05 | 0.51 | 0.23 |
| 05 電力・ガス・水道 | 0.11 | 0.04 | 5.57 | 0.40 | 1.68 | 2.04 | 0.25 | 0.22 | 0.97 | 0.48 |
| 06 商業 | 0.54 | 0.03 | 17.72 | 4.46 | 0.54 | 1.83 | 0.25 | 0.07 | 1.98 | 1.13 |
| 07 金融・保険 | 0.23 | 0.07 | 3.84 | 0.94 | 0.71 | 5.71 | 4.48 | 3.80 | 2.22 | 0.64 |
| 08 不動産 | 0.00 | 0.01 | 0.62 | 0.16 | 0.18 | 2.88 | 0.57 | 0.38 | 0.75 | 0.90 |
| 09 運輸 | 0.63 | 0.33 | 8.40 | 3.34 | 0.89 | 5.55 | 0.94 | 0.27 | 5.92 | 1.11 |
| 10 情報通信 | 0.04 | 0.01 | 2.49 | 0.76 | 0.65 | 4.26 | 2.39 | 0.20 | 0.60 | 4.76 |
| 11 公務 | 0.00 | 0.00 | 0.00 | 0.00 | 0.00 | 0.00 | 0.00 | 0.00 | 0.00 | 0.00 |
| 12 サービス | 0.20 | 0.06 | 24.58 | 5.13 | 2.64 | 8.51 | 5.71 | 1.46 | 6.79 | 8.63 |
| 13 分類不明 | 0.17 | 0.01 | 0.98 | 0.49 | 0.12 | 0.65 | 0.11 | 0.24 | 0.27 | 0.48 |
| 内生部門計 | 6.27 | 0.62 | 218.78 | 35.00 | 14.23 | 35.85 | 16.16 | 9.82 | 27.34 | 21.07 |
| 21 雇用者所得 | 1.37 | 0.19 | 46.90 | 22.31 | 4.71 | 42.07 | 11.58 | 2.13 | 14.74 | 12.37 |
| 22 営業余剰 | 3.76 | 0.05 | 14.21 | 0.62 | 2.33 | 18.68 | 8.56 | 29.01 | 2.73 | 4.77 |
| 23 資本減耗引当 | 1.33 | 0.08 | 13.76 | 3.41 | 4.35 | 5.95 | 4.50 | 21.65 | 3.93 | 6.13 |
| 24 間接税(除関税) | 0.57 | 0.07 | 13.71 | 2.19 | 1.62 | 3.81 | 1.90 | 3.68 | 2.18 | 1.60 |
| 25 (控除)経常補助金 | -0.14 | 0.00 | -0.29 | -0.30 | -0.26 | -0.07 | -1.11 | -0.08 | -0.18 | -0.01 |
| 26 粗付加価値部門計 | 6.89 | 0.38 | 88.29 | 28.23 | 12.75 | 70.43 | 25.42 | 56.39 | 23.41 | 24.87 |
| 27 国内生産額 | 13.16 | 1.01 | 307.07 | 63.23 | 26.98 | 106.27 | 41.58 | 66.20 | 50.75 | 45.94 |
| 28 国内純生産(要素費用) | 5.12 | 0.23 | 61.11 | 22.93 | 7.05 | 60.75 | 20.14 | 31.14 | 17.48 | 17.14 |
| 29 国内総生産(生産側) | 6.89 | 0.38 | 88.29 | 28.23 | 12.75 | 70.43 | 25.42 | 56.39 | 23.41 | 24.87 |

### 投入係数

いま，第$i$部門の生産総額を$X_i$で表わし，そのうち，第$j$部門に中間投入(原材料）として販売した額を$x_{ij}$で表わし，消費支出，固定資本形成，輸出など第$i$部門の生産物に対する最終需要の合計を$F_i$，第$i$部門の付加価値のうち雇用者所得を$W_i$，営業余剰を$Q_i$で表わす。そうすると，先に説明したように，第$i$部門の生産物を1単位生産するために，原材料として第$j$部門の生産物をどれ程投入されるかを表わす投入係数$a_{ij}$は，$a_{ij}=\dfrac{x_{ij}}{X_i}$である。表1-3は，表1-2の2005年日本経済の産業連関表より計算した投入係数の一覧である。

基本表（生産者価格評価 家計外消費の内生化）

| 11 公務 | 12 サービス業 | 13 分類不明 | 内生部門計 | 31 民間消費支出 | 32 一般政府消費支出 | 33 固定資本形成（公） | 34 固定資本形成（民） | 35 在庫純増 | 36 輸出計 | 39 （控除）輸入計 | 40 最終需要部門計 | 41 国内生産額 |
|---|---|---|---|---|---|---|---|---|---|---|---|---|
| 0.00 | 1.32 | 0.00 | 10.93 | 3.48 | 0.00 | 0.00 | 0.20 | 0.72 | 0.06 | -2.24 | 2.22 | 13.15 |
| 0.00 | 0.01 | 0.00 | 16.45 | -0.01 | 0.00 | 0.00 | -0.01 | -0.10 | 0.03 | -15.36 | -15.44 | 1.01 |
| 3.34 | 26.42 | 0.41 | 201.82 | 56.81 | 0.33 | 1.20 | 33.50 | 1.19 | 56.25 | -44.04 | 105.25 | 307.07 |
| 0.59 | 1.24 | 0.00 | 9.12 | 0.00 | 0.00 | 20.54 | 33.58 | 0.00 | 0.00 | 0.00 | 54.12 | 63.24 |
| 1.28 | 5.18 | 0.07 | 18.29 | 8.02 | 0.63 | 0.00 | 0.00 | 0.00 | 0.04 | 0.00 | 8.70 | 26.99 |
| 0.58 | 9.19 | 0.09 | 38.41 | 46.97 | 0.01 | 0.41 | 12.36 | 0.20 | 8.62 | -0.70 | 67.86 | 106.27 |
| 0.13 | 4.41 | 2.33 | 29.49 | 11.94 | 0.00 | 0.00 | 0.00 | 0.00 | 0.65 | -0.50 | 12.10 | 41.59 |
| 0.04 | 1.75 | 0.01 | 8.24 | 57.91 | 0.04 | 0.00 | 0.00 | 0.00 | 0.02 | 0.00 | 57.96 | 66.21 |
| 1.20 | 4.26 | 0.18 | 33.02 | 14.92 | -0.07 | 0.03 | 0.78 | 0.07 | 5.67 | -3.67 | 17.72 | 50.74 |
| 1.35 | 9.31 | 0.10 | 26.91 | 10.98 | 0.04 | 1.08 | 7.33 | -0.01 | 0.33 | -0.71 | 19.03 | 45.94 |
| 0.00 | 0.00 | 1.11 | 1.11 | 0.79 | 36.64 | 0.00 | 0.00 | 0.00 | 0.00 | 0.00 | 37.43 | 38.54 |
| 2.19 | 18.31 | 0.33 | 84.52 | 69.04 | 53.43 | 0.56 | 2.25 | 0.00 | 2.04 | -4.52 | 122.79 | 207.31 |
| 0.02 | 1.11 | 0.00 | 4.63 | 0.03 | 0.00 | 0.00 | 0.00 | 0.00 | 0.05 | -0.74 | -0.66 | 3.97 |
| 10.70 | 82.48 | 4.62 | 482.94 | 280.87 | 91.04 | 23.82 | 89.98 | 2.07 | 73.77 | -72.48 | 489.07 | 972.01 |
| 16.18 | 84.17 | 0.11 | 258.82 | | | | | | | | | |
| 0.00 | 16.11 | -1.24 | 99.58 | | | | | | | | | |
| 11.56 | 19.57 | 0.44 | 96.64 | | | | | | | | | |
| 0.11 | 6.05 | 0.04 | 37.53 | | | | | | | | | |
| 0.00 | -1.07 | 0.00 | -3.51 | | | | | | | | | |
| 27.84 | 124.82 | -0.65 | 489.07 | | | | | | | | | |
| 38.54 | 207.31 | 3.97 | 972.01 | | | | | | | | | |
| 16.18 | 100.28 | -1.13 | 358.40 | | | | | | | | | |
| 27.84 | 124.82 | -0.65 | 489.07 | | | | | | | | | |

## 波及効果

さて次に，第 $i$ 部門の生産総額 $X_i$ が，原材料あるいは最終財として販売される額に等しいことから，$m=13$ として，

$$a_{i1}X_1+a_{i2}X_2+a_{i3}X_3+\cdots+a_{im}X_m+F_i=X_i \qquad i=1,\ 2,\ \cdots,\ m \tag{1.6}$$

が成り立つ。上に示した連立方程式は，各部門の最終需要額 $F_i$ は分かっているとし，各部門の生産額 $X_i$ を未知数とみることができる。そうすると，一般的には，未知数である $X_i$ は，需要額 $F_k$（$k=1,\ 2,\ \cdots,\ m$）で解くことができる。つまり，$X_i$ は，$F_k$ で表わすことができる。つまり，

**表 1 - 3　投入係数**

| 投入係数 | 01 | 02 | 03 | 04 | 05 | 06 | 07 | 08 | 09 | 10 | 11 | 12 | 13 |
|---|---|---|---|---|---|---|---|---|---|---|---|---|---|
| 01　農林水産業 | 0.13018 | 0.00050 | 0.02540 | 0.00139 | 0.00000 | 0.00009 | 0.00000 | 0.00000 | 0.00004 | 0.00000 | 0.00006 | 0.00636 | 0.00000 |
| 02　鉱業 | 0.00005 | 0.00300 | 0.04109 | 0.00795 | 0.12293 | 0.00000 | 0.00000 | 0.00000 | 0.00000 | 0.00000 | 0.00001 | 0.00003 | 0.00034 |
| 03　製造業 | 0.19483 | 0.06923 | 0.43297 | 0.29393 | 0.08287 | 0.03540 | 0.03140 | 0.00209 | 0.14437 | 0.05914 | 0.08660 | 0.12744 | 0.10308 |
| 04　建設 | 0.00499 | 0.00647 | 0.00390 | 0.00227 | 0.04736 | 0.00613 | 0.00395 | 0.04604 | 0.00997 | 0.00508 | 0.01526 | 0.00597 | 0.00000 |
| 05　電力・ガス・水道 | 0.00857 | 0.03870 | 0.01815 | 0.00640 | 0.06212 | 0.01920 | 0.00592 | 0.00332 | 0.01908 | 0.01045 | 0.03309 | 0.02498 | 0.01882 |
| 06　商業 | 0.04129 | 0.02578 | 0.05772 | 0.07051 | 0.02012 | 0.01718 | 0.00608 | 0.00109 | 0.03898 | 0.02460 | 0.01509 | 0.04431 | 0.02215 |
| 07　金融・保険 | 0.01720 | 0.06953 | 0.01252 | 0.01483 | 0.02632 | 0.05371 | 0.10771 | 0.05738 | 0.04375 | 0.01385 | 0.00328 | 0.02126 | 0.58610 |
| 08　不動産 | 0.00034 | 0.00778 | 0.00202 | 0.00254 | 0.00667 | 0.02710 | 0.01370 | 0.00571 | 0.01477 | 0.01954 | 0.00094 | 0.00842 | 0.00334 |
| 09　運輸 | 0.04812 | 0.32381 | 0.02737 | 0.05288 | 0.03311 | 0.05223 | 0.02257 | 0.00407 | 0.11665 | 0.02409 | 0.03102 | 0.02056 | 0.04515 |
| 10　情報通信 | 0.00283 | 0.01119 | 0.00809 | 0.01197 | 0.02397 | 0.04012 | 0.05744 | 0.00299 | 0.01192 | 0.10370 | 0.03499 | 0.04491 | 0.02410 |
| 11　公務 | 0.00000 | 0.00000 | 0.00000 | 0.00000 | 0.00000 | 0.00000 | 0.00000 | 0.00000 | 0.00000 | 0.00000 | 0.00000 | 0.00000 | 0.27949 |
| 12　サービス | 0.01550 | 0.05530 | 0.08004 | 0.08109 | 0.09768 | 0.08004 | 0.13722 | 0.02202 | 0.13382 | 0.18781 | 0.05682 | 0.08833 | 0.08232 |
| 13　分類不明 | 0.01284 | 0.00905 | 0.00320 | 0.00771 | 0.00431 | 0.00610 | 0.00265 | 0.00356 | 0.00531 | 0.01043 | 0.00040 | 0.00534 | 0.00000 |

(1.7)　$$X_i = b_{i1}F_1 + b_{i2}F_2 + b_{i3}F_3 + \cdots + b_{im}F_m \qquad i=1,\ 2,\ \cdots,\ m$$

と表現できる。もちろん，上述の各 $b_{ij}$ は，表 1 - 3 に提示した投入係数 $a_{ij}$ から計算される値である。第 $j$ 部門の財サービスに対する最終需要が 1 単位増大したとき，第 $j$ 部門の生産総額が増大するだけでなく，その他の部門の生産総額に影響を及ぼす。その際，算出した係数 $b_{ij}$ は，第 $j$ 部門の財サービスに対する最終需要が第 $i$ 部門の生産総額（$i=1,\ 2,\ \cdots,\ m$）に影響を及ぼす程度なのである。この意味で，これを波及係数と呼ぶ。表 1 - 4 には，表 1 - 3 の投入係数から計算した波及係数を掲げている。

### 生産要素報酬への影響

先述のように，第 $i$ 部門の生産総額 $X_i$ に対して，第 $i$ 部門の付加価値のうち雇用者所得を $W_i$，営業余剰を $Q_i$ で表わしている。いま，雇用者所得 $W_i$ についての付加価値の割合 $c_i$ は，$c_i = \dfrac{W_i}{X_i}$ と定義でき，営業余剰 $Q_i$ についての付加価値の割合 $d_i$ は，$d_i = \dfrac{Q_i}{X_i}$ と定義できる。表 1 - 5 は，表 1 - 2 の2005年日本経済の産業連関表より計算した付加価値割合の一覧である。

上述のように，付加価値の割合を定義すると，経済社会全体の付加価値，つ

表1－4　波及効果

| 波及係数 | 01 | 02 | 03 | 04 | 05 | 06 | 07 | 08 | 09 | 10 | 11 | 12 | 13 |
|---|---|---|---|---|---|---|---|---|---|---|---|---|---|
| 01　農林水産案 | 1.16445 | 0.01126 | 0.05752 | 0.02158 | 0.01056 | 0.00550 | 0.00593 | 0.00203 | 0.01339 | 0.00859 | 0.00756 | 0.01782 | 0.01413 |
| 02　鉱業 | 0.02343 | 1.02421 | 0.08544 | 0.03814 | 0.14732 | 0.01008 | 0.00855 | 0.00356 | 0.02161 | 0.01278 | 0.01522 | 0.01840 | 0.02422 |
| 03　製造業 | 0.47832 | 0.31483 | 1.90931 | 0.63264 | 0.30394 | 0.14650 | 0.14787 | 0.05375 | 0.39376 | 0.22209 | 0.22594 | 0.31596 | 0.40502 |
| 04　建設 | 0.01220 | 0.01850 | 0.01537 | 1.01084 | 0.05812 | 0.01252 | 0.00953 | 0.04805 | 0.01922 | 0.01237 | 0.02071 | 0.01286 | 0.01672 |
| 05　電力・ガス・水道 | 0.02886 | 0.06540 | 0.05360 | 0.03239 | 1.08937 | 0.03190 | 0.01920 | 0.00780 | 0.04232 | 0.02848 | 0.04648 | 0.04251 | 0.05712 |
| 06　商業 | 0.08931 | 0.07567 | 0.13566 | 0.12744 | 0.06477 | 1.04041 | 0.03142 | 0.01192 | 0.08592 | 0.05951 | 0.04092 | 0.07894 | 0.07998 |
| 07　金融・保険 | 0.05820 | 0.12790 | 0.06462 | 0.05839 | 0.07260 | 0.08355 | 1.14070 | 0.07313 | 0.08683 | 0.04816 | 0.02155 | 0.05154 | 0.69408 |
| 08　不動産 | 0.00794 | 0.02156 | 0.01409 | 0.01289 | 0.01663 | 0.03386 | 0.02142 | 1.00833 | 0.02519 | 0.02877 | 0.00621 | 0.01614 | 0.02334 |
| 09　運輸 | 0.09974 | 0.40392 | 0.11351 | 0.11216 | 0.12096 | 0.08005 | 0.04829 | 0.01534 | 1.17060 | 0.05734 | 0.05847 | 0.05570 | 0.11940 |
| 10　情報通信 | 0.02433 | 0.04506 | 0.04384 | 0.04207 | 0.05441 | 0.06340 | 0.08847 | 0.01297 | 0.04303 | 1.14018 | 0.05282 | 0.07111 | 0.10889 |
| 11　公務 | 0.00531 | 0.00430 | 0.00316 | 0.00382 | 0.00295 | 0.00264 | 0.00179 | 0.00139 | 0.00301 | 0.00432 | 1.00099 | 0.00270 | 0.28173 |
| 12　サービス | 0.10588 | 0.19525 | 0.22978 | 0.19849 | 0.20480 | 0.14866 | 0.21748 | 0.05195 | 0.24542 | 0.28270 | 0.11686 | 1.17068 | 0.30545 |
| 13　分類不明 | 0.01899 | 0.01538 | 0.01131 | 0.01366 | 0.01054 | 0.00943 | 0.00641 | 0.00499 | 0.01078 | 0.01545 | 0.00354 | 0.00965 | 1.00799 |

表1－5　最終需要の変化が要素報酬に与える影響

| 付加価値率係数 | 01 | 02 | 03 | 04 | 05 | 06 | 07 | 08 | 09 | 10 | 11 | 12 | 13 |
|---|---|---|---|---|---|---|---|---|---|---|---|---|---|
| 雇用者所得 | 0.10403 | 0.18490 | 0.15274 | 0.35282 | 0.17468 | 0.39587 | 0.27842 | 0.03216 | 0.29049 | 0.26923 | 0.41984 | 0.40599 | 0.02689 |
| 営業余剰 | 0.28537 | 0.04830 | 0.04626 | 0.00987 | 0.08644 | 0.17574 | 0.20583 | 0.43816 | 0.05387 | 0.10381 | 0.00000 | 0.07773 | -0.3126 |
| 資本減耗引当 | 0.10089 | 0.08239 | 0.04482 | 0.05389 | 0.16112 | 0.05596 | 0.10812 | 0.32701 | 0.07751 | 0.13353 | 0.29983 | 0.09438 | 0.10971 |
| 間接税(除関税) | 0.04351 | 0.06601 | 0.04465 | 0.03471 | 0.05989 | 0.03582 | 0.04573 | 0.05554 | 0.04301 | 0.03490 | 0.00277 | 0.02918 | 0.01126 |
| (控除)経常補助金 | -0.0105 | -0.0019 | -0.0009 | -0.0048 | -0.0096 | -0.0007 | -0.0267 | -0.0012 | -0.0035 | -0.0002 | 0.0000 | -0.0052 | -0.0002 |
| 粗付加価値部門計 | 0.52326 | 0.37966 | 0.28753 | 0.44652 | 0.47254 | 0.66270 | 0.61136 | 0.85173 | 0.46135 | 0.54131 | 0.72243 | 0.60212 | -0.1649 |

まり雇用者所得 $W$ および営業余剰 $Q$ は，次式で表わすことができる。

(1.8)
$$W = c_1X_1 + c_2X_2 + c_3X_3 + \cdots + c_mX_m$$
$$Q = d_1X_1 + d_2X_2 + d_3X_3 + \cdots + d_mX_m$$

上の式がもつ経済的意味は次の通りである。経済社会における産業の生産構造が互いに連関しているので，ある一つの部門の最終需要が変化すると，その影響がすべての部門に波及する。したがって，当該部門の生産額が変化するだけでなく，全部門の生産額が変化する。全部門の生産額の変化は，当然，経済全体の雇用者所得や営業余剰に変化をもたらすのである。経済全体の雇用者所得や営業余剰にもたらされる変化は，表1－5から読みとることができる。

# 第2章　GDP 統計と成長会計

## 2.1　純生産と GDP

### 純生産物と付加価値

第1章の表1-1の投入産出表では，例えば，第Ⅱ産業の企業グループによって生産された第Ⅱ生産物の生産額（販売額）は401である。しかし，この401の生産物を生産するのに原材料として268（＝8＋180＋80）を購入し，生産に投入している。したがって第Ⅱ企業グループが生産物の生産に純粋に寄与した部分は133（＝401－268）と考えるべきである。第Ⅱ企業グループは401の生産物を生産し，販売しているが，401の価値額のうち268の価値額は，異なる産業あるいは，同一産業であっても他の企業が生産した生産物である。したがって第Ⅱ企業グループの生産額を401とするなら，このうち268の価値の部分は，異なる産業あるいは，同一産業内の他の企業の生産額としても計上されることになり，経済社会全体としては二重計算してしまうことになる。経済全体としては生産額を過剰に評価してしまうことになるのである。

上述の説明で理解されるように，第Ⅱ企業グループの販売した生産額401のうち生産に投入した原材料の価値268を差し引いた133は，通常，純生産物と言われる。換言するならば，268の原材料を生産のために消費し，その上で労働力やその他の生産要素を投入することによって，第Ⅱ企業グループは，133だけの価値を付加して生産物を生産したのである。したがって純生産物は付加価値ともいう。もちろん，付加価値は，労働力，その他の生産要素投入によるのであるから，生産要素報酬として，その値は133（＝90＋43）となっている。他の企業グループについても同様である。

### GDPの3つの側面

さて，ここで，経済全体の総生産には，3側面から眺める見方があることを説明しておこう。

まず，上の考察からわかるように，3産業の企業グループ全体の生産総額943(＝16＋401＋526）から中間投入財としての取引額483を差し引いた460(＝943－483）が経済全体の純生産物であり，総付加価値である。これが，生産面から見たGDP（国内総生産 gross domestic products）である。事実，460の生産物こそが，経済社会全体の欲求を充足しうるのである。

この表1-1に表わした経済が943の生産をしたとしても，その生産のために483が費やされて，最終的に460だけが社会全体で享受できるのである。したがって，家計が343の消費支出をし，企業が117の投資支出をすることで，経済社会の欲求を満たしている。経済主体は自らの需要を満たすため，経済社会で生産された財サービスを購入すべく支出する。ここに取りあげている例示的な経済社会では，支出項目は消費と投資だけであるが，それら支出項目の総計は460(＝343＋117）である。これが，支出面から見たGDPである。先にも述べたように，中間投入としての購入ではなく，消費や投資といった各支出項目を最終需要と言ったり，最終生産物と言ったりする。したがって，支出面から見た純生産物GDPは最終生産物の総計であると言える。

ところで前にも述べたように，各産業の企業グループによる純生産は，実は，生産要素が寄与した結果，産みだされる。したがって，純生産の価値は，生産要素に対する報酬の価値額に等しい。表1-1に表わした例示的な経済では，労働力，その他の生産要素の報酬の合計は460(＝292＋168）である。これが，分配所得の面から見たGDPなのである。

上に述べたことは，同一のGDPを異なる視点でとらえようとしているだけであるから，生産，支出，分配所得の3つの側面から見たGDPは等しいはずである。特に，これを「GDPの3面等価」という。

### 経済循環＝取引の流れ

第1章の表1-1に示した投入産出表にまとめられた取引の流れは，これを

図２－１

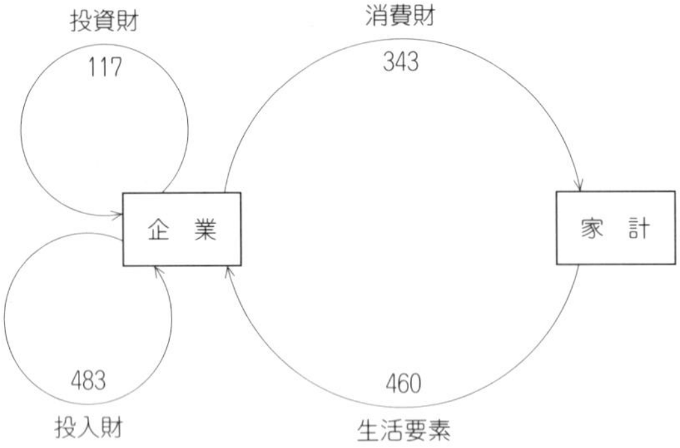


集約して図２－１の形で示すことができる。それは，われわれの仮説的な経済の経済循環を示したものである。各企業グループの販売総額943のうち，消費財として家計への販売は343であり，企業間では，投入財としての483と投資財としての117との取引があった。また，家計から企業への労働力およびその他の生産要素の販売は，それぞれ292および168であり，合計で，460であることも示されている。

表１－１の投入産出表による経済循環の表現は，図２－１の経済循環図より詳細である。したがって，われわれが経済現象を分析しようとする際に，企業グループ，あるいは各産業間の取引状況やそれら各産業と家計との取引の流れにまで考察が及ぶときには，表１－１のような投入産出表による経済循環図を基本にすべきであろう。しかし，産業間の取引の流れについての構造よりも，経済社会の企業と家計といった大別された２つの経済主体間の取引の流れを，総体として考察する場合には，図２－１の経済循環図がより把握しやすいものとなるだろう。

### 経済活動水準

社会の経済活動水準を経済全体の生産総額ではなく純生産物あるいは付加価値でとらえるならば，図２－２のように，経済循環図を中間投入財の取引の流れを捨象して描くことができる。

図2-2

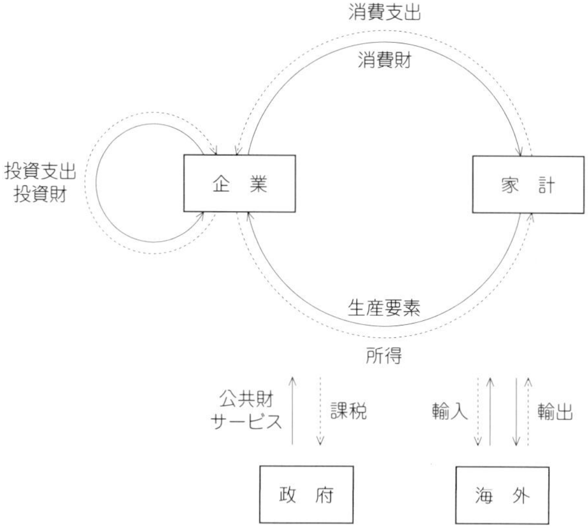


企業グループ，あるいは産業間の取引状況について，中間投入の取引の流れにも関心があるとき，言いかえると，各産業の原材料の取引の流れにまで考察が及ぶときには，図2-1のように，中間投入に関する取引の流れを含める経済循環図を基本にすべきであろう。しかし，産業間の中間投入に関する取引の流れよりも，純生産により関心があって，社会全体として，どれだけの生産物が享受できるかを中心に経済主体間の取引の流れを考察する場合には，中間投入の取引の流れを捨象した経済循環図でもよいと言える。むしろ，表1-2で掲げた産業連関の実際から理解されるように，政府と海外といった経済主体を取り入れた経済循環図がより現実的である。

図2-2は，経済主体を，家計と企業だけでなく，政府と海外も含めた経済循環図を描いている。純生産物は，企業が，労働力，土地，資本という生産要素を家計から購入し，それらを生産過程に投入する。そうして，家計から提供された生産要素に対して，企業は生産要素に対する報酬を支払い，これが家計の所得を形成する。家計は，所得の一部を，消費財を購入するため，消費支出を行う。他方，企業は将来の生産のために投資財を購入する。

新たに加えた経済主体の一つである政府は，家計と企業から直接的に，間接的に税を徴収し，そうして家計や企業をはじめ社会全体にむけて，公共財・サービスを提供する。もう一つの経済主体である海外は，一方で国内生産物を購入する。これは国内経済にとっては，「輸出」である。他方，国内の家計あるいは企業は海外から財・サービスを購入する。これが「輸入」である。

以上のように，経済社会全体の活動水準を種々の財の取引の流れで把握できる。図２－２は，財・サービスの供給主体から需要主体への流れが実線で描かれているが，貨幣はこれと逆の方向に流れている。この流れは点線で示されている。

## 2.2　３つの側面から見るGDP

例示的な経済の取引表から，マクロ経済的な把握のために経済活動水準の指標として，国内総生産GDPを取りあげた。そしてGDPは生産，支出，分配の３つの側面から眺めることができることも理解されたであろう。そこで，この節では，日本経済の活動水準を把握するため，2007暦年における国民経済計算によるデータを眺めてみよう。

### 国内総生産勘定

まず，表２－１に掲げた2007暦年の「国内総生産勘定」によれば，国内総生産は515.8兆円である。海外からの所得が26.36兆円で，海外に対する（海外への）所得が9.12兆円であることから，海外からの純所得は17.24（＝26.36－9.12）兆円である。したがって，国民総所得は国内総生産GDPに海外からの純所得を加えたものであるから，国民総所得（＝国民総支出＝国民総生産，GNP）は533.0兆円になる*。

＊93SNA体系から導入された，混合所得という用語は，従来は営業余剰に含めていた概念である。特に，個人企業の取り分のうち個人業主など労働報酬的要素を含むことから営業余剰と区別している。生産・輸入に課される税は，従来，間接税と呼ばれていたもので，課税額だけ，市場価値が膨張することになる。他方，補助金は，マイナスの税であると見なせばよい。

表2-1　国内総生産勘定（生産側及び支出側）平成19暦年（2007）

（単位：10億円）

| | | | (%) | | | | (%) |
|---|---|---|---|---|---|---|---|
| 1.1 | 雇用者報酬 | 264538.8 | 51.3 | 1.7 | 民間最終消費支出 | 290445.0 | 56.3 |
| 1.2 | 営業余剰・混合所得 | 94203.4 | 18.3 | 1.8 | 政府最終消費支出 | 92417.2 | 17.9 |
| 1.3 | 固定資本減耗 | 107033.8 | 20.8 | 1.9 | 総固定資本形成 | 120670.3 | 23.4 |
| 1.4 | 生産・輸入品に課される税 | 43401.4 | 8.4 | | うち無形固定資産 | 10251.8 | 2.0 |
| 1.5 | （控除）補助金 | 3027.9 | 0.6 | 1.10 | 在庫品増加 | 3639.9 | 0.7 |
| 1.6 | 統計上の不突合 | 9655.3 | 1.9 | 1.11 | 財貨・サービスの輸出 | 90830.4 | 17.6 |
| | | | | 1.12 | (控除)財貨・サービスの輸入 | 82198.0 | -15.9 |
| | 国内総生産（生産側） | 515804.8 | 100.0 | | 国内総生産（支出側） | 515804.8 | 100.0 |
| | 海外からの所得 | 26360.5 | 5.1 | | | | |
| | (控除)海外に対する所得 | 9122.1 | 1.8 | | | | |
| | 国民総所得 | 533043.2 | 103.3 | | | | |

## GDPの支出面

次に，国内総生産GDPを3つの側面から見てみる。まず，GDPの支出面の詳細を，表2-2「国内総生産（支出側）」から見てみる。民間最終消費支出290.4兆円は総支出の56%を占める。6割弱と見てよい*。

＊利益追求を旨とすることなく，社会的，公共的サービスを家計へ生産・供給・提供する団体を対家計民間非営利団体という。これを生産者として把握する場合，対家計民間非営利サービス生産者（Producers of Private Non-Profit Services to Households）と呼ぶ。対家計民間非営利団体は，ある特定の目的を遂行するために集まった個人の自発的な団体であり，その活動は通常会員の会費や家計，企業，政府からの寄付，補助金によって賄われる。労働組合，政党，宗教団体等のほかに，私立学校のすべてが含まれている。

政府最終消費支出92.4兆円を含めると，消費が総支出に占める割合は74%になる。国内総固定資本形成は120.6兆円で総支出に占める割合は23.4%になるが，資本形成における民間部門と公的部門の割合はおよそ5：1である。また，民間の固定資本形成のうち住宅投資と企業設備投資はそれぞれ17.3兆円と82.7兆円であり，民間固定資本形成のうちに占める割合はそれぞれ17.3%と82.7%になる。

財貨・サービスの輸出90.8兆円が国民総支出に占める割合は17.6%であるが，海外からの所得を含めると，117.2兆円になり，国内総支出GDPに対する割

**表２－２　国内総生産（名目支出側）平成19暦年（2007）**

（単位：10億円）

| | | （%） |
|---|---|---|
| 1．民間最終消費支出 | 290445.0 | 56.3 |
| (1)家計最終消費支出 | 284119.8 | 55.1 |
| (2)対家計民間非営利団体最終消費支出 | 6325.1 | 1.2 |
| 2．政府最終消費支出 | 92417.2 | 17.9 |
| 3．総資本形成 | 124310.3 | 24.1 |
| (1)総固定資本形成 | 120670.3 | 23.4 |
| a．民間 | 99972.1 | 19.4 |
| (a)住宅 | 17314.9 | 3.4 |
| (b)企業設備 | 82657.1 | 16.0 |
| b．公的 | 20698.3 | 4.0 |
| (a)住宅 | 556.2 | 0.1 |
| (b)企業設備 | 4091.2 | 0.8 |
| (c)一般政府 | 16050.8 | 3.1 |
| (2)在庫品増加 | 3639.9 | 0.7 |
| a．民間企業 | 3410.9 | 0.7 |
| b．公的（公的企業および一般政府） | 229.1 | 0.0 |
| 4．財貨・サービスの純輸出 | 8632.4 | 1.7 |
| (1)財貨・サービスの輸出 | 90830.4 | 17.6 |
| (2)(控除)財貨・サービスの輸入 | 82198.0 | 15.9 |
| 5．国内総生産（支出側）（１＋２＋３＋４） | 515804.8 | 100.0 |
| (参考)海外からの所得の純受取 | 17238.4 | 3.3 |
| 海外からの所得 | 26360.5 | 5.1 |
| (控除)海外に対する所得 | 9122.1 | -1.8 |
| 国民総所得 | 533043.2 | 103.3 |

合は22.7%にもなる。他方，財貨・サービスの輸入と海外に対する所得の合計は91.3兆円であり，国内総支出に対する割合は約17.7%である。したがって，結局，経常海外余剰が国内総支出に対する割合は５%程度である。

### GDPの分配面

次に，GDPを分配面からとらえてみよう。

先に掲げた表２－１「国内総生産勘定」に記される各項目を利用して，国民所得は，

表２-３　国民所得・国民可処分所得の分配　平成19暦年（2007）

（単位：10億円）

| | | (％) |
|---|---|---|
| 1．雇用者報酬 | 264670.4 | 70.4 |
| (1)賃金・俸給 | 226372.8 | 60.2 |
| (2)雇主の社会負担 | 38297.5 | 10.2 |
| 2．財産所得（非企業部門） | 17728.5 | 4.7 |
| (1)一般政府 | -2924.8 | -0.8 |
| (2)家計 | 20292.5 | 5.4 |
| a．利子 | 243.7 | 0.1 |
| b．配当（受取） | 6574.3 | 1.7 |
| c．保険契約者に帰属する財産所得(受取) | 10300.7 | 2.7 |
| d．賃貸料（受取） | 3173.8 | 0.8 |
| (3)対家計民間非営利団体 | 360.8 | 0.1 |
| 3．企業所得（法人企業の分配所得受払後） | 93581.6 | 24.9 |
| (1)民間法人企業 | 49646.8 | 13.2 |
| a．非金融法人企業 | 38799.1 | 10.3 |
| b．金融機関 | 10847.7 | 2.9 |
| (2)公的企業 | 6889.8 | 1.8 |
| a．非金融法人企業 | 2190.2 | 0.6 |
| b．金融機関 | 4699.5 | 1.2 |
| (3)個人企業 | 37045.1 | 9.9 |
| a．農林水産業 | 2602.8 | 0.7 |
| b．その他の産業（非農林水産・非金融） | 12066.8 | 3.2 |
| c．持ち家 | 22375.5 | 6.0 |
| 4．国民所得（要素費用表示）(１＋２＋３) | 375980.5 | 100.0 |

国民所得＝雇用者報酬＋営業余剰・混合所得＋海外からの所得
　　　　　－海外に対する所得

から得られる。したがって，雇用者報酬264.54兆円，営業余剰・混合所得94.20兆円，海外からの所得26.36兆円および海外に対する所得9.12兆円より，国民所得は，375.98兆円である。ここに取り出した国民所得のより詳細な内容を表２-３「国民所得の分配」に掲げている。

実は，ここに掲げている国民所得は，要素費用表示の国民所得と言われる。これに対して，市場価格表示の国民所得は，

市場価格表示の国民所得＝国民所得（要素費用表示）＋固定資本減耗

＋生産・輸入品に課される税－補助金（＋統計上の不突合）

である。

国民所得375.98兆円のうちで雇用者報酬（＝雇用者所得）264.67兆円の占める割合は，70.4％である。雇用者所得のうち賃金・俸給226.37兆円は約85.6％を占め，残り14.4％は雇主の社会負担である。非企業部門の財産所得の大半は家計の財産所得20.29兆円であり，これの国民所得に占める割合は，5.4％である。

企業所得93.58兆円の国民所得に占める割合はほぼ25％である。そのうち民間法人企業と個人企業の比率は，およそ3：4である。ただし個人企業の所得37.04兆円のうち，持ち家に対する帰属家賃22.37兆円が国民所得に占める割合は6％である*。

＊実際には家賃の受払を伴わない住宅等について，通常の借家や借間と同様のサービスが生産され消費されると見なして，その家賃を市場家賃で評価した帰属計算をする。「持ち家」の帰属家賃（Imputed service of owner-occupied dwellings）は，実際には家賃が生じない自己所有の住宅（持ち家住宅）について計算した帰属家賃である。国民経済計算では，住宅を自己所有する家計は，不動産業（住宅賃貸業）を営んでいるものとされるため，「持ち家の帰属家賃」は家計の生産額に含まれ，家計の営業余剰にも計上される。

### GDPの生産面

最後に，表2-4「経済活動別国内総生産」から，GDPの生産面の特徴を見てみよう。

この表では，生産活動主体別のそれぞれの生産額は，本来差し引くべき帰属利子などを含めた生産額で表されている。そこで，各生産活動主体別の生産額総計から帰属利子などの総計を差し引くことによって，GDPを導いている*。

＊帰属利子というのは，金融業の受取利子及び配当と支払利子の差額をさす。利子は主として他産業の付加価値から支払われるから，それを再び生産として取りあげると，生産額が二重計算になる。この二重計算を除去するために，金融業の付加価値及び営業余剰の計算上は帰属利子の額を控除する。

民間の産業部門，政府が行う公的生産および民間非営利団体の生産が，総生

表2－4　経済活動別国内総生産（名目）　平成19暦年（2007）

（単位：10億円）

| | | （%） |
|---|---|---|
| 1．産業 | 469164.9 | 88.9 |
| (1)農林水産業 | 7402.2 | 1.4 |
| a．農業 | 5937.9 | |
| b．林業 | 477.4 | |
| c．水産業 | 986.9 | |
| (2)鉱業 | 408.3 | 0.1 |
| (3)製造業 | 108696.0 | 20.6 |
| a．食料品 | 12701.9 | 2.4 |
| b．繊維 | 679.1 | |
| c．パルプ・紙 | 2345.4 | |
| d．化学 | 8435.5 | 1.6 |
| e．石油・石炭製品 | 6616.1 | 1.3 |
| f．窯業・土石製品 | 3475.1 | |
| g．鉄鋼 | 6169.7 | 1.2 |
| h．非鉄金属 | 2680.3 | |
| i．金属製品 | 4685.9 | |
| j．一般機械 | 13332.8 | 2.5 |
| k．電気機械 | 16816.0 | 3.2 |
| l．輸送用機械 | 15795.3 | 3.0 |
| m．精密機械 | 1859.0 | |
| n．衣服・身回品 | 852.0 | |
| o．製材・木製品 | 821.0 | |
| p．家具 | 793.1 | |
| q．出版・印刷 | 4834.8 | |
| r．皮革・皮革製品 | 183.2 | |
| s．ゴム製品 | 1095.4 | |
| t．その他の製造業 | 4524.4 | |
| (4)建設業 | 31018.5 | 5.9 |
| (5)電気・ガス・水道業 | 10206.4 | 1.9 |
| a．電気業 | 5232.5 | |
| b．ガス･水道･熱供給業 | 4973.9 | |
| (6)卸売・小売業 | 68834.9 | 13.0 |
| a．卸売業 | 46850.3 | |
| b．小売業 | 21984.6 | |
| (7)金融・保険業 | 34344.8 | 6.5 |
| (8)不動産業 | 61289.5 | 11.6 |
| a．住宅賃貸業 | 54186.4 | |
| b．その他の不勁産業 | 7103.1 | |
| (9)運輸・通信業 | 33721.1 | 6.4 |
| a．運輸業 | 23606.7 | |
| b．通信業 | 10114.4 | |
| (10)サービス業 | 113243.2 | 21.5 |
| a．公共サービス | 28779.8 | |
| b．対事業所サービス | 47154.1 | |
| c．対個人サービス | 37309.4 | |
| 2．政府サービス生産者 | 47898.0 | 9.1 |
| (1)電気・ガス・水道業 | 5223.0 | |
| (2)サービス業 | 13233.6 | |
| (3)公務 | 29441.3 | |
| 3．対家計民間非営利サービス生産者 | 10754.2 | 2.0 |
| (1)教育 | 4761.4 | |
| (2)その他 | 5992.8 | |
| 小計 | 527817.0 | 100.0 |
| 輸入品に課される税・関税 | 5711.7 | |
| (控除)総資本形成に係る消費税 | 3769.6 | |
| (控除)帰属利子 | 23609.6 | 4.5 |
| 統計上の不突合 | 9655.3 | |
| 国内総生産 | 515804.8 | 97.7 |

産に占める割合は，それぞれ89%，9%，2%であり，GDPのほぼ9割が民間部門による生産である。

民間の産業部門における総生産469.1兆円のうち，サービス業生産113.2兆円はGDPの21.5%を占めており，以下，製造業の生産108.7兆円はGDPの20.6%を占め，卸売り小売業68.8兆円，不動産業61.2兆円は，GDPに対して，それぞれ13.0%，11.6%を占める。これらの上位4つの産業の生産額は，GDP

の約3分の2を占める。これら4つの産業に続いて，金融保険業34.3兆円，運輸・通信業33.7兆円，建設業31.0兆円の3産業の生産額は，GDPの19%を占める。

## 2.3　成長会計による要因分析

この節では日本経済の成長が，経済循環のそれぞれの側面からどのように推移してきたかを分析してみよう。それぞれの側面というのは，需要面からみた経済成長，産業構造からみた経済成長，供給面からみた経済成長である。

この節の分析は，一般に成長会計と呼ばれる手法で，会計的な定義式を用いるだけで，必ずしも経済社会に働く論理を充分に反映していない弱点がある。しかし，本節の分析が示すように，経済成長の要因を概観しようとするのには一定の有効性がある。

### 支出項目による成長要因

需要面からみた第$t$年の国内総生産$GDP_t$は，

$$GDP_t = CP_t + CG_t + IHP_t + IOP_t + IPUB_t + J_t + EXT_t - MXT_t \tag{2.1}$$

のように8つの構成要素に分解される。ここで，$CP$は民間最終消費支出，$CG$は政府最終消費支出，$IHP$は民間住宅投資，$IOP$は民間企業設備投資，$IPUB$は政府固定資本形成，$J$は在庫品増加，$EXT$は輸出，$MXT$は輸入，$GDP$は国内総支出である。それぞれの期間における各需要項目の水準は，表2-5の(A)欄に掲げている*。

＊本節で利用した資料は，1955暦年から1998暦年のSNAデータと1980暦年から2007暦年の新SNAデータである。したがって，前者の資料で1955暦年から1995暦年の5年刻みで分析し，後者の資料で1995暦年から2005暦年の5年刻みと2005暦年から2007暦年までとを分析している。

さて，上の等式は第（$t-1$）年においても成立する。したがって，ある1項

目 $x_t$ について，その増加分を，$\Delta x_t = x_t - x_{t-1}$ と定義すると，

$$\Delta GDP_t = \Delta CP_t + \Delta CG_t + \Delta IHP_t + \Delta IOP_t + \Delta IPUB_t + \Delta J_t + \Delta EXT_t - \Delta MXT_t \tag{2.2}$$

が成り立つ。上式の両辺を $GDP_{t-1}$ で割って，右辺のそれぞれの項について，若干の変形を行うと，

$$\frac{\Delta GDP_t}{GDP_{t-1}} = \frac{CP_{t-1}}{GDP_{t-1}}\frac{\Delta CP_t}{CP_{t-1}} + \frac{CG_{t-1}}{GDP_{t-1}}\frac{\Delta CG_t}{CG_{t-1}} + \frac{IHP_{t-1}}{GDP_{t-1}}\frac{\Delta IHP_t}{IHP_{t-1}} + \cdots\cdots + \frac{EXT_{t-1}}{GDP_{t-1}}\frac{\Delta EXT_t}{EXT_{t-1}} - \frac{MXT_{t-1}}{GDP_{t-1}}\frac{\Delta MXT_t}{MXT_{t-1}} \tag{2.3}$$

が得られる。

したがって，GDPの成長率 $\frac{\Delta GDP_t}{GDP_{t-1}}$ は，各需要項目 $x_t$ のGDPに対する構成比率 $\frac{x_{t-1}}{GDP_{t-1}}$ と，それぞれの需要項目 $x_t$ の成長率 $\frac{\Delta x_t}{x_{t-1}}$ との積の総和になる。

表2-5(B)，(C)欄には，各需要項目のGDPに対する構成比率 $\frac{x_{t-1}}{GDP_{t-1}}$ と，それぞれの項目の成長率 $\frac{\Delta x_t}{x_{t-1}}$ が記されている。

各需要項目の構成比率と成長率の積は，GDPの成長率に対する内訳を示している。言い換えると，各需要項目がGDPの成長率に，どれ程，寄与をしているか，その大きさを表わしている。この意味で，構成比率と成長率の積を寄与率という。例えば，$\frac{CP_{t-1}}{GDP_{t-1}}\frac{\Delta CP_t}{CP_{t-1}}$ は，GDPの成長率に対して民間消費支出が寄与する大きさであり，民間消費支出の寄与率である。そうして，GDPの成長率の中に民間消費支出の寄与率が占める割合

$$\frac{CP_{t-1}}{GDP_{t-1}}\frac{\Delta CP_t}{CP_{t-1}} \div \frac{\Delta GDP_t}{GDP_{t-1}}$$

## 表 2-5　支出項目による成長会計

| | | 民間最終消費支出 | 政府最終消費支出 | 民間住宅投資 | 民間企業設備投資 | 政府固定資本形成 | 在庫品増加 | 輸出 | (−)輸入 | 国内総支出 |
|---|---|---|---|---|---|---|---|---|---|---|
| (A) 原データ | 1955 | 5501.9 | 845.5 | 262.8 | 788.8 | 574.0 | 351.6 | 921.2 | 876.3 | 8369.5 |
| | 1960 | 9395.4 | 1281.7 | 621.7 | 2906.1 | 1109.7 | 622.7 | 1713.7 | 1641.4 | 16009.7 |
| | 1965 | 19239.2 | 2690.0 | 1848.0 | 5151.4 | 2782.9 | 694.9 | 3450.9 | 2991.3 | 32866.0 |
| | 1970 | 38332.5 | 5455.3 | 4746.4 | 15406.3 | 5890.5 | 2573.2 | 7926.1 | 6985.3 | 73344.9 |
| | 1975 | 84762.7 | 14890.2 | 10427.6 | 24290.5 | 13417.6 | 476.2 | 18981.8 | 18919.4 | 148327.1 |
| | 1980 | 141324.3 | 23567.7 | 15316.7 | 37615.9 | 22888.3 | 1612.8 | 32886.5 | 35036.2 | 240175.9 |
| | 1985 | 188759.5 | 30685.3 | 14633.4 | 51757.9 | 21648.2 | 2158.8 | 46307.1 | 35531.6 | 320418.7 |
| | 1990 | 249288.5 | 38806.6 | 25217.7 | 83078.9 | 28170.1 | 2430.1 | 45919.9 | 42871.8 | 430039.8 |
| | 1995 | 290523.6 | 47418.6 | 24126.0 | 72142.7 | 41342.5 | 545.9 | 45392.9 | 38271.9 | 483220.2 |
| | | | | | | | | | | |
| | 1995 | 272756.6 | 75121.2 | 24129.5 | 73847.7 | 40131.0 | 2221.8 | 45230.1 | 38272.4 | 495165.5 |
| | 2000 | 282772.2 | 84941.7 | 20321.7 | 71900.1 | 34412.3 | 1326.4 | 55255.9 | 47940.4 | 502989.9 |
| | 2005 | 285935.6 | 90601.8 | 18247.4 | 75720.2 | 22917.2 | 1356.1 | 71912.7 | 64956.7 | 501734.3 |
| | 2007 | 290445.0 | 92417.2 | 17314.9 | 82657.1 | 20698.3 | 3639.9 | 90830.4 | 82198.0 | 515804.8 |
| (B) 構成比率 | 1955 | 65.74 | 10.10 | 3.14 | 9.42 | 6.86 | 4.20 | 11.01 | 10.47 | 100 |
| | 1960 | 58.69 | 8.01 | 3.88 | 18.15 | 6.93 | 3.89 | 10.70 | 10.25 | 100 |
| | 1965 | 58.54 | 8.18 | 5.62 | 15.67 | 8.47 | 2.11 | 10.50 | 9.10 | 100 |
| | 1970 | 52.26 | 7.44 | 6.47 | 21.01 | 8.03 | 3.51 | 10.81 | 9.52 | 100 |
| | 1975 | 57.15 | 10.04 | 7.03 | 16.38 | 9.05 | 0.32 | 12.80 | 12.76 | 100 |
| | 1980 | 58.84 | 9.81 | 6.38 | 15.66 | 9.53 | 0.67 | 13.69 | 14.59 | 100 |
| | 1985 | 58.91 | 9.58 | 4.57 | 16.15 | 6.76 | 0.67 | 14.45 | 11.09 | 100 |
| | 1990 | 57.97 | 9.02 | 5.86 | 19.32 | 6.55 | 0.57 | 10.68 | 9.97 | 100 |
| | 1995 | 55.08 | 15.17 | 4.87 | 14.91 | 8.10 | 0.45 | 9.13 | 7.73 | 100 |
| | 2000 | 56.22 | 16.89 | 4.04 | 14.29 | 6.84 | 0.26 | 10.99 | 9.53 | 100 |
| | 2005 | 56.99 | 18.06 | 3.64 | 15.09 | 4.57 | 0.27 | 14.33 | 12.95 | 100 |
| | 2007 | 56.31 | 17.92 | 3.36 | 16.02 | 4.01 | 0.71 | 17.61 | 15.94 | 100 |
| (C) 成長率（増加率） | 1960 | 14.15 | 10.32 | 27.31 | 53.68 | 18.67 | 15.42 | 17.21 | 17.46 | 18.26 |
| | 1965 | 20.95 | 21.98 | 39.45 | 15.45 | 30.16 | 2.32 | 20.27 | 16.45 | 21.06 |
| | 1970 | 19.85 | 20.56 | 31.37 | 39.81 | 22.33 | 54.06 | 25.94 | 26.70 | 24.63 |
| | 1975 | 24.22 | 34.59 | 23.94 | 11.53 | 25.56 | -16.30 | 27.90 | 34.17 | 20.45 |
| | 1980 | 13.35 | 11.66 | 9.38 | 10.97 | 14.12 | 47.74 | 14.65 | 17.04 | 12.38 |
| | 1985 | 6.71 | 6.04 | -0.89 | 7.52 | -1.08 | 6.77 | 8.16 | 0.28 | 6.68 |
| | 1990 | 6.41 | 5.29 | 14.47 | 12.10 | 6.03 | 2.51 | -0.17 | 4.13 | 6.84 |
| | 1995 | 3.31 | 4.44 | -0.87 | -2.63 | 9.35 | -15.51 | -0.23 | -2.15 | 2.47 |
| | 2000 | 0.73 | 2.61 | -3.16 | -0.53 | -2.85 | -8.06 | 4.43 | 5.05 | 0.32 |
| | 2005 | 0.22 | 1.33 | -2.04 | 1.06 | -6.68 | 0.45 | 6.03 | 7.10 | -0.05 |
| | 2007 | 0.79 | 1.00 | -2.56 | 4.58 | -4.84 | 84.20 | 13.15 | 13.27 | 1.40 |
| (D) 寄与率 | 1960 | 9.30 | 1.04 | 0.86 | 5.06 | 1.28 | 0.65 | 1.89 | -1.83 | 18.26 |
| | 1965 | 12.30 | 1.76 | 1.53 | 2.80 | 2.09 | 0.09 | 2.17 | -1.69 | 21.06 |
| | 1970 | 11.62 | 1.68 | 1.76 | 6.24 | 1.89 | 1.14 | 2.72 | -2.43 | 24.63 |
| | 1975 | 12.66 | 2.57 | 1.55 | 2.42 | 2.05 | -0.57 | 3.01 | -3.25 | 20.45 |
| | 1980 | 7.63 | 1.17 | 0.66 | 1.80 | 1.28 | 0.15 | 1.87 | -2.17 | 12.38 |
| | 1985 | 3.95 | 0.59 | -0.06 | 1.18 | -0.10 | 0.05 | 1.12 | -0.04 | 6.68 |
| | 1990 | 3.78 | 0.51 | 0.66 | 1.96 | 0.41 | 0.02 | -0.02 | -0.46 | 6.84 |
| | 1995 | 1.92 | 0.40 | -0.05 | -0.51 | 0.61 | -0.09 | -0.02 | 0.21 | 2.47 |
| | 2000 | 0.40 | 0.40 | -0.15 | -0.08 | -0.23 | -0.04 | 0.40 | -0.39 | 0.32 |
| | 2005 | 0.13 | 0.23 | -0.08 | 0.15 | -0.46 | 0.00 | 0.66 | -0.68 | -0.05 |
| | 2007 | 0.45 | 0.18 | -0.09 | 0.69 | -0.22 | 0.23 | 1.89 | -1.72 | 1.40 |
| (E) 寄与度 | 1960 | 50.96 | 5.71 | 4.70 | 27.71 | 7.01 | 3.55 | 10.37 | -10.01 | 100 |
| | 1965 | 58.40 | 8.35 | 7.28 | 13.32 | 9.93 | 0.43 | 10.31 | -8.01 | 100 |
| | 1970 | 47.17 | 6.83 | 7.16 | 25.33 | 7.68 | 4.64 | 11.06 | -9.87 | 100 |
| | 1975 | 61.92 | 12.58 | 7.58 | 11.85 | 10.04 | -2.80 | 14.74 | -15.92 | 100 |
| | 1980 | 61.58 | 9.45 | 5.32 | 14.51 | 10.31 | 1.24 | 15.14 | -17.55 | 100 |
| | 1985 | 59.11 | 8.87 | -0.85 | 17.62 | -1.55 | 0.68 | 16.72 | -0.62 | 100 |
| | 1990 | 55.22 | 7.41 | 9.66 | 28.57 | 5.95 | 0.25 | -0.35 | -6.70 | 100 |
| | 1995 | 77.54 | 16.19 | -2.05 | -20.56 | 24.77 | -3.54 | -0.99 | 8.65 | 100 |
| | 2000 | 128.00 | 125.51 | -48.67 | -24.89 | -73.09 | -11.44 | 128.14 | -123.56 | 100 |
| | 2005 | -251.94 | -450.79 | 165.20 | -304.24 | 915.51 | -2.37 | -1326.60 | 1355.23 | 100 |
| | 2007 | 32.05 | 12.90 | -6.63 | 49.30 | -15.77 | 16.23 | 134.45 | -122.54 | 100 |

は，寄与度と定義される。表2‐5の(D)欄には各支出項目の寄与率を，(E)欄には各支出項目の寄与度を掲載している。

### GDP 支出項目の特徴

各年の GDP に占める民間消費支出の構成比率は，1950年以降1990年までは，ほぼ57,8%であり，近年55,6%への微減の傾向が見られるものの，きわめて安定していると言える。政府消費の GDP に占める構成比率は1950年以降1990年までは，10%までの値であったが，近年は15,6%以上になりつつある。民間住宅投資の GDP に占める構成比率は，長期にわたってほぼ5%前後であるが，近年は5%未満の割合である。民間の企業設備投資の GDP の中に占める構成比率も長期にわたって，15%前後で変化している。輸出および輸入が GDP に占める構成比率は，どちらもほぼ12,3%前後である。しかしその値は一定ではなく，変化しやすい。また，ほとんどの期間で，輸出の構成比率は輸入のそれより絶対値で大きい。長期にわたって貿易黒字の傾向が読みとれる。

1980年代まで，GDP の成長率は20%前後で推移し，その後，1990年頃までの成長率は一桁のパーセントで，いわゆる安定成長と呼ばれる傾向が見られる。1995年以降21世紀に入って，成長率はマイナスの値も含めてきわめて低い値で経過している。民間消費支出，政府消費，民間設備投資，輸出など各支出項目にも同様な傾向を見ることができる。

例えば，1975～80年の間，日本の GDP は平均12.38%の成長であった。そのうち7.63%は民間最終消費が寄与しており，以下，政府消費は1.17%，民間住宅投資は0.66%，民間企業設備投資が1.80%，政府投資は1.28%の値だけ寄与していたと見ることができる。この間は輸出額より輸入額が，GDP に占める構成比率も，またそれぞれの成長率の値も大きく，12.38%の GDP の平均成長率に対して，輸出および輸入の寄与率は，1.87%，−2.17%となっている。

先に述べたように，GDP の成長率に対する各支出項目の寄与率の割合を寄与度というが，表2‐5の(E)欄に記された寄与度をみると，各支出項目が GDP の成長に及ぼす影響の推移が読みとれる。1990年代まで見られる典型的な傾向は，先に例に挙げた1975～80年の間に見られるところで代表される。民間消費がGDPの成長率に及ぼす寄与度は60%前後であり，民間設備投資のそれは15%前後，政府消費と政府投資で概ね20%弱と把握できよう*。

＊表2-5の(E)欄「寄与度」の値を見て分かるように，GDPの成長率がゼロに近い値であるとき，寄与度は異常な値になり，本来読みとろうとする情報は得られない。また，1995年以降に見られるGDPや各支出項目の成長率がマイナスの場合，ゼロに近い値になる時期と同様に，成長会計の分析によって読みとろうとする事柄は，必ずしも的確には得られない。

### 産業構造による成長要因

次に，国内総生産GDPの成長にどの産業の生産がどれだけ寄与したかを数量的に把握してみよう。国内総生産 $X$ は，各産業の生産物の総和であるから，

$$X = XAF + XMI + XMA + XCN + XEG + XWR + XFI + XRE + XTC + XCSV + XG + XNPSV \tag{2.4}$$

である。ここで，$XAF$ は農林水産業，$XMI$ は鉱業，$XMA$ は製造業，$XCN$ は建設業，$XEG$ は電気・ガス・水道業，$XWR$ は卸売・小売業，$XFI$ は金融保険業，$XRE$ は不動産業，$XTC$ は運輸・通信業，$XCSV$ はサービス業，$XG$ は政府サービス生産者，$XNPSV$ は対家計民間非営利サービス生産者のそれぞれの生産額である。表2-6の(A)欄にそれぞれの産業の生産額が掲載されている。

分析の方法は，支出項目による成長要因の分析とほぼ同様である。つまり，国内総生産額 $X$ の成長率に関して，

$$\frac{\Delta X_t}{X_{t-1}} = \frac{XAF_{t-1}}{X_{t-1}}\frac{\Delta XAF_t}{XAF_{t-1}} + \frac{XMI_{t-1}}{X_{t-1}}\frac{\Delta XMI_t}{XMI_{t-1}} + \frac{XMA_{t-1}}{X_{t-1}}\frac{\Delta XMA_t}{XMA_{t-1}} + \cdots\cdots + \frac{XG_{t-1}}{X_{t-1}}\frac{\Delta XG_t}{XG_{t-1}} + \frac{XNPSV_{t-1}}{X_{t-1}}\frac{\Delta XNPSV_t}{XNPSV_{t-1}} \tag{2.5}$$

が得られる。すなわち，国内総生産 $X$ の成長率は，各産業の生産物の総生産に対する構成比率と，それぞれの産業の成長率との積の総和になる。表2-6の(B)，(C)欄に，それぞれの産業の構成比率と成長率が示されている。

また，国内総生産の成長率に対して，各産業の生産が寄与した大きさが寄与

率であり，それらは表２－６の(D)欄に掲げている。それぞれの寄与率が国内総生産の成長率に占める割合を寄与度という。寄与度については，表２－６の(E)欄に掲載している。

### 各産業の成長推移

各産業の成長率と GDP に対する構成比率や寄与度など表２－６を参照して，産業構造からみた経済成長の推移をみてみよう。

農林水産業（XAF），鉱業（AMI）は，GDP に占める構成比率および成長率が激減しており，最近は，成長率に関してはマイナス成長である。したがって GDP の成長への寄与はほとんどないか，もしくは負の寄与率である。

1970年までの高度経済成長期における製造業（XMA）の GDP に占める構成比率は30％を超えており，その後，徐々にその比率を落として1990年代後半以降に20％強になる。1970年代まで製造業の成長率は20％以上であり，安定成長期と言われる1970年以降も成長率は半減ないしはそれ以下に落ちるものの，５％以上で成長していた。しかし，1990年代前半から以降は，マイナス成長も経験している。マイナス成長の最近では特徴的なことは判断しにくいが，GDP の成長率への寄与度は30％を超えるところから20％強であると見て良い。

建設業（XCN）の特徴は，GDP に占める構成比率は５％から10％未満の間で推移している。成長率も，他の産業と同様で，1970年代まで成長率は20％以上であった。1980年以降は成長率は半減ないしはそれ以下に落ち，成長率の値に不安定な傾向が見られた。また，1990年代後半から以降は，マイナス成長である。GDP 成長率への寄与度は10％前後と見て良い。

卸売・小売業（XWR）の GDP に占める構成比率は，長期にわたって12～14％であり，比較的安定している。成長率については，1970年代まで成長率は20％以上であり，1970年以降も成長率は半減ないしはそれ以下に落ちるものの，一桁台の成長率であった。しかし，1990年代後半から以降は，ゼロないしはマイナス成長である。GDP 成長率への寄与度について，最近は判断しにくい側面があるが，10％台と見られる。

金融・保険業（XFI）の GDP に占める構成比率は，5,6％でほぼ一定してい

### 表2-6　産業構造による成長会計

| | 農林水産業 | 鉱業 | 製造業 | 建設業 | 電気ガス水道 | 卸売・小売業 | 金融・保険業 | 不動産業 | 運輸・通信業 | サービス業 | 政府サービス生産者 | 民間非営利サービス生産 | 合　計 |
|---|---|---|---|---|---|---|---|---|---|---|---|---|---|
| (A) 原データ | | | | | | | | | | | | | |
| 1955 | 1665.5 | 164.7 | 2381 | 377.7 | 198.3 | 893.7 | 340 | 464.5 | 610.8 | 844.9 | 642.4 | 81.7 | 8665.2 |
| 1960 | 2101 | 246.3 | 5535.4 | 893.1 | 406.8 | 1860.1 | 565.3 | 1215.3 | 1187.8 | 1205.4 | 1017.5 | 138.6 | 16372.6 |
| 1965 | 3229.4 | 331 | 11085.6 | 2159.2 | 887.4 | 4173.2 | 1474.7 | 2817 | 2461.9 | 2570.3 | 2288.2 | 353.6 | 33831.5 |
| 1970 | 4488 | 620.3 | 26402.3 | 5650.2 | 1557.7 | 10531.3 | 3120.5 | 5899 | 5044.3 | 7074.3 | 4642.2 | 729.8 | 75759.9 |
| 1975 | 8141.1 | 776.2 | 44800.9 | 14322 | 3001.7 | 21934.1 | 7795.8 | 12138 | 9546 | 16251.4 | 13128.4 | 2362.6 | 154198.6 |
| 1980 | 8847.2 | 1363 | 70232.3 | 22506 | 6580.3 | 36792.4 | 12440 | 22654.3 | 14787 | 28063.3 | 20499.5 | 4285.2 | 249050.8 |
| 1985 | 10214 | 958.5 | 94672.6 | 25381 | 10305 | 42835.8 | 16972 | 32358.5 | 21087 | 46390.9 | 26284.5 | 6218.4 | 333678.2 |
| 1990 | 10921 | 1121.6 | 121219 | 43428 | 11242 | 58358 | 25546 | 46792.2 | 28475 | 63624.2 | 32688 | 8524.3 | 451937.6 |
| 1995 | 9350.6 | 1071.5 | 119261 | 50332 | 13733 | 60984.5 | 24331 | 62290.3 | 31354 | 82332.7 | 38856.4 | 10907 | 504804.6 |
| 1995 | 9345.5 | 860.7 | 114669 | 40850 | 13329 | 75788.3 | 31964 | 53757.1 | 35264 | 88128.8 | 41881.4 | 8888.3 | 514726.1 |
| 2000 | 8895.8 | 626.5 | 111439 | 37130 | 13576 | 70660.7 | 30445 | 57863.9 | 34821 | 102604 | 45973.8 | 8941.3 | 522977.5 |
| 2005 | 7628.3 | 488.2 | 107877 | 31861 | 12051 | 69065.2 | 34940 | 60099.7 | 33612 | 107733 | 47049.6 | 10089.3 | 522494.4 |
| 2007 | 7402.2 | 408.3 | 108696 | 31019 | 10206 | 68834.9 | 34345 | 61289.5 | 33721 | 113243 | 47898 | 10754.2 | 527817.1 |
| (B) 構成比率 | | | | | | | | | | | | | |
| 1955 | 19.22 | 1.90 | 27.48 | 4.36 | 2.29 | 10.31 | 3.92 | 5.36 | 7.05 | 9.75 | 7.41 | 0.94 | 100 |
| 1960 | 12.83 | 1.50 | 33.81 | 5.45 | 2.48 | 11.36 | 3.45 | 7.42 | 7.25 | 7.36 | 6.21 | 0.85 | 100 |
| 1965 | 9.55 | 0.98 | 32.77 | 6.38 | 2.62 | 12.34 | 4.36 | 8.33 | 7.28 | 7.60 | 6.76 | 1.05 | 100 |
| 1970 | 5.92 | 0.82 | 34.85 | 7.46 | 2.06 | 13.90 | 4.12 | 7.79 | 6.66 | 9.34 | 6.13 | 0.96 | 100 |
| 1975 | 5.28 | 0.50 | 29.05 | 9.29 | 1.95 | 14.22 | 5.06 | 7.87 | 6.19 | 10.54 | 8.51 | 1.53 | 100 |
| 1980 | 3.55 | 0.55 | 28.20 | 9.04 | 2.64 | 14.77 | 5.00 | 9.10 | 5.94 | 11.27 | 8.23 | 1.72 | 100 |
| 1985 | 3.06 | 0.29 | 28.37 | 7.61 | 3.09 | 12.84 | 5.09 | 9.70 | 6.32 | 13.90 | 7.88 | 1.86 | 100 |
| 1990 | 2.42 | 0.25 | 26.82 | 9.61 | 2.49 | 12.91 | 5.65 | 10.35 | 6.30 | 14.08 | 7.23 | 1.89 | 100 |
| 1995 | 1.82 | 0.17 | 22.28 | 7.94 | 2.59 | 14.72 | 6.21 | 10.44 | 6.85 | 17.12 | 8.14 | 1.73 | 100 |
| 2000 | 1.70 | 0.12 | 21.31 | 7.10 | 2.60 | 13.51 | 5.82 | 11.06 | 6.66 | 19.62 | 8.79 | 1.71 | 100 |
| 2005 | 1.46 | 0.09 | 20.65 | 6.10 | 2.31 | 13.22 | 6.69 | 11.50 | 6.43 | 20.62 | 9.00 | 1.93 | 100 |
| 2007 | 1.40 | 0.08 | 20.59 | 5.88 | 1.93 | 13.04 | 6.51 | 11.61 | 6.39 | 21.46 | 9.07 | 2.04 | 100 |
| (C) 成長率(増加率) | | | | | | | | | | | | | |
| 1960 | 5.23 | 9.91 | 26.50 | 27.29 | 21.03 | 21.63 | 13.25 | 32.33 | 18.89 | 8.53 | 11.68 | 13.93 | 17.79 |
| 1965 | 10.74 | 6.88 | 20.05 | 28.35 | 23.63 | 24.87 | 32.17 | 26.36 | 21.45 | 22.65 | 24.98 | 31.02 | 21.33 |
| 1970 | 7.79 | 17.48 | 27.63 | 32.34 | 15.11 | 30.47 | 22.32 | 21.88 | 20.98 | 35.05 | 20.58 | 21.28 | 24.79 |
| 1975 | 16.28 | 5.03 | 13.94 | 30.70 | 18.54 | 21.66 | 29.97 | 21.15 | 17.85 | 25.94 | 36.56 | 44.75 | 20.71 |
| 1980 | 1.73 | 15.12 | 11.35 | 11.43 | 23.84 | 13.55 | 11.92 | 17.33 | 10.98 | 14.54 | 11.23 | 16.28 | 12.30 |
| 1985 | 3.09 | -5.94 | 6.96 | 2.56 | 11.32 | 3.29 | 7.29 | 8.57 | 8.52 | 13.06 | 5.64 | 9.02 | 6.80 |
| 1990 | 1.38 | 3.40 | 5.61 | 14.22 | 1.82 | 7.25 | 10.10 | 8.92 | 7.01 | 7.43 | 4.87 | 7.42 | 7.09 |
| 1995 | -2.88 | -0.89 | -0.32 | 3.18 | 4.43 | 0.90 | -0.95 | 6.62 | 2.02 | 5.88 | 3.77 | 5.59 | 2.34 |
| 2000 | -0.96 | -5.44 | -0.56 | -1.82 | 0.37 | -1.35 | -0.95 | 1.53 | -0.25 | 3.28 | 1.95 | 0.12 | 0.32 |
| 2005 | -2.85 | -4.42 | -0.64 | -2.84 | -2.25 | -0.45 | 2.95 | 0.77 | -0.69 | 1.00 | 0.47 | 2.57 | -0.02 |
| 2007 | -1.48 | -8.18 | 0.38 | -1.32 | -7.65 | -0.17 | -0.85 | 0.99 | 0.16 | 2.56 | 0.90 | 3.30 | 0.51 |
| (D) 寄与率 | | | | | | | | | | | | | |
| 1960 | 1.01 | 0.19 | 7.28 | 1.19 | 0.48 | 2.23 | 0.52 | 1.73 | 1.33 | 0.83 | 0.87 | 0.13 | 17.79 |
| 1965 | 1.38 | 0.10 | 6.78 | 1.55 | 0.59 | 2.83 | 1.11 | 1.96 | 1.56 | 1.67 | 1.55 | 0.26 | 21.33 |
| 1970 | 0.74 | 0.17 | 9.05 | 2.06 | 0.40 | 3.76 | 0.97 | 1.82 | 1.53 | 2.66 | 1.39 | 0.22 | 24.79 |
| 1975 | 0.96 | 0.04 | 4.86 | 2.29 | 0.38 | 3.01 | 1.23 | 1.65 | 1.19 | 2.42 | 2.24 | 0.43 | 20.71 |
| 1980 | 0.09 | 0.08 | 3.30 | 1.06 | 0.46 | 1.93 | 0.60 | 1.36 | 0.68 | 1.53 | 0.96 | 0.25 | 12.30 |
| 1985 | 0.11 | -0.03 | 1.96 | 0.23 | 0.30 | 0.49 | 0.36 | 0.78 | 0.51 | 1.47 | 0.46 | 0.16 | 6.80 |
| 1990 | 0.04 | 0.01 | 1.59 | 1.08 | 0.06 | 0.93 | 0.51 | 0.87 | 0.44 | 1.03 | 0.38 | 0.14 | 7.09 |
| 1995 | -0.07 | 0.00 | -0.09 | 0.31 | 0.11 | 0.12 | -0.05 | 0.69 | 0.13 | 0.83 | 0.27 | 0.11 | 2.34 |
| 2000 | -0.02 | -0.01 | -0.13 | -0.14 | 0.01 | -0.20 | -0.06 | 0.16 | -0.02 | 0.56 | 0.16 | 0.00 | 0.32 |
| 2005 | -0.05 | -0.01 | -0.14 | -0.20 | -0.06 | -0.06 | 0.17 | 0.09 | -0.05 | 0.20 | 0.04 | 0.04 | -0.02 |
| 2007 | -0.02 | -0.01 | 0.08 | -0.08 | -0.18 | -0.02 | -0.06 | 0.11 | 0.01 | 0.53 | 0.08 | 0.06 | 0.51 |
| (E) 寄与度 | | | | | | | | | | | | | |
| 1960 | 5.65 | 1.06 | 40.93 | 6.69 | 2.71 | 12.54 | 2.92 | 9.74 | 7.49 | 4.68 | 4.87 | 0.74 | 100 |
| 1965 | 6.46 | 0.49 | 31.79 | 7.25 | 2.75 | 13.25 | 5.21 | 9.17 | 7.30 | 7.82 | 7.28 | 1.23 | 100 |
| 1970 | 3.00 | 0.69 | 36.53 | 8.33 | 1.60 | 15.16 | 3.93 | 7.35 | 6.16 | 10.74 | 5.61 | 0.90 | 100 |
| 1975 | 4.66 | 0.20 | 23.46 | 11.06 | 1.84 | 14.54 | 5.96 | 7.95 | 5.74 | 11.70 | 10.82 | 2.08 | 100 |
| 1980 | 0.74 | 0.62 | 26.81 | 8.63 | 3.77 | 15.66 | 4.90 | 11.09 | 5.53 | 12.45 | 7.77 | 2.03 | 100 |
| 1985 | 1.61 | -0.48 | 28.88 | 3.40 | 4.40 | 7.14 | 5.35 | 11.47 | 7.44 | 21.66 | 6.84 | 2.28 | 100 |
| 1990 | 0.60 | 0.14 | 22.45 | 15.26 | 0.79 | 13.13 | 7.25 | 12.21 | 6.25 | 14.57 | 5.41 | 1.95 | 100 |
| 1995 | -2.97 | -0.09 | -3.70 | 13.06 | 4.71 | 4.97 | -2.30 | 29.32 | 5.45 | 35.39 | 11.67 | 4.51 | 100 |
| 2000 | -5.45 | -2.84 | -39.14 | -45.09 | 2.99 | -62.14 | -18.40 | 49.77 | -5.37 | 175.43 | 49.60 | 0.64 | 100 |
| 2005 | 262.37 | 28.63 | 737.51 | 1090.5 | 315.67 | 330.26 | -930.4 | -462.80 | 250.34 | -1061.8 | -222.69 | -237.63 | 100 |
| 2007 | -4.25 | -1.50 | 15.40 | -15.84 | -34.66 | -4.33 | -11.18 | 22.35 | 2.06 | 103.52 | 15.94 | 12.49 | 100 |

る。成長率については，他の産業と同様で，1970年代まで成長率は20%以上であり，1970年以降は成長率は半減する。1990年代後半から以降は，マイナス成長の傾向が見られる。構成比率からも分かるように，GDPの成長率への寄与度は小さい。

不動産業（XRE）のGDPに占める構成比率は，長期的には上昇傾向にあり，近年の構成比率の値は，11%程度である。成長率に関しては，1970年代まで成長率は20%以上であり，1970年以降は成長率は半減するものの，他産業と違って，1990年代後半以降も，きわめて低いが成長しており，マイナス成長にはなっていない。このことを反映して，GDPの成長率への寄与度は比較的大きいと見られる。

運輸・通信業については，その生産額がGDPに占める構成比率は，長期間にわたりほぼ6%台で安定している。当該産業の成長率は，1980年代以前は20%を超え，その後1990年代前半まで，成長率は半減する。さらに，それ以降，きわめて低い成長率あるいはゼロ成長で推移している。ゼロ成長あるいはきわめて低い成長率である最近を除いて，GDPの成長率への寄与度は5～7%と，比較的安定している。

サービス業（XCSV）のGDPに占める構成比率は，1950年代の10%未満の程度から，近年は20%を超える程度に上昇している。成長率も，1970年代まで成長率は20%以上であり，1970年以降は成長率は半減するものの，不動産業と同様に，1990年代後半以降も数%の成長を維持している。したがって，GDPの成長率への寄与度について，1960年代には10%未満であったが，上昇傾向が続き，その後20%以上になることもある。

### 供給面から見た成長会計

さて最後に，経済成長を供給面から支えた要因，別な視点から言えば，各生産要素がどれ程GDPの成長に寄与したかを，成長会計の手法で考察してみよう。

いま，一国の総生産GDPは資本と労働という2つの生産要素で生産されるとし，次の生産関数を想定する。

（2.6）　$$GDP=f(L,\ K,\ T)$$

ここで，$L$ は労働投入量，$K$ は資本設備量，$T$ は技術水準を表わす。そうして，各変数の時間に関する変化分を $\Delta$ で表わすと，

（2.7）　$$\Delta GDP=f_L\,\Delta L+f_K\,\Delta K+f_T\,\Delta T$$

である。ここで，$f_L=\dfrac{\partial f}{\partial L}$ は，1単位の労働を追加投入したとき得られるGDPの追加的な生産量であって，いわゆる労働の限界生産力である。また，$f_K=\dfrac{\partial f}{\partial K}$ は1単位の資本設備量を追加投入したとき得られるGDPの追加的な生産量であって，いわゆる資本の限界生産力である。

上式の両辺を $GDP$ で割って，さらに右辺の各項について，式を変形すれば，GDPの成長率は，次のように表現できる。

（2.8）　$$\frac{\Delta GDP}{GDP}=\frac{f_L L}{GDP}\frac{\Delta L}{L}+\frac{f_K K}{GDP}\frac{\Delta K}{K}+\frac{f_T T}{GDP}\frac{\Delta T}{T}$$

さて，現実の経済社会には，経済学で議論される「限界生産力原理」が働いているとする。つまり，企業が，費用最小になるように，各生産要素を投入していると想定する。あるいは，企業が，利潤極大になるよう生産計画を遂行していると想定する。このとき，各生産要素の限界生産力の価値は，生産要素価格に等しい。つまり，$pf_L=w$，$pf_K=r$ が成り立つ。ここで，$p$ はGDPの価格，$w$ は労働の価格＝賃金，$r$ は資本用役の価格＝利潤率である。

上述の関係式から，$f_L=\dfrac{w}{p}$，$f_K=\dfrac{r}{p}$ を導き，これらを上式に代入する。そうすると，次の式が得られる。

（2.9）　$$\frac{\Delta GDP}{GDP}=\pi\frac{\Delta L}{L}+(1-\pi)\frac{\Delta K}{K}+\frac{f_T T}{GDP}\frac{\Delta T}{T}$$

ここに，$\pi=\dfrac{w\cdot L}{p\cdot GDP}$ であり，これは生産要素である労働への報酬がGDPの

表 2－7　供給面から見た成長会計

| | | $GDP$ | $Y$ | $Y_W$ | $L$ | $K$ |
|---|---|---|---|---|---|---|
| (A) | ～83 | 300628.5 | 213197.9 | 143418.0 | 3981.4 | 408171.2 |
| | ～87 | 354046.0 | 260268.0 | 175198.7 | 4291.9 | 526582.5 |
| | ～91 | 433882.1 | 328761.9 | 219830.7 | 4604.2 | 690817.4 |
| | ～95 | 470856.5 | 367277.5 | 261453.6 | 4970.6 | 863295.8 |
| | ～99 | 492846.3 | 375314.5 | 274153.4 | 5017.9 | 984813.6 |
| | ～03 | 506262.4 | 361658.5 | 265354.0 | 4968.0 | 1070856.0 |
| | ～07 | 542966.4 | 368889.8 | 260859.7 | 5070.5 | 1146660.4 |
| | | $g(GDP)$ | $\pi=Y_W/Y$ | $\pi g(L)$ | $(1-\pi)g(K)$ | $\tau g(T)$ |
| (B) | ～83 | | 0.673 | | | |
| | ～87 | 4.442 | 0.673 | 1.312 | 2.371 | 0.759 |
| | ～91 | 5.637 | 0.669 | 1.217 | 2.584 | 1.837 |
| | ～95 | 2.130 | 0.712 | 1.416 | 1.798 | -1.084 |
| | ～99 | 1.168 | 0.730 | 0.174 | 0.949 | 0.045 |
| | ～03 | 0.681 | 0.734 | -0.183 | 0.582 | 0.281 |
| | ～07 | 1.812 | 0.707 | 0.365 | 0.518 | 0.929 |
| | 寄与度 | $g(GDP)$ | | $\pi g(L)$ | $(1-\pi)g(K)$ | $\tau g(T)$ |
| (C) | ～87 | 100.0 | | 29.5 | 53.4 | 17.1 |
| | ～91 | 100.0 | | 21.6 | 45.8 | 32.6 |
| | ～95 | 100.0 | | 66.5 | 84.4 | -50.9 |
| | ～99 | 100.0 | | 14.9 | 81.2 | 3.9 |
| | ～03 | 100.0 | | -26.8 | 85.5 | 41.4 |
| | ～07 | 100.0 | | 20.1 | 28.6 | 51.3 |

価値額に占める割合であり，いわゆる労働の分配率である。もちろん，ここで考えている経済社会で，生産要素は労働と資本の2つであるから，$(1-\pi)$ は，いわゆる資本への分配率である。

### 供給面から見た成長要因

上に述べた理論的な分析枠組みを背景に，1980暦年から2007暦年のデータを収集し，表 2－7 の(A)欄には，4年刻みにデータを集計している。本表の $GDP$ は実質 $GDP$，$Y$ は要素費用表示の国民所得，$Y_W$ は雇用者所得，$L$ は雇用者数，$K$ は資本設備量である。それぞれ4年間の平均値であり，雇用者数の単位は万人で，他の変量は10億円である。

いま，GDP の成長率は $g(GDP)$，労働の分配率は $\pi$，雇用者数の成長率は

$g(L)$，資本設備量の成長率は $g(K)$，技術水準 $T$ の成長率は $g(T)$ と表わす。そうして，表2-7の(B)欄には，GDPの成長率 $g(GDP)$，労働の分配率 $\pi$，労働の寄与率 $\pi g(L)$，資本の寄与率 $(1-\pi)g(K)$，技術の寄与率 $\tau g(T)$ を掲げている。ここで，$\tau=\dfrac{f_T T}{GDP}$ としている。

さらに，表2-7の(C)欄には，経済成長の3つの供給面における要因が，つまり，各生産要素それぞれがGDPの成長率にどの程度，貢献したかを表わす寄与度が記されている。

表2-7に示された計測結果から，労働の分配率は標本期間を通じて，およそ70%前後である。1980～1990年初期の間は，GDPの成長に対する労働の寄与度は，およそ20～30%であり，資本の寄与度は，およそ45～55%，技術進歩による寄与度は20～30%と見ることができる。

1991年以降1999年の間は，GDPの成長に対する労働の寄与度は大きく変化しており，その一方で，資本の寄与度は，きわめて大きく評価され，技術進歩による寄与度はマイナスないしはきわめて低く計測された。

2000年以降の最近は，雇用者数の減少も経験して，不安定な計測結果になっている。雇用者数の減少する期間は，その影響によって，GDPの成長に対する資本の寄与度は高く計測されている。この間，技術進歩による寄与度は40～50%であると評価されている。

上述の分析結果については，必ずしも安定的な計測は得られていない。分析の枠組みとともに，その理論的背景を反映しているかどうかなど，データの内容についても精査すべきであろう。

# 第3章　景気循環

## 3.1　GDPと生産指数

### 経済活動の大きさは何で計るか

われわれの日常生活が支障なく行なわれるだけでなく，日常の生活が豊かでさらにレベルアップするには，国内の総生産が成長していく必要がある。言い換えると，経済社会の欲求を満たす財やサービスがより多く生産され，したがってGDPが増大しなければならない。もちろん，総生産が適切に分配されるという条件の下での話である。つまり社会全体のコンセンサスが得られるルールに従って，総生産が分配されるとするなら，社会的な厚生が大きくなるためにはGDPの成長が望まれるのである*。

*日本の高度経済成長時代の後，大気汚染はじめ公害問題など，成長するGDPの負の部分が指摘されるようになった。さらに近年も$CO_2$排出はじめ地球温暖化など経済成長にともなって生じてきた人類の課題が強く意識されている。これらの問題意識は，本書における考察とは別途に議論すべきである。

このような観点からすれば，GDPの変動や動きはきわめて関心あるテーマである。経済学の観点からはもちろん，日常的な生活感覚からもGDPの変動や動きに関心をもたざるを得ないテーマなのである。ところが，GDPの大きさを知るため，統計を収集しようとしても，少なくとも，それが速報であったとしても，ほぼ1四半期遅れでしか，情報が得られない。確定情報であれば，さらに遅れが生じる。それほど，GDPの推計とその公表には時間がかかるのである。

### 鉱工業生産指数

GDPの推計とその公表にはかなりの時間がかかるけれども，その点，鉱工業生産指数は，情報は月々収集され，月次データとして公表されている。したがって，情報発信の遅れは，ほぼ1ヶ月以内にはおさまる。具体的には，生産，出荷，在庫，在庫率については翌月末に速報が発表され，翌々月中旬に確報が発表される。

鉱工業生産指数は，そのための調査を行っているわけではなく，他の様々な統計を利用して作成される二次統計である。確かに，鉱業と工業に限られるものの，企業部門の生産・販売・投資活動を集約している。そして鉱業と工業に関して言えば，国全体の生産のカバー率が比較的高く，日本の鉱業・製造業の活動状況を総合的にみることができる。さらに速報性が高いことから生産活動をみる指標として後述の景気動向指数の作成にとって採用系列になるなど，広く利用されている。

経済社会の中で，サービス部門の重要性が急速に進んでいるとはいえ，経済を支える基盤産業として鉱工業を主たる領域にする第2次産業の重要性は，決して無視できない。日常的な生活にとって必須の財・サービスやより豊かな生活の根幹を担っていると言えよう。したがって，GDPの観察に代えて，鉱工業生産指数の動向を観察することは，充分に意義あると言える。

鉱工業生産指数は，国内の事業所における鉱工業製品の生産，出荷，在庫に係る諸活動と，製造工業の設備の稼働状況，各種設備の生産能力の動向，生産の先行き2ヶ月の予測を把握するのを目的として，作成されている。

経済産業省が事業所に対して行っている生産動態統計調査（各事業所における製品の生産・出荷等の規模や金額を調べる統計）から約600品目についてのデータを使用して，指数の作成を行っている。生産指数は，業種別・財の種別のほか，品目別指数も公表されており，業種別の生産関連動向を把握することができるだけでなく，その製品が最終需要財あるいは生産財として使われるのかなど財に関連する経済活動の動きを通して経済全体の動きをつかむためにも活用されている。

具体的には，鉱工業指数は，以下に述べるいくつかの種類が公表されている。

まず，生産指数は，鉱工業生産活動の全体的な水準の推移を示すものであって，集計の際に用いるウェイトの違いによって2種類作成されている。それらは，付加価値額ウェイトと，生産額ウェイトによる生産指数である。

生産者出荷指数は，生産活動によって産出された製品の出荷動向を総合的に表わすことによって，鉱工業製品に対する需要動向を観察しようとするものである。また，生産者製品在庫指数は，生産活動によって産出された製品が出荷されずに生産者の段階に残っている在庫の動きを示すものである。

生産指数，出荷指数，在庫指数の作成方法は，具体的には次の通りである。いま，第 $k$ 財の基準時点 ($t=0$)，および比較時点の数量を $X_{k0}$，$X_{kt}$ と表わす。集計する際の第 $k$ 財へのウェイトは，基準時点におけるウェイトであって，これを $w_{k0}$ で表わす。

そうすると，指数は，

$$\text{(3.1)} \qquad 指数=\frac{\sum w_{k0}\times\dfrac{x_{kt}}{x_{k0}}}{\sum w_{k0}}\times 100$$

である。上述のように，生産指数に関して言えば，ウェイト $w_{k0}$ について，付加価値額ウェイトと生産額ウェイトを用いる2種類が公表されている。そうして，西暦年末尾が00年と05年のときに，基準時点が改められている。

生産者製品在庫率指数は，「在庫指数」÷「出荷指数」と定義され，在庫とその出荷の比率の推移をみることにより，生産活動により産出された製品の需給状況を示すものである。稼働率指数は，製造工業の設備の稼働状況を表わすために，生産量と生産能力の比から求めた指数である。稼働率指数の作成に用いられる生産能力指数は，製造工業の生産能力を，操業日数や設備，労働力に一定の基準を設け，これらの条件が標準的な状態で生産可能な最大生産量を能力として定義し，これを指数化した指標である。製造工業生産予測指数は，製造工業の主要品目について，それぞれの主要企業から生産数量の前月実績，当月見込み及び翌月見込みについて調査した「製造工業生産予測調査」の結果を，基準年＝100.0として指数化し，その指数をもとに公表している。

### 鉱工業生産指数と GDP の関連性

先に述べたように，GDP の変動を把握するには時間がかかることから，GDP の公表ほど大きな時間的遅れがなくデータが得られる鉱工業生産指数を取りあげた。鉱工業生産指数の動きを観察することで，それぞれの時点における経済状況を，把握しようとしているのである。そこで，鉱工業生産指数と GDP との変動の関連性を見ておきたい。

図3-1は，四半期データによる GDP の成長率と月次データによる鉱工業生産指数の成長率を同一グラフ上に描いている*。期間について，前者は1994年第4四半期（10～12月）～2005年第2四半期（4～6月）であり，後者は1994年10月～2005年5月である。

＊ 2つの変量，GDP と鉱工業生産指数の成長率は，どちらも，対前年同期比成長率である。次の章で述べるように，四半期データや月次データには季節変動要因が存在する。しかし，前年同期比に対する成長率にすることで，季節変動の要因によるデータの偏りはほとんど回避されると考えられる。

図3-1　GDP と生産指数の成長率

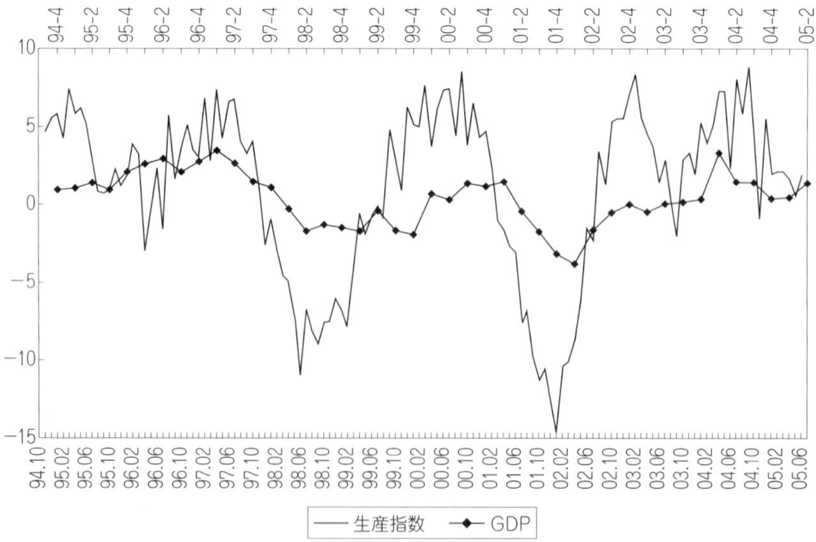


生産指数の成長率は上下に激しく変化するが，GDP の成長率は上下の変化があるものの比較的緩やかに変動する。しかし，プラスに成長する時期，マイ

ナス成長の時期は，双方ともほぼ同様である。そういった点では，両者の変動の様子はきわめて類似している。双方の変動の傾向は似通っているが，違いは，鉱工業生産指数成長率の変動の振幅は，GDP 成長率の変動の振幅に対して，２～３倍になっていることである。

1994年第４四半期（10～12月）から2005年第２四半期（４～６月）の間の GDP 成長率の平均値は，0.361654であり，標準偏差は，1.731029である。他方，ほぼ同様の期間である1994年10月から2005年５月の間における月次データによる鉱工業生産指数成長率の平均値は1.001234であり，標準偏差は5.4164である*。

＊周知のことであるが，変量 $(x_1,\ x_2,\ x_3,\ \cdots,\ x_n)$ の平均 $\bar{x}$ および標準偏差 $s_x$ は，$\bar{x}=\frac{1}{n}\sum x_j$，$s_x=\sqrt{\frac{1}{n-1}\sum(x_j-\bar{x})^2}$ である。

また，表３-１に示したように，GDP 成長率と当該四半期の初月の生産指数成長率との相関係数の値は0.742704，当該四半期の中間月の生産指数成長率との相関係数の値は0.614793，当該四半期の最終月の生産指数成長率との相関係数は0.596723，そして当該四半期内の３ヶ月平均との相関係数の値は0.681611である。したがって，GDP 成長率と生産指数の成長率との相関係数は，0.6～0.7であると判断して良い*。

＊周知の通り，対になった変量のデータ $[(x_1,\ y_1),\ (x_2,\ y_2),\ (x_3,\ y_3),\ \cdots,\ (x_n,\ y_n)]$ の相関係数 $r_{xy}$ は，$r_{xy}=\frac{s_{xy}}{s_x s_y}$ と定義され，２変量間の線型関係の強さを表わす指標である。ここで，２変量の共分散 $s_{xy}$ は，$s_{xy}=\frac{1}{n-1}\sum(x_j-\bar{x})(y_j-\bar{y})$ である。また，上述の註に示したように，$\bar{x}$，$\bar{y}$ は２つの変量の平均で，$s_x$，$s_y$ は，それぞれの標準偏差である。

**表３-１**

| 相関係数： | r（初月，GDP） | r（中間月，GDP） | r（最終月，GDP） | r（平均，GDP） |
|---|---|---|---|---|
| | 0.7427 | 0.6148 | 0.5967 | 0.6816 |

以上の考察から，生産指数の成長率 $g$(生産指数)より，GDP の成長率 $g(GDP)$ を予測するための予測式を考えてみよう。そうすると，

$$g(GDP)=1.731029\times\frac{g(\text{生産指数})-1.001234}{5.4164}+0.361654 \quad (3.2)$$

が得られる*。

＊この予測式の考えの背景は，次の通りである。2つの変量に強い線型関係があるとき，2変量を線型式，つまり1次式で関係づけることができ，2変量それぞれを，基準化変数に変形すると，双方は同等であるとする。このことから，予測式が得られる。他方，2変量のデータが対になって得られる場合であれば，第Ⅱ部で詳述する回帰式による分析が活用できる。

上述の予測式を利用すると，例えば，月次データの鉱工業生産指数の成長率が5％と得られたら，当該時点の四半期データのGDP成長率は1.639％と予測できよう。あるいは，生産指数の成長率が－2％と得られたら，当該時点の四半期データのGDP成長率は－0.598％と予測できる。

表3－2

| | | | | | |
|---|---|---|---|---|---|
| g（生産指数） | －5 | －2 | 2 | 5 | 10 |
| g（GDP） | －1.556 | －0.598 | 0.681 | 1.639 | 3.2376 |

## 3.2　経済変動・景気循環

### 経済変動の種類

先に取りあげた図3－1は，四半期データによるGDP成長率と月次データによる鉱工業生産指数の成長率の時系列のグラフであって，両者の変動の様子はきわめて類似していることを指摘した。そしてさらに言えば，生産指数の成長率は一定であったり，単調に増加傾向であったり，あるいは単調に減少傾向であったりしているのではない。ある種の波動運動が観察できる。必ずしも一定ではないが，周期的な変動を見ることができる。一般に，こういった波動を描く経済の動きを，経済変動と言ったり景気循環と言ったりする。

経済変動あるいは景気循環について，従来，4つの周期変動が指摘されてきている。

周期はかなり長期に渡るが，およそ50～60年とされるコンドラチェフの波

(Kondrachieff wave) は，経済社会における生産技術の変化，新市場・新機軸の開拓といった要因が引き起こす変動であるとされる。次に，周期が約20年とされるクズネッツ循環 (Kuznets cycle) は，その周期が住宅や商工業施設の建て替えまでの期間に相当することから，建設需要に起因するサイクルと考えられている。

ジュグラーサイクル (Juglar cycle) の周期は7～10年であるとされる。この循環を引き起こす要因については，比較的多くの説明が試みられている。一般的には，ジュグラー循環は，資本主義経済における固定資本，主に設備投資の変動に起因するとされる。特に，固定資本の同時集中的な補塡と，投資拡大のメカニズムが重要な要因であるとされている。通常，景気循環と言ったり産業循環と言ったりするのは，ここに述べたジュグラーサイクルである。最後に，キチンサイクル (Kitchin cycle) と言われる循環の周期は約40ヶ月とされる。在庫投資の変動が大きな要因となって，景気循環を引き起こすと考えられている。この点から在庫循環 (inventory cycle) とも言われる。本節の以下では，キチンサイクルに関する考察とジュグラーサイクルに関する考察とを取りあげてみよう。

### 在庫投資・在庫ストック

先に取りあげた鉱工業生産指数と在庫指数の2つの指標によって，上に述べたキチンサイクルにあたる経済変動の様子を説明することができる。そこで，これを説明するに先立って，まず，経済学の基本的な概念の一つである在庫，あるいは在庫投資について説明しておこう。

在庫には，原材料在庫，仕掛品在庫，製品在庫がある。企業が受注し，それに直ちに対応できるために，原材料を在庫ストックしていたり，あるいは製造過程が長期になる場合には，仕掛品や製品の在庫ストックをしておく。いずれにしても企業は，一定の在庫ストックを維持するため，在庫投資を意図的に行う。企業の在庫投資には，上に述べたような意図する在庫投資と，販売予測と現実とのギャップから生じる意図しない在庫投資がある。後者の場合には，企業が予測できなかった売れ残りや予想外の売れすぎといった形がある。

### 在庫循環のそれぞれの局面

図３-２において，横軸は付加価値生産の対前年同月比増加率で，縦軸は在庫ストックの対前年同月比増加率である。いずれも鉱工業生産指数のデータから算出した増加率である。

図３-２の初期時点は，2000年10月である（00.10と表記)。この月の生産額の対前年同月比増加率は6.576％で，在庫ストックの増加率は1.878％である。このポイントは第１象限内の45度線より下に位置している。第１象限の45度線より下の領域は，「生産の増加率＞在庫ストック増加率」である。つまり，在庫ストックの伸びより生産の伸びが大きいのである。したがって，生産以上に販売が伸びていると言える。だから在庫ストックの増加率が生産の増加率より低いのである。景気はきわめて良い証である。これに対して，第１象限内の45度線より上の領域は，「生産の増加率＜在庫ストック増加率」であって，生産の伸びが在庫の伸びより低いのは，生産の伸び以上には販売が伸びていないということである。生産の伸びがプラスであるものの，それほどには販売が伸びていない。景気に，やや陰りが見えているとの見方ができる。以上の考察から，第１象限において45線を境に，好況から不況に向かう景気の転換点であると言える。

第２象限は，生産の増加率がマイナスで，在庫ストックの増加率がプラスである。生産を減らしているにもかかわらず，在庫が増加するのは，販売も落ち込んでいるからであって，きわめて深刻な不景気な状況であると言える。

第３象限の45度線より上の領域では，「生産の増加率＜在庫ストック増加率＜0」である。在庫ストックも生産もマイナスの増加率であるが，在庫ストックの減少割合が生産の減少割合より小さい。生産はマイナス成長ではあるけれども在庫ストックも減少しつつあるので，販売が回復しつつあると言える。これに対して，第３象限の45度線より下の領域は，「在庫ストック増加率＜生産の増加率＜0」である。在庫ストックの減少割合が生産の減少割合より大きい。生産はマイナス成長ではあるけれども在庫ストックは，生産の減少割合より大きく，したがって，販売が伸びてきていると言える。景気回復の転換点を迎えたと見て良い。

図3-2 生産と在庫ストック（2000年10月～2004年9月）

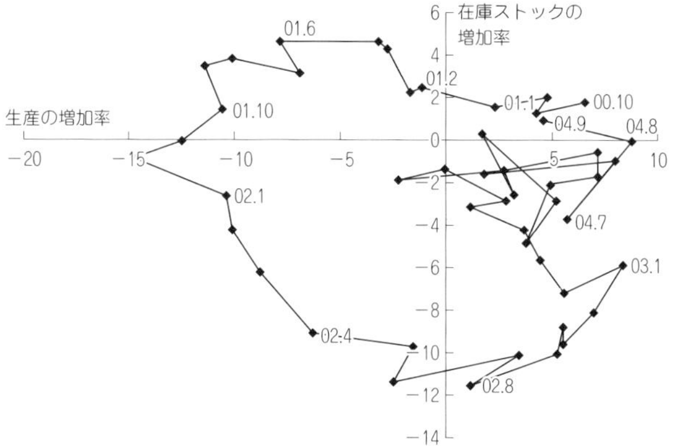


第4象限では，生産の増加率はプラスで，在庫ストックの増加率はマイナスである。生産がプラス成長し，しかも在庫ストックは減少ということは販売がきわめて好調なのである。その後，図の最後の時点である2004年9月には，第1象限内にポイントされることになる。

ある特定の期間だけではあるが，時間の推移にしたがって，生産と在庫ストックそれぞれの増加率をプロットして，図3-2を描いた。そして時間的な経過とともに，図から読みとれることから，考えられる経済状況を説明した。つまり，生産と在庫ストックの増加率を図にプロットすることで，景気循環の状況が理解できるであろう。

## ジュグラーサイクル

ジュグラーサイクルは，設備投資の動きに関連した景気循環である。四半期データによる設備投資の成長率から読みとれるように，5～10年の周期である。企業は，将来の需要増加が見込めるとき，生産能力を増やそうとして，新規の設備投資を行う。あるいは，過去に投資した設備が老朽化すれば，設備や機械を置き換えしようとする。こういった設備投資は，更新投資または置き換え投資と言われる。更新投資の周期がジュグラーサイクルの周期を引き起こすとする考え方もある。

他方，設備投資が経済全体の需要と供給に与える側面から，景気循環を作り出すとする考え方もある。投資には，最初，マクロ経済の需要ファクターとして作用する。つまり，投資需要は消費需要と並んで，マクロ経済の生産物需要の大きな要因である。したがって投資需要が経済全体の生産水準に与える効果が生じる。投資乗数の議論から分かるように，一定の投資需要は，その大きさ以上の生産水準をもたらす。言い換えると，投資需要そのものが経済の活動水準を大きく引き上げる効果をもっている。そうして，設備投資がなされ，設備や機械の類が設置されると，次には，それらが生産能力の増大を意味する。つまり経済全体の供給能力の増大をもたらす*。引き続いて，それまでに生じてきた需要が続くなりして，増大した供給能力に見合う需要があれば，大きな問題は生じない。しかしながら，増大した供給能力に応じて需要が必ずしも伸びないとするとき，経済全体に供給過剰の状態が生じる。供給過剰が，企業の意図しない在庫ストックの増大といったことにとどまらず，生産の縮小，雇用の削

図3－3(A)　設備投資比率

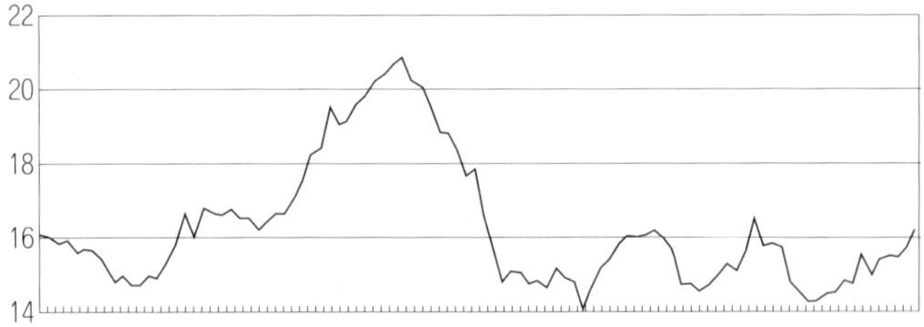


図3－3(B)　設備投資の成長率

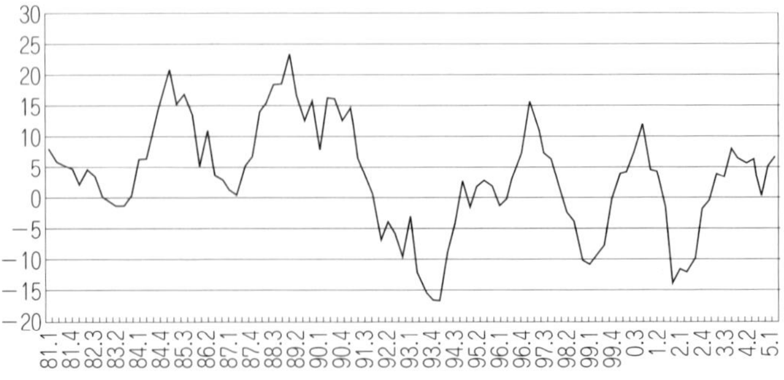

減といったことまで生じさせるなら，経済全体に景気後退，不況を引き起こすことになる。

＊投資の経済全体の総需要に寄与する働きと，投資が経済全体の供給能力に寄与する働きの２つの機能は，しばしば投資の２面性あるいは投資の２重効果と言われている。

それでは，ジュグラーサイクルを，どのような指標で理解すべきであろうか。ここでは，設備投資がGDPに占める割合と，設備投資の対前年同期比成長率の図を描くことによって，設備投資循環を観察してみよう。図３－３の(A)および(B)に，標本期間が1981年第１四半期～2005年第１四半期の設備投資のGDP比および設備投資の成長率の系列図を描いている。

## 3.3　景気動向指数

### 景気とは

先にも述べたように，経済活動水準の的確な指標は，『国民経済計算』で取り扱われる統計である。しかし，四半期ごとに公表される統計で，しかも推計後の公表までには相当の時間がかかるので，迅速性といった面では景気判断には役立ちにくい。景気については，迅速にまた的確に判断されなければならない。そこで，本章のこれまでに，月次で公表される鉱工業生産指数を取りあげてきた。鉱工業における生産額がGDPのうちに占める割合は，およそ20～25％程度であるが，かなりの程度，景気の良し悪しなどの判断材料になっている。

ところで，経済全体の諸活動の動きとともに方向性を把握できるのを目的に，景気動向指数が公表されている。われわれが経済全般の活動状況を把握しようとするとき，鉱工業生産指数だけでなく，景気動向指数を見てみることも大切である＊。

＊一般に，「景気」は国民経済全体の経済活動水準を客観的に表わすだけでなく，家計や企業はじめ各経済主体が，経済状況をどのように見るか，経済社会の動向に対する判断といった主観的な要因も含まれる。なお，本節では，景気を判断する指標として，景気動向指数だけを取りあげたが，これ以外に，日本銀行が四半期毎に公表している企業短期経済観測調査の結果も，「短観」の呼び名で，よく

利用されている。また，内閣府の「景気ウォッチャー調査」なども挙げることができる。

### 景気動向指数

景気が上向きか，下向きかを見る指標として，特に重要視されているのが，景気動向指数である。景気動向指数は，景気の動きに特に敏感だと考えられている29の指標の動きから算出される数値である。これによって総合的に景気局面の判断を行い，短期的な景気予測に活用されている。

景気動向指数の算出に用いられている29の系列は，経済活動の拡張，後退の局面に対して，どの様な動きをするかによって，先行系列（先行指標），一致系列（一致指標），遅行系列（遅行指標）の３つに大別される。

先行系列は，実際の景気の動きから数ヶ月先行するもので，景気の動きを事前に知るための指標とされている。一致系列は，実際の景気の動きと一致した指標であり，景気の山と谷を判断するために用いられる。遅行系列は，実際の景気の動きよりも半年から一年ほど遅れて動く指標であり，景気の動きを確認するために用いられる。景気動向指数は，内閣府が毎月調査し，翌々月に指数を発表している。景気動向の転換点をいち早くつかむために算出しようとしており，様々な経済指標の中から，景気の動向に特に敏感に反応するものを選択し，３ヶ月前との変化を見て算出する。

具体的には，先行，一致，遅行指標それぞれに対してディフュージョン・インデックス（DI）は，次のように計算する。

３ヶ月前の数値と比較して，上昇（プラス）の場合は１，変化なし（横ばい状態）の場合は0.5，悪化（マイナス）の場合は０として，すべての項目の総和をとり，その平均を算出する。例えば，一致系列の場合，11項目の中で上昇が７項目，横ばいが３項目，減少が１項目であるとすると，(1×7＋0.5×3＋0×1)÷11＝77%となる。当該月の一致指数は77.0ということになる。

景気動向指数は，50%が分かれ目で，50%以上だと景気が上昇中，50%以下だと景気が下降中ということになる。

表3-3 先行系列 一致系列 遅行系列

| A 先行系列 | B 一致系列 | C 遅行系列 |
|---|---|---|
| 最終需要財在庫率指数(逆サイクル) | 生産指数(鉱工業) | 第3次産業活動指数<br>(対事業所サービス業) |
| 鉱工業生産財在庫率指数(逆サイクル) | 鉱工業生産財出荷指数 | 常用雇用指数(製造業) |
| 新規求人数(除学卒) | 大口電力使用量 | 実質法人企業設備投資(全産業) |
| 実質機械受注(船舶・電力を除く民需) | 稼働率指数(製造業) | 家計消費支出(全国勤労者世帯) |
| 新設住宅着工床面積 | 所定外労働時間指数(製造業) | 法人税収入 |
| 耐久消費財出荷指数 | 投資財出荷指数(除輸送機械) | 完全失業率(逆サイクル) |
| 消費者態度指数 | 商業販売額(小売業) | |
| 日経商品指数(42種) | 商業販売額(卸売業) | |
| 長短金利差 | 営業利益(全産業) | |
| 東証株価指数 | 中小企業売上高(製造業) | |
| 投資環境指数(製造業) | 有効求人倍率(除学卒) | |
| 中小企業売上げ見通し D.I. | | |

## 景気の基準日付

ディフュージョン・インデックス(diffusion index, DI)の値を見るとき,景気の山あるいは谷とDIとの関係に注意すべきである。

景気の山は,一致指標DIが50%ラインを上から下に横切るときであり,景気の谷は,一致指標DIが50%ラインを下から上へ横切るときである。DIは景気の局面を定性的に判断する。いわば,景気の方向性を見定めるのであって,後述するコンポジット・インデックス(CI)と違って,景気の量感を表わすものではない。

内閣府経済社会総合研究所では,景気循環の局面判断や各循環における経済活動の比較などのため,主要経済指標の中心的な転換点である景気基準日付(山・谷)を設定している。

基準日の設定の手順は次の通りである。まず,個々の系列の月々の不規則な動きをならして変化方向を決めて,比較的滑らかで,景気の基調的な動きを反映した系列を作成する。そうして作成した一致指数に採用された各系列から計算するDIが,50%ラインを下から上に切る直前の月が景気の谷,上から下に切る直前の月が景気の山に対応する。このようにして,景気基準日付を設定している。

**表 3－4　景気の基準日付**

| 谷 | 拡張 | 山 | 後退 | 谷 | 全循環 | | | |
|---|---|---|---|---|---|---|---|---|
| | | 1951(S26).6 | 4 | 1951(S26).10 | | 第1循環 | 特需景気 | |
| | 27 | 1954(S29).1 | 10 | 1954(S29).11 | 37 | 第2循環 | 投資景気 | |
| | 31 | 1957(S32).6 | 12 | 1958(S33).6 | 43 | 第3循環 | 神武景気 | なべ底不況 |
| | 42 | 1961(S36).12 | 10 | 1962(S37).10 | 52 | 第4循環 | 岩戸景気 | |
| | 24 | 1964(S39).10 | 12 | 1965(S40).10 | 36 | 第5循環 | オリンピック景気 | 証券不況 |
| | 57 | 1970(S45).7 | 17 | 1971(S46).12 | 74 | 第6循環 | いざなぎ景気 | ニクソン不況 |
| | 23 | 1973(S48).11 | 16 | 1975(S50).3 | 39 | 第7循環 | 列島改造ブーム | 第1次石油危機 |
| | 22 | 1977(S52).1 | 9 | 1977(S52).10 | 31 | 第8循環 | | 円高不況 |
| | 28 | 1980(S55).2 | 36 | 1983(S58).2 | 64 | 第9循環 | | 第2次石油危機 |
| | 28 | 1985(S60).6 | 17 | 1986(S61).11 | 45 | 第10循環 | ハイテク景気 | 円高不況 |
| | 51 | 1991(H3).2 | 32 | 1993(H5).10 | 83 | 第11循環 | バブル景気 | 第1次平成不況(複合不況) |
| | 43 | 1997(H9).5 | 20 | 1999(H11).1 | 63 | 第12循環 | カンフル景気 | 第2次平成不況(日本列島総不況) |
| | 22 | 2000(H12).11 | 14 | 2002(H14).1 | 36 | 第13循環 | IT 景気 | 第3次平成不況(デフレ不況) |
| | 69 | 2007(H19).10 | | | | 第14循環 | いざなみ景気 | |

コンポジット・インデックス（CI）

コンポジット・インデックス（CI）は，景気に敏感に反応するという観点から選ばれた指標の変化量を合成したものである。景気に敏感という点を重要視していることから，必ずしも経済活動を網羅的に把握したものでないことに留意する必要がある。

現行各指数の採用系列は DI と共通であり，先行指数12，一致指数11，遅行指数 6 の，全部で29系列である。採用系列は概ね景気が一循環するごとに見直しを行っており，現行29系列は，第13循環の景気基準日付設定時（平成16年11月）に，景気循環を的確にとらえるという観点から最適な指標であるとして選定されている。

CI が上昇あるいは下降していても，その期間がきわめて短い場合は，景気拡張であるとしたり，あるいは景気後退であると考えることは必ずしも適当でない。また，景気が拡張から後退，またはその逆方向に動いたと判断するためには，CI が一定の大きさで変化することが必要である。ただし，先に述べたように，景気局面の判定は，最終的には，DI によって行なわれている。

月々の CI の動きについては，極端な値の影響を除外しているが，不規則な動きも含まれていることから，移動平均をとることによって，月々の動きを比較的なめらかな推移となるよう，CI の作成をしている。移動平均の方法については次の章で説明する。

DI は，先述のように，景気の局面の判定に用いる指数である。DI の作成に採用している系列のうち，経済状況が改善している指標の割合であって，これが50%を上回れば景気が拡張局面，下回れば景気は後退局面にあると判定するのである。これに対し，CI は，採用系列は DI と同様であるが，それら系列の変化率を合成することによって，景気の強弱を定量的に計測しようとする。このため，CI は，景気の山の高さや谷の深さ，拡張や後退の勢いといった景気の「量感」を示す指数であると言われている。

### CI 作成の概略

CI の作成の概略は次の通りである。

まず，CI を構成する指標の増加率を算出する。そして，これより基準化変化率を導出する。基準化変化率というのは，当該変化率について，これまでの中長期的な平均値，標準偏差を用いて，次のように定義する。

$$\text{基準化変化率} = \frac{\text{指標の変化率} - \text{変化率の平均}}{\text{変化率の標準偏差}}$$

次に，合成変化率として，CI を構成する指標の基準化変化率の平均を算出する。そしてさらに，各指標の基準化変化率を求めたのと同様に，基準化合成変化率を求める。

さて CI 作成の最終段階は次の通りである。上述の基準化合成変化率（$Z$ で表わす）は，次元をもたない無名数であるため，元の経済指標群の変化率に引き戻す処理を行う。

前期の CI と今期の CI を，それぞれ $CI_{t-1}$ および $CI_t$ と表わすとすると，$CI_t = V \times CI_{t-1}$ を満たす $V$ を合成された「前月比」と言える。これまでの「前月比」の中長期的な平均と標準偏差を $\mu$ および $\sigma$ で表わすと，先に求めた基準化合成変化率 $Z$ と，求めるべき「合成された前月比」$V$ の関係は，

$$V = \sigma Z + \mu$$

と定義される。以上の定式化にしたがって，コンポジット・インデックス（CI）が作成されている*。

＊前月比の計算には，「対称変化率」という計算手法を用いる。通常，前月比と言えば，分母に前月の水準を用いる。これに対して，前月と当月の平均値，つまり前月と今月の中間値にした比が「対称変化率」である。$V$ から $CI$ を計算する際にも，対称変化率を逆算した形の算式を用いている。したがって，$V = \frac{CI_t}{CI_t + C_{t-1}}$ より，$CI_t = \frac{V}{1-V} CI_{t-1}$ である。

図3－4に，1989～2004年間の，ディフュージョン・インデックスDIとコンポジット・インデックスCIの月次推移を描いている。原系列のままであるから，DIの動きは必ずしもなめらかではない。われわれが当初予想する以上に，きわめて変化が激しい。しかしながら，激しく上下する動きから傾向線を読みとると，50%ラインを上から下へ横切る局面と50%ラインを下から上に横切る局面が比較的明確に観察できる。そうして，DIが50%ラインを上から下へ横切るときは，CIの動きが山の頂に対応している。他方，DIが50%ラインを下から上に横切るとき，CIの変動の様子は谷底の位置に対応している。

図3－4　DIおよびCIの系列

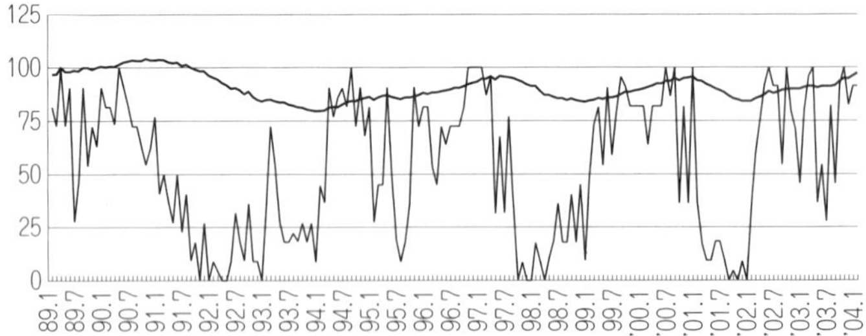

# 第4章　物価と賃金

これまでの章で取りあげてきた資料の大半は，名目的なデータであった。ともすれば，国内総生産 GDP が５％の成長であるとしたら，その年に享受できる財・サービスの量が５％増大していると考えたかもしれない。しかしながら，経済社会の実際を考えると，その年に享受できる財・サービスの５％増とは，必ずしもならない。それは，財・サービスの価格の増加が伴うかも知れないからである。もちろん，価格が下落するならば，その年に享受できる財・サービスの量は５％以上に増加するかもしれない。

例えば，所得水準が仮に10%上昇したとしても，消費財やサービスの諸価格（諸物価）も10%上昇しているとしたら，所得水準の上昇によって，経済的厚生・経済的福祉は，実質的には，いっこうに上昇したとは言えない。また例えば，諸価格が15%の上昇にも及ぶなら，実質的な所得減少であると判断せざるを得ない。

先にも述べた所得の場合と同様に，GDP が名目的に10%成長したとしても，GDP を構成する財・サービスの諸価格が10%上昇しているなら，やはり経済全体で享受できる財・サービスの量が成長したとは言えない。しかも仮に，財・サービスの諸価格が10%を超えて上昇しているなら，実質的にはマイナス成長である。

雇用者所得をはじめ一般的に所得であるとか，GDP はじめ財・サービスの生産量や消費量といった経済変量の実質的な量の把握については，名目か実質かをきっちりと区別しなければならない。ところが，財の種類が１つの場合は，次に示すように，きわめて単純である。しかしながら現実経済社会では，何百，何千，何万といった財サービスの種類が存在する。そこで，物価指数の概念を理解しなければならない。

## 4.1　物価指数

### 1財の経済

きわめて非現実的な話であるが，次に示すように，衣食住の機能を満たせる消費財が1つしかない社会を考えてみよう。

【社会に財が1種類しかないケース】

1990年　@1万円×100個＝100万円

2001年　@1.2万円×115個＝138万円

消費総額について，100万円から138万円へと名目額は38%増加である。しかし，その背景には，価格が1万から1.2万へ20%増しになっており，実質的な消費量は100個から115個へと15%増でしかない。社会的な厚生をどれだけの財・サービスが享受できるかで測るとしたら，それは実質的な消費量の15%増と判断すべきである。

### 2財の経済

まだ非現実的であるが，次に示すような，消費できる財サービスが2財である経済社会を考えてみる。

【経済社会の財が2種類のケース】

| | 第1財 | | 第2財 | | |
|---|---|---|---|---|---|
| 1990年 | @1万円 | ×100個 | ＋@0.5万円 | ×150個 | ＝175万円 |
| 2001年 | @1.2万円 | ×115個 | ＋@0.55万円 | ×200個 | ＝248万円 |
| | 20%増 | 15%増 | 10%増 | 33%増 | 41.7%増 |

消費総額について，175万円から248万円へと名目額は41.7%増加である。しかし，その背景には，第1財の価格が1万から1.2万へ20%上昇し，第2財の価格が0.5万から0.55万へと10%上昇しており，他方で，実質的な消費量は第1財が100個から115個へと15%増大し，第2財が150個から200個へと33%増し

になっている。2つの消費財の物量の増え方からして，社会全体の実質的な消費の増加は，少なくとも15～33%と見るべきで，決して名目的な消費総額の増加率である41.7%の値と判断されるべきではない。

先に述べた1財だけの経済のときは，価格の上昇分と実質的な消費量の増加分とが，明確に識別（＝区別）できた。ところが財サービスが複数個になると，一般的には，それぞれの財の価格増加割合と物量単位の増加割合とが一致しない。したがって，価格と実質的な量に関して，経済全体の集計的な指標が必要になる。

このような観点から，物価指数が定義され，それを活用することより，実質的な（消費）量も定義される。物価指数は，基準年次の財サービスの（消費量）に対して，比較年次の価格ではどれ程変化するかの比である。上の例では，基準年の消費量を基準年の価格で消費すると，消費額は175万円である。一方，基準年の消費量を比較年の価格で評価すると，消費額は，

@1.2万円×100個＋@0.55万円×150個＝202.5万円

となる。ここに算出した202.5万円と，先の175万円との違いは，2つの財サービスの価格の違いを反映している。両者は，物量で測った消費量に違いは全くなく，価値的な総額の違いは，2財の価格差によるのである。

これより，物価指数は，$\frac{202.5}{175}\times 100=115.7$ とする。しばしば，「1990年基準で2001年の物価指数は115.7である」といった表現が使われる。ここで注意すべきは，物価指数や実質量が議論されるとき，必ず，「基準年」が何年ということが伴わなければならない。

さて，一般的に，「名目価値額」＝「実質量」×「価格」が成り立つ。したがって，「実質量」＝「名目価値額」／「物価指数」としてよい。上の例では，実質消費＝$\frac{248}{1.157}=214.3$（万円）と計算できる。そうして，「1990年価格基準による2001年実質消費は214.3（万円）である」と表現される。したがって，実質的には，175万から214.3万へ消費量の成長であり，実質成長率は，22.5%

$\left(\frac{214.3-175}{175}\times 100\right)$である。

### 物価指数の算式

物価指数について，消費者物価指数を例に，一般的な算式を提示しておこう。まず，用いる記号の意味するところを掲げておこう。

$p_{jt}$＝第 $t$ 期（比較時点）の第 $j$ 財の価格，
$q_{jt}$＝第 $t$ 期（比較時点）の第 $j$ 財の消費量
$p_{j0}$＝第 0 期（基準時点）の第 $j$ 財の価格，
$q_{j0}$＝第 0 期（基準時点）の第 $j$ 財の消費量*

物価指数の計測の仕方については，２つの考え方がある。それらは，ラスパイレス方式とパーシェ方式である**。

* ここでは，消費者物価指数を例にして説明しているので，$q_{jt}$，$q_{j0}$ はそれぞれ消費量としている。しかし，後述の企業物価指数の場合であれば，$q_{jt}$，$q_{j0}$ は，それぞれ当該時点において企業間で売買される第 $j$ 財の取引量である。

** ラスパイレスおよびパーシェは，それぞれ考え方をはじめて提唱した Etinne Laspeyres（ドイツ 1834-1913），Hermn Paasche（ドイツ 1851-1925）の名前にちなんでいる。

### (1) ラスパイレス方式

この方式は，上に例示した２財の経済で説明した方式である。一般的に定式化すると，

$$P_L(t)=\frac{\sum p_{jt}q_{j0}}{\sum p_{k0}q_{k0}}=\frac{1}{\sum p_{k0}q_{k0}}\sum p_{j0}q_{j0}\frac{p_{jt}}{p_{j0}}=\sum\frac{p_{j0}q_{j0}}{\sum p_{k0}q_{k0}}\frac{p_{jt}}{p_{j0}}=\sum w_jx_j \qquad (4.1)$$

である。ここで，$w_j=\frac{p_{j0}q_{j0}}{\sum p_{k0}q_{k0}}$，$x_j=\frac{p_{jt}}{p_{j0}}$ である。

上式の最後の式から分かるように，基準時点における全消費額の中に占める各財への消費支出の割合をウェイト $w_j$ として，各財の価格比率 $x_j=\frac{p_{jt}}{p_{j0}}$ の加

重平均が，ラスパイレス方式による物価指数なのである。

### (2) パーシェ方式

ラスパイレス方式の物価指数は，基準年の消費総額に対して，基準年の各財への消費量を，比較年の価格で評価すると，どれ程の額になるかの比であった。

ところが，時間が経過するに応じて，各財への消費量は変化する。これを重視して，基準年の価格で，比較年の消費量全体を評価した額に対して，比較年の消費総額がどれ程かを表わそうとする。これがパーシェ方式の要点である。このように考えると，次の定式化になる。

$$(4.2)\qquad P_P(t)=\frac{\sum p_{jt}q_{jt}}{\sum p_{k0}q_{kt}}$$

と定義される。

上の定義式に関して，辺々逆数をとると，

$$(4.3)\qquad \frac{1}{P_P(t)}=\frac{\sum p_{k0}q_{kt}}{\sum p_{jt}q_{jt}}=\frac{1}{\sum p_{jt}q_{jt}}\sum p_{kt}q_{kt}\frac{p_{k0}}{p_{kt}}=\sum\frac{p_{kt}q_{kt}}{\sum p_{jt}q_{jt}}\frac{p_{k0}}{p_{kt}}$$

$$=\sum h_k\frac{1}{x_k}$$

ここで，$h_k=\dfrac{p_{kt}q_{kt}}{\sum p_{jt}q_{jt}}$，$x_k=\dfrac{p_{kt}}{p_{k0}}$ である。

上式の最後の式から分かるように，比較年における全消費額の中に占める各財への消費支出の割合をウェイト $h_k$ として，各財の価格比率 $x_k=\dfrac{p_{kt}}{p_{k0}}$ の逆数 $\dfrac{1}{x_k}$ の加重平均が，パーシェ方式による物価指数の逆数 $\dfrac{1}{P_P(t)}$ なのである。*

＊ラスパイレスとパーシェとの間に，次の関係がある。いま，$x_j=\dfrac{p_j(t)}{p_j(0)}$　$y_j=\dfrac{q_j(t)}{q_j(0)}$ とすると，$d=\dfrac{P_P-P_L}{P_L}=r_{xy}\dfrac{s_xs_y}{xy}$ が成り立つ。そうして，

(1) $r_{xy}<0$ のとき，つまり価格比と数量比が負の相関のとき，$P_P<P_L$

(2) $r_{xy}>0$ のとき，つまり価格比と数量比が正の相関のとき，$P_P>P_L$

(3) $s_x$，$s_y$ が比較的大きい，つまり価格比や数量比のバラツキが大きいとき，$P_P$ と $P_L$ の差が大きくなる。

### (3) インプリシット・デフレータ

GDPをはじめ国民経済計算に登場する様々な財・サービス等については，インプリシット・デフレータと称される物価指数と同じ概念の変量がある。

例えば，いま，$t$ 年の名目 GDP を $Y(t)$ で表わそう。そうして，GDP の内訳には民間消費や民間設備投資など様々な支出項目がある。そこで，第 $j$ 番目の支出項目の名目額を $Y_{jt}$ で表わし，当該支出項目の価格指数を $p_{jt}$ で表わす。

以上の情報から，GDP の実質額と，価格指数に相応するインプリシット・デフレータを求め，同時に，GDP の実質量＝実質額を計測することを考えるのである。

さて，先に述べた情報から，第 $j$ 番目の支出項目の実質額は，$O_{jt}=\dfrac{Y_{jt}}{p_{jt}}$ である。しかも，GDP の実質額 $O(t)$ は，$O(t)=\sum O_{jt}$ でなければならない。そうして，GDP の価格指数 $p(t)$ は GDP の名目額 $Y(t)$ を GDP の実質量 $O(t)$ で除したものであるから，

$$p(t)=\frac{Y(t)}{O(t)}=\frac{Y(t)}{\sum O_{jt}} \tag{4.4}$$

である。上式の逆数をとれば，

$$\frac{1}{p(t)}=\frac{\sum O_{jt}}{Y(t)}=\frac{1}{Y(t)}\sum\frac{Y_{jt}}{p_{jt}}=\sum h_j\frac{1}{p_{jt}} \tag{4.5}$$

ここで，$h_j=\dfrac{Y_{jt}}{Y(t)}$ である。GDP の価格指数 $p(t)$ は，一般に，GDP インプリシットデフレータと言われ，GDP を構成する支出項目の価格指数 $p_{jt}$ の加重平均なのである（厳密には加重調和平均）。そして，加重するウェイトは，各支出項目が GDP に占める割合である。

### 物価指数と実感とのズレ

物価指数に関連して，しばしば指摘される問題点の一つは，指数と実感とのズレであろう。実感とのズレが生じる原因の一つは，消費者の注意は一般に価格上昇率の高いものに集中し，相対的に価格上昇率の低いものや価格の安定したものには，特別の注意をしない傾向がある。また，消費者は一般に期待需要と現実価格とを対比させる。名目所得の増加から実質消費の上昇を当然期待する傾向がある。しかし，物価上昇の現実から期待需要は常に実現しない。この様な現実から，相当以上のズレを実感する傾向が生じる。

指数の値と実感とのズレは，それぞれの所得階層と社会全体の平均とは常に異なることから生じると考えられる。一般的に，所得階層によって消費パターンは異なるであろう。そうすると，平均を前提にして計算される指数は，各階層の家計の実感とズレる可能性がある。このような観点から，所得階級別の，例えば，5分位所得階級別消費者物価指数の作成を試みる考え方もある。

### 連 環 指 数

先述のラスパイレス指数は，価格比率の加重平均をとる際，ウェイトは基準年消費支出の割合であった。そして，パーシェ方式の場合は，比較年の消費支出の割合であった。このように，加重平均のウェイトを，基準年であれ比較年であれ，一定とするのではなく，その年その年の消費実態を反映すべきであるとの考え方がある。つまり，年毎の実態を反映して，指数を作成すべきとの考え方である。この条件を満たす $t$ 年の指数を $I(t)$ で表わせば，その定式化は次のようになる。

$$(4.6) \qquad I(t+1)=\frac{\sum p_j(t+1)\,q_j(t)}{\sum p_j(t)\,q_j(t)}\times I(t)=\sum w_j(t)\,\frac{p_j(t+1)}{p_j(t)}\times I(t)$$

$$\text{ここで，}\ w_j(t)=\frac{p_j(t)\,q_j(t)}{\sum_k p_k(t)\,q_k(t)}$$

上式の定式化による指数は，連環指数あるいはリンク指数と言われている。定式化より分かるように，今年度の指数の値は，各財の前年度に対する価格比率の加重平均を，前年度の指数に掛けて算出するのである。そうして，加重平均のウェイトは毎年更新されることになる。

### 残された問題

物価指数の作成に関連して，物価指数算定上の基本問題として残されていることがある。一つは，われわれの住む経済社会において，不断の技術進歩によってわれわれが生産し消費する財・サービスの質は一定ではない。したがって，物価指数を算出するに際して，品質差を指数に反映させるべきではないか，といった考え方がある。仮に，技術進歩によって格段の品質改良がなされた財は異なると見なせば，常に指数作成に関わる財の数が増加して収拾がつかないことになり得る。

物価指数算定上のもう一つの基本問題は，消費支出のパターンに関わる。上述の説明にしばしば登場し，加重平均に際してウェイトにする各財・サービスの消費割合である。ところで，消費パターンの変化は，経済学の議論でなされるように，実は，価格変化と所得変化の合成である。しかしながら，これまで述べてきた指数作成のプロセスで，各財の価格変化が消費支出の割合に影響する点は考慮していないし，現実には所得の変化が消費支出の割合に与える影響も考えられるが，その消費行動への影響は考慮していないのである。

以上に指摘した点は，物価指数算定上の残された問題であろう。

### 代表的な物価指数

#### (1) 消費者物価指数（CPI）

消費者物価指数は，家計に係る財及びサービスについて，全国の世帯が購入する際の価格を総合するもので，時系列的に物価変動を表わす。家計の消費構造を一定の基準年次に固定し，これに要する費用が物価の変動によって，どう変化するかを指数値で示したもので，毎月作成され，公表されている。一定の生活水準を維持するための費用の変動を表わしていると言える。あるいは，貨幣所得の購買力の尺度を表わしているとも言える。

指数計算に採用している各品目のウエイトは総務省統計局実施の家計調査の

結果に基づき，また，品目の価格は，やはり総務省統計局実施の小売物価統計調査によって調査された小売価格を用いている。

指数計算に採用する品目は，世帯が購入する多数の財及びサービス全体の物価変動を代表できるように，家計の消費支出の中で重要度が高いこと，価格変動の面で代表性があること，さらに，継続調査が可能であること等の観点から選定した580品目に持家の帰属家賃４品目を加えた584品目である。

### (2) 企業物価指数

企業物価指数は，企業間で取引される財に関する物価の変動を測定する。企業間で取引される財に関する価格の動向と，それを通して，財の需給動向を把握することが可能であるとしている。名目的な生産額などから価格要因を除去して数量変動を抽出する，つまり生産額を実質化する際のデフレーターとしての機能が得られるからである。

日本銀行調査統計局は，国内企業物価指数については1,866の，輸出物価指数については561の，輸入物価指数については646の調査先から情報収集する。調査価格数は，国内企業物価指数については5,505，輸出物価指数については1,155，輸入物価指数については1,551に及ぶ。

基本分類指数は，「日本標準産業分類」を基本にして，一部，独自の分類を含めて，国内企業物価指数，輸出物価指数，輸入物価指数から構成される。指数作成には，固定基準ラスパイレス指数算式を採用している。参考指数として，「連鎖方式による国内企業物価指数」を作成・公表している。

国内企業物価指数は，国内市場向けの国内生産品を対象とし，主として生産者出荷段階，一部を卸売出荷段階で調査している。ウエイト算定に際しては，原則として，基準年（2005年）における経済産業省「工業統計表」（品目編）の製造品出荷額から，財務省「貿易統計」の輸出額を差し引いた国内向け出荷額を用い，これら以外のケース（非工業製品など）については，他の官庁・業界統計などを適宜，使用している。2005年基準は，５大類別と22類別で構成されており，消費税を含むベースで作成している。

輸出・輸入物価指数のうち，輸出物価指数は輸出品が本邦から積み出される段階の価格を，輸入物価指数は輸入品が本邦へ入着する段階の価格を調査しており，円ベース，契約通貨ベースの双方の指数を作成。ウエイト算定に際しては，基準年（2005年）における財務省「貿易統計」の輸出・輸入額を使用している。

**消費者物価指数と国内企業物価指数の違い**

国内企業物価について，ほとんどの製品は生産者段階の価格が採用されている。企業物価は，物的生産品を対象にしているので，生産財や資本財を含むことになり，サービス品目は含まない。また，輸出入関連が含まれてくるので，為替レートの影響に比較的敏感であり，さらに景気にも敏感に反応する。

消費者物価の方は，小売り段階の財サービスの価格である。企業物価と異なるのは，流通段階の中間マージンが含まれる点と，サービス品目も含まれる点である。また，同一商品であっても，ウェイトは異なる。景気に対して，消費者物価はその影響が間接的で，下方硬直的になる傾向がある。

図４－１　消費者物価指数と国内企業物価指数　それぞれの増加率の系列

## 4.2　賃 金 指 数

これまでの様々な議論の中で述べてきたように，労働に対しては雇用者報酬が，その対価として支払われる。この節では，現実の経済では，その変動がどのように把握できるかを見てみよう。

「毎勤統計」と略称される『毎月勤労統計調査月報－全国調査』は，厚生労働省が原則として調査月の翌月末に速報を，さらに，確報を調査月の翌々月中旬に公表している。日本標準産業分類に基づく14大産業［鉱業，建設業，製造業，電気・ガス・水道業，情報通信業，運輸業，卸売・小売業，金融・保険業，不動産業，その他サービス業等］に属する常用労働者５人以上の事業所を対象に，賃金，労働時間など調査し，その動向を把握している。調査対象は，約180万事業所から標本抽出した約3万3,000事業所である。

常用労働者というのは，事業所に雇用され給与が支払われる労働者のうち，(1)期間を定めずに，または１ヶ月を超える期間を定めて雇われている者，(2)日々または１ヶ月以内の期間を定めて雇われている者のうち，調査期間の前２ヶ月にそれぞれ18日以上雇い入れられた者のいずれかに該当する者と定義している。また，常用労働者は一般労働者とパートタイム労働者に分類される。パートタイム労働者は，(1)１日の所定労働時間が一般の労働者より短い者または，(2)１週間の所定労働日数が一般の労働者より短い者と定義され，一般労働者はパートタイム労働者以外の常用労働者と定義されている。

労働の対価として，賃金，給与，手当，賞与その他の名称で，使用者が労働者に通貨で支払うもので，所得税，社会保険料，給与から天引きされるものを差し引く前の金額は，現金給与額と定義する。現金給与額は，決まって支給する給与（定期給与）と特別に支払われた給与（特別給与）に大別される。

定期給与は，労働協約や就業規則などによってあらかじめ定められたいわゆる基本給や家族手当といった所定内給与と，時間外手当，早朝出勤手当，休日出勤手当，深夜手当などの所定外給与（超過労働給与）に分かれる。また，特別給与は，労働協約や就業規則に依らないで，一時的あるいは突発的な理由で労働者に支払われる給与あるいは，労働協約や就業規則によってあらかじめ決められている夏冬の賞与，期末手当，ベースアップの差額追給分，３ヶ月を超える期間で算定される手当などである。

図4－2　実質賃金の動き（＝名目賃金成長率－消費者物価指数の成長率）

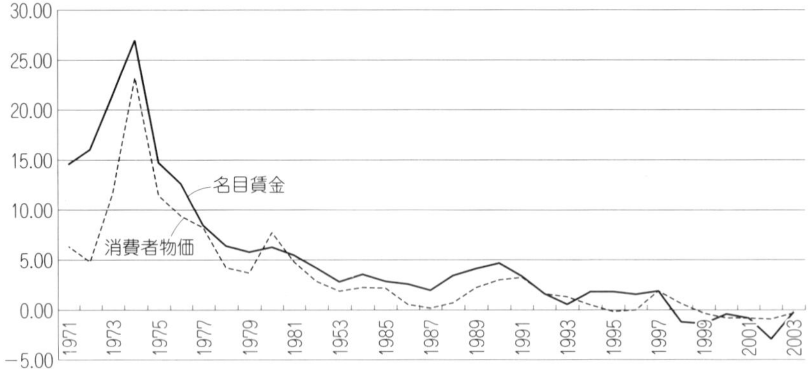


### 賃金指数の作成

以下に述べる指数作成の定式化において，添え字 $j$ は職種を表わし，添え字 $t$ は時点を表わす。

$w_{jt}$ は時点 $t$ における職種 $j$ の名目賃金の実数値を，$f_{jt}$ は時点 $t$ において職種 $j$ の労働者数が全ての職種の労働者に占める割合を，$w_t$ は時点 $t$ における名目賃金指数の値を，$W_t$ は時点 $t$ における実質賃金指数の値を，$p_t$ は時点 $t$ における消費者物価指数の値を，それぞれ表わすとする。

このとき，名目賃金指数 $w_t$ および実質賃金指数 $W_t$ は，それぞれ，次のように定義される。

$$(4.7)\qquad w_t=\frac{\sum f_{jt}w_{jt}}{\sum f_{j0}w_{j0}}\times 100 \qquad W_t=\frac{w_t}{p_t}$$

いま，$g(W_t)$，$g(w_t)$，$g(p_t)$ をそれぞれの成長率あるいは増加率とすると，$g(W_t)=g(w_t)-g(p_t)$ が成り立つ。

一般的に，ある経済変数が異なる2つの経済変数の商であるとき，増加率（成長率）に関しては，2つの経済変数の増加率の差になる。これに対して，ある経済変数が異なる2つの経済変数の積であるとき，増加率（成長率）に関しては，2の経済変数の増加率の和になる。

なお，名目賃金指数の成長率と消費者物価指数の成長率に関して，時系列の推移を図4－2に掲げている。

## 4.3　季節変動調整

先の節で取りあげた賃金指数について，図4－2では名目賃金の増加率と消費者物価の増加率を描いているので，その差が実質賃金の増加率になる。

ところで，名目賃金指数の水準が，時系列的にどのような動きをしているかを見るため，賃金指数の値そのものを，図4－3に描いた。この名目賃金指数の値は，1990年代前半から1998年辺りまでは，きわめて緩やかな上昇傾向が，そしてそれ以降は緩やかな下落傾向が読みとれる。と同時に，いま述べた傾向線を中心にして，1年を周期とする明確な周期的な動きをしている。

図4－3　名目賃金指数の動き

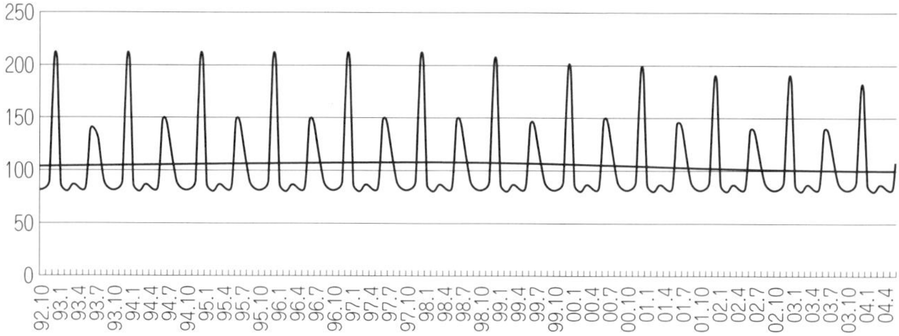


### 現実の時系列変動の種類

一般に，多くの経済変量は，経済社会に内在する変動要因によって引き起こされる実質的な動きと，気候や社会制度的な要因に起因し，1年を周期とする季節的な動きと，その時々に引き起こされる不規則的な変動とに分けられる。もう少し詳しく述べると，実際の経済変量は，次に掲げる変動の種類に分解できると考えられている。

(1) 長期的変動（傾向変動，趨勢変動，トレンド，Trend）

長期にわたる持続的な経済変動を指す。新しい技術革新や新市場の開拓といった，長期的な視点から経済社会を大きく変化させる変動で，比較的単純な傾向線で描かれると考えられる。

(2) 循環変動（中期的変動，景気変動，Cyclical Movement）

長期的変動を中心に，２，３年から10年の周期をもつ波動状の変動傾向を表わしている。しばしば，景気循環とも，景気変動とも言われる。

(3) 季節変動（Seasonal Movement）

気候や社会制度上の慣習から，１年を周期として比較的規則正しく繰り返される変動を表わす。通常，１年を周期とする季節変動が問題にされるが，取りあげる経済変量によっては，１ヶ月周期や１週間周期も考えられる。

(4) 不規則変動（Irregular Movement）

その時々に引き起こる偶発的な経済変動を指す。通常，不連続な動きになるもので，経済変量における実際の変動のうち，上述の３つの変動では説明できない残差にあたる。

### 季節変動調整データの作成方法の基本

経済変量について実証分析を行なう際，原データに含まれる季節変動部分を除去し，経済の実勢を把握できる系列を認識する必要がある。経済学的な実証分析においては，経済社会に内在する変動要因に，より大きな関心がある。それに対して，気候とそれに起因する社会制度的な要因とを区別して，変動の実際を認識するのが，より本質をつくことになるからである。賃金指数の系列を見て分かるように，６，７月には高賃金になり，12月には，さらに通常の２倍の賃金になっている。しかし，それぞれの月に経済の実勢がきわめて高水準になったことを示しているのではない。社会制度的に，ボーナス，あるいは賞与と称される形で給与が支払われるからであって，経済の好景気あるいは不況といったことや，他の経済要件に特別な影響をもたらすものではないのである。

上述の視点から，経済変量に関する現実データとともに，季節変動を調整する，換言すれば，季節変動を除去したデータ系列を算出することが求められるのである。

しかしながら，一般の読者が分析のために収集した経済変量について，季節変動調整した系列を作成することは，現実にはほとんどない。公表される経済変量の月次データや四半期データは，たいていの場合，季節変動を調整しないままの原系列と季節変動調整済み系列とが公表されているからである。しかし，公表されるデータから分析にとって必要な加工データを作成したりするときに，季節変動を調整することが必要になる場合があるかもしれない。もちろん，そのようなことはきわめて希なことかもしれないが，データ加工の一つの考え方として，移動平均を中心にした季節変動調整の方法を述べておこう。

まず，中心化12ヶ月移動平均法を採用して，原系列から，時系列変動の種類のうち長期的変動と循環的変動にあたる変動部分を改めて中長期的変動と定義して，その系列を作成する。いま，原系列を $O(t)$ とし，中長期的変動部分を $TC(t)$ と表わすと，月次データの場合，

$$TC(t)=\frac{1}{12}\left[\frac{1}{2}O(t\pm 6)+\sum_{k=0}^{5}O(t\pm k)\right]$$

である。他方，四半期データの場合は，中心化４期移動平均法を採用すべきである。この場合，

$$TC(t)=\frac{1}{4}\left[\frac{1}{2}O(t-2)+O(t-1)+O(t)+O(t+1)+\frac{1}{2}O(t+2)\right]$$

である。

次に，時系列変動の種類のうち，季節変動と不規則変動にあたる部分を SI 部分として，原系列と中長期的変動部分との比を求め，これを SI 係数と定義する。つまり，

$$SI(t)=\frac{O(t)}{TC(t)}$$

この定式化から分かるように，現実の変動 $O(t)$ は，中長期的な変動 $TC(t)$ と不規則的変動部分を含む季節変動部分を表わす SI 係数との積であると見なしている。

最後に，季節変動部分だけを抽出するため，$SI(t)$ から季節指数 $S$ を作成す

る。季節指数の作成に際して，固定季節指数法と可変季節指数法の2つの考え方がある。まず，固定季節指数法を説明しよう。

分析期間のある1時点を，上では $t$ と表わしていたが，その時点は，別の観点からすると，分析期間中の第 $i$ 年の第 $j$ 月であるとしよう。したがって，いま，SI係数 $SI(t)$ について，$SI(t)=SI(i,\ j)$ と表記できるとしよう。

固定季節指数法の考え方は，分析期間中，それぞれの月別の季節指数は一定であると見なす。したがって第 $j$ 月の季節指数 $S(j)$ は，$S(j)=\frac{1}{n}\sum_{i}SI(i,\ j)$ とする（$n$ 年間が分析期間であるとする）。つまり，分析期間中のすべての第 $j$ 月のSI係数の平均をその月の季節指数と見なすのである。SI係数を期間中の年次にわたって平均することで，不規則変動部分におけるプラスとマイナスは相殺され，結果的に，季節変動部分だけになるとみるのである。

可変季節指数法は，上述の固定季節指数法の考え方と異なって，分析期間中，必ずしも季節指数は一定であるとはしない。緩やかに季節指数も変化すると見なす。そこで，第 $i$ 年第 $j$ 月の季節指数 $S(i,\ j)$ は，$S(i,\ j)=\frac{1}{5}\sum_{k=0}^{2}SI(i\pm k,\ j)$ とする。つまり，第 $j$ 月のSI係数を，年次についての5項の移動平均を求め，それらを季節指数にするのである。ここでは，年次についての5項の移動平均と説明したが，5項以外の場合であってもよい。それぞれのケースに応じて適切な項数が採用されるべきである*。

＊公表される経済変量の季節変動調整済み系列が作成される過程は，上述の説明ほど簡単ではない。時系列に移動平均を施すことで，特異項の前後で季節調整が妨げられたり，景気の転換点で景気変動の実勢が減殺されたりするなど，問題点として指摘される側面がある。そこで，実際には，移動平均がもたらす弊害を回避すべく様々な改良と工夫がなされている。

# 第5章　家計の所得と消費

本書第2章で見たように，GDPのうちに占める民間消費支出の割合は，60%弱である。つまりGDPを構成する様々な支出項目のうち，民間の消費支出が最大項目であって，その動向は重大であると言える。

もちろん，GDPを構成する要因のうち設備投資や住宅投資なども，きわめて重要な要因である。ところが，景気に敏感に反応する投資の動向は，経済全体の景気動向を作り出す反面，投資が経済全体の不安定要因になっているのである。一方，消費支出は，人びとの生活に密接に関わるところが大きく，GDPを構成する財サービスの需要面では，経済全体の下支えをしている。したがって消費支出は，GDPが安定的に推移する大きな要因なのである。

本章において，統計資料を見やすい形に纏めるための様々な指標を説明しながら，家計の所得階級別による消費支出の特徴やその動向を見てみよう。

## 5.1　年収と消費支出の格差

表5-1は，2008暦年の家計調査から抽出した10階級に分けられた年収階級別の消費支出のデータである。消費支出の各支出項目は，食料費，住居費，光熱・水道費，家具・家事用品費，被服及び履物費，保健医療費，交通・通信費，教育費，教養娯楽費，その他消費支出の10大費目について示されている。年収および1ヶ月の消費に向けた所得*および10大消費費目それぞれについて，すべての階級を通じて家計全体の平均値を，平均欄に掲げている。

*表5-1の所得は，10大消費費目別の消費支出の合計である。一般に，家計の1ヶ月収入から「消費支出」と所得税や社会保障費などの「非消費支出」および貯金，保険掛け金，土地家屋その他の借金返済，有価証券の購入など「実支出以外の支出」にあてられる。

**表5-1　家計の所得階級別消費支出（2008年家計調査）**

（単位：円）

| | 年収（万円） | 所得 | 食料費 | 住居費 | 光熱・水道費 | 家具・家事用品 | 被服・履き物 | 保健医療費 | 交通・通信費 | 教育費 | 教養・娯楽費 | その他消費支出 |
|---|---|---|---|---|---|---|---|---|---|---|---|---|
| Ⅰ | 230.25 | 176762 | 50339 | 12539 | 19192 | 6075 | 5127 | 9915 | 20343 | 2446 | 14584 | 36202 |
| Ⅱ | 317.02 | 216906 | 55543 | 15800 | 20085 | 7485 | 6705 | 11157 | 26843 | 3355 | 20749 | 49185 |
| Ⅲ | 382.35 | 233937 | 58520 | 16531 | 20373 | 7875 | 7789 | 11734 | 29112 | 4131 | 22910 | 54962 |
| Ⅳ | 441.45 | 254094 | 61444 | 19260 | 21254 | 8429 | 8958 | 12410 | 33326 | 5794 | 25453 | 57766 |
| Ⅴ | 503.67 | 275339 | 66278 | 19895 | 22187 | 9280 | 10411 | 11824 | 37820 | 9320 | 27265 | 61059 |
| Ⅵ | 589.15 | 289553 | 68725 | 18040 | 22366 | 9777 | 12173 | 12358 | 38656 | 10826 | 32527 | 64107 |
| Ⅶ | 673.76 | 315128 | 73258 | 16928 | 23595 | 10642 | 13805 | 12676 | 43896 | 14523 | 35509 | 70295 |
| Ⅷ | 791.24 | 347129 | 77932 | 17111 | 24554 | 11644 | 16216 | 13160 | 45848 | 20972 | 38285 | 81407 |
| Ⅸ | 971.53 | 395883 | 84210 | 15565 | 25948 | 12824 | 19436 | 14692 | 56029 | 26555 | 42872 | 97752 |
| Ⅹ | 1436.30 | 465531 | 93845 | 17571 | 27995 | 15872 | 24785 | 16601 | 60108 | 29213 | 53791 | 125752 |
| 平均 | 633.6711 | 297026.1 | 69009.3 | 16924.1 | 22754.8 | 9990.5 | 12540.6 | 12652.7 | 39198.0 | 12713.5 | 31394.3 | 69848.6 |
| 標準偏差 | 360.0624 | 87074.0 | 13541.1 | 2067.6 | 2785.5 | 2883.9 | 6161.5 | 1868.2 | 12619.7 | 9803.2 | 11639.3 | 25979.7 |
| 変化係数 | 0.5682 | 0.2932 | 0.1962 | 0.1222 | 0.1224 | 0.2887 | 0.4913 | 0.1477 | 0.3219 | 0.7711 | 0.3707 | 0.3719 |
| 相関係数 | | | 0.9974 | 0.2797 | 0.9971 | 0.9978 | 0.9969 | 0.9770 | 0.9894 | 0.9770 | 0.9948 | 0.9902 |
| ジニ係数 | 0.2882 | 0.1551 | 0.1053 | 0.0207 | 0.0655 | 0.1511 | 0.2577 | 0.0735 | 0.1720 | 0.4059 | 0.1969 | 0.1890 |

### 費目別消費支出の特徴

表5-1の資料から，所得階級によって消費行動が異なる様子が分かる。食料費支出は，他の費目についても共通して言えることであるが，年収階級が上がるにしたがって，食料費水準は上がる。しかし，食料費支出が全体の消費支出に占める割合は下がっていく。したがって，年収や1ヶ月収入の格差より食料費の格差の方が小さいことが予想される。

住居費水準について，年収や1ヶ月収入の階級に依存する支出傾向は明確ではない。低い階級から中位の階級まで住居費水準は上昇し，それ以降の高い階級にかけて最も高い階級を除いて，住居費水準は下落する。他の消費費目と異なる特徴である。ただ，所得階級が高くなるにしたがって，消費全体に占める割合は下降する傾向が見られる。*

* 住居費の内容が所得階級によって異なると考えられる。比較的所得の低い階級では，家賃が住居費の多くを占めるが，高い階級では，持ち家などの修理修繕費用が住居費の多くを占めると考えられる。住居費の内容が異なるので，年収や1ヶ月収入の階級に依存する明確な傾向がないと言える。

光熱・水道費と保健医療費の水準について，所得階級間の差はそれほど大きくはない。支出水準は所得階級が高くなるに従って，緩やかに上昇するが，消費支出全体に占める割合は，緩やかに下がっていく傾向が見られる。

家具・家事用品費と交通費については，階級が上がるに従って支出水準は上昇するが，消費全体に占める割合は，階級を通じてほぼ一定である。同様の傾向が，その他消費支出にもあり，最下層および最上層を除いて，その他消費支出が消費全体に占める割合はほぼ一定である。

被服・履き物費，教養・娯楽費および教育費の支出水準は，所得階級が上がるにしたがって上昇する。それだけでなく，この支出が消費全体に占める割合も緩やかに上昇する。したがって，所得階級間のこれらの支出格差は大きいと予想される。この傾向が最も顕著に現われているのは教育費である。

### 各階級間の所得と支出の格差

各階級間の所得や費目別の支出のバラツキあるいは格差の指標として，まず第１に挙げられるのは標準偏差である。標準偏差の定義式は，ここで取り扱っているデータは10分位階級であって，したがって各階級に属する家計数は等しいので，$s_X=\sqrt{\frac{1}{n-1}\sum_{j=1}^{n}(X_j-m_X)^2}$（ここで $n=10$）である。*

＊各階級に属する家計の数が異なるとき，平均や標準偏差は次のように定義されるべきである。つまり，全家計の中に占める第 $j$ 階級に属する家計数の割合を $w_j$ とすると，平均は $m_X=\sum_{j=1}^{n}w_jX_j$ とし，標準偏差は，$s_X=\sqrt{\sum_{j=1}^{n}w_j(X_j-m_X)^2}$ とするべきである。

年収および消費合計としての所得と10大消費費目それぞれについて，すべての階級を通じて家計全体の標準偏差の値が，標準偏差の欄に掲げている。しばしば指摘されるように，標準偏差は格差の指標として不適切な側面がある。単位が異なるデータ間で，標準偏差によっては格差の比較はできない。単に物理的な単位の違いだけでない。ここで扱っている資料であっても，年収格差の指標である標準偏差は360.06万円であり，例えば，教育費支出の標準偏差は9,803円である。２つの標準偏差の値を比べるだけで，直ちに，年収の格差が大きく，教育費支出の所得階級間格差の方が小さいと言えるだろうか。それぞれのデータ全体の位置するところ，あるいはデータ全体の中心的な水準が，大きく異なるので，標準偏差の値のみで格差を比較するのは不適切であろう。そこで，格差の比較のために，変化係数が用いられる。

変化係数 $v$ は，$v=\dfrac{s_X}{m_X}$ と定義される。つまり，格差指標である標準偏差を，各変量の中心的な水準である平均でデフレートするのである。この定義から明らかなように，変化係数は，無名数の格差指標である。したがって，データの単位や次元に依存しない。ここで扱っているデータについて，様々な変量に関する変化係数の値が，変化係数の欄に掲げられている。

それぞれの変量に関するデータ間の格差指標に標準偏差と変化係数を説明したが，もう一つ重要な指標がある。それは，格差のあり様をローレンツ曲線と呼ばれる図に描く手法である。

まず最初に，年収について階級間の隔差をローレンツ曲線として描くには，表５-２に示す表を作成するのがよい。表５-２の $Y_k$ 欄は階級値，$f_k$ 欄は当該階級の相対度数，$F_k$ は累積相対度数，したがって，相対度数と累積相対度数の間には，$F_k=F_{k-1}+f_k$ が成り立つ。$Y_kf_k$ 欄は当該階級における階級値と相対度数の積である。そうして，年収の全体の平均値 $\bar{Y}=\sum_{k=1}^{m}Y_kf_k$（ここで，$m=10$）である。したがって，$Y_kf_k$ 欄末尾の合計（633.671）は，年収の平均値である。

さて，$q$ 欄は，次のように定義される。

$$q_k=\frac{Y_kf_k}{\bar{Y}},\ \ k=1,\ 2,\ \cdots,\ m$$

つまり，$q$ 欄の第 $k$ 階級の値 $q_k$ は，$Yf$ 欄の値 $Y_kf_k$ を，$Yf$ 欄の合計，つまり平均値 $\bar{Y}$ で割った値である。ところで上に定義した値 $q_k$ は，

$$(5.1)\qquad q_k=\frac{Y_kf_k}{\bar{Y}}=\frac{Y_kf_k\times n}{\bar{Y}\times n}=\frac{Y_kn_k}{\sum Y_tn_t}\qquad k=1,\ 2,\ \cdots,\ m$$

である。$q_k$ の分子は，第 $k$ 階級の年収 $Y_k$ と当該階級に属する家計の数 $n_k$ の

表5-2　ローレンツ曲線を描くために

| 階級 | $Y_k$ | $f_k$ | $F_k$ | $Y_k f_k$ | $q_k$ | $Q_k$ |
|---|---|---|---|---|---|---|
| | | | 0.0 | | | 0.0 |
| (1) | 230.25 | 0.1 | 0.1 | 23.025 | 0.036335 | 0.036335 |
| (2) | 317.02 | 0.1 | 0.2 | 31.702 | 0.050029 | 0.086364 |
| (3) | 382.35 | 0.1 | 0.3 | 38.235 | 0.060339 | 0.146703 |
| (4) | 441.45 | 0.1 | 0.4 | 44.145 | 0.069665 | 0.216369 |
| (5) | 503.67 | 0.1 | 0.5 | 50.367 | 0.079485 | 0.295854 |
| (6) | 589.15 | 0.1 | 0.6 | 58.915 | 0.092974 | 0.388828 |
| (7) | 673.76 | 0.1 | 0.7 | 67.376 | 0.106326 | 0.495154 |
| (8) | 791.24 | 0.1 | 0.8 | 79.124 | 0.124866 | 0.620020 |
| (9) | 971.53 | 0.1 | 0.9 | 97.153 | 0.153317 | 0.773337 |
| (10) | 1436.30 | 0.1 | 1.0 | 143.630 | 0.226663 | 1.000000 |
| 合計 | | 1 | | 633.671 | | |

積であるから，第 $k$ 階級の年収総計であり，他方，分母は，全階級の年収総計である。したがって，

$$q_k = \frac{\text{第}\,k\,\text{階級の年収総計}}{\text{全階級の年収総計}}, \qquad k=1,\ 2,\ \cdots,\ m \tag{5.2}$$

なのである。つまり，$q_k$ は，家計全体の年収総計に対して第 $k$ 階級の年収総計が占める割合である。さらに，各階級の $Q_k$ は，次のように定義する。

$$Q_1 = q_1,\ Q_k = Q_{k-1} + q_k \quad (k=2,\ 3,\ \cdots,\ m),\ Q_m = 1.0 \tag{5.3}$$

したがって，$Q_k$ は，第 $k$ 階級を含めて，それより下位階級について年収の累積和が全年収に占める割合である。

以上を準備した上で，横軸に累積相対度数 $F$ をとり，縦軸に累積年収割合 $Q$ をとった平面上に，各点 $\{(F_0,\ Q_0)=(0,\ 0),\ (F_1,\ Q_1),\ (F_2,\ Q_2),\ (F_3,\ Q_3),\ \cdots,\ (F_m,\ Q_m)=(1.0,\ 1.0)\}$ をプロットし，それらを順に結んでいって，ローレンツ曲線が描かれる。

### 完全平等直線

さて，上述の，横軸に累積相対度数 $F$ をとり，縦軸に累積年収割合 $Q$ をと

**図5-1　年収，食料費，教育費のローレンツ曲線**

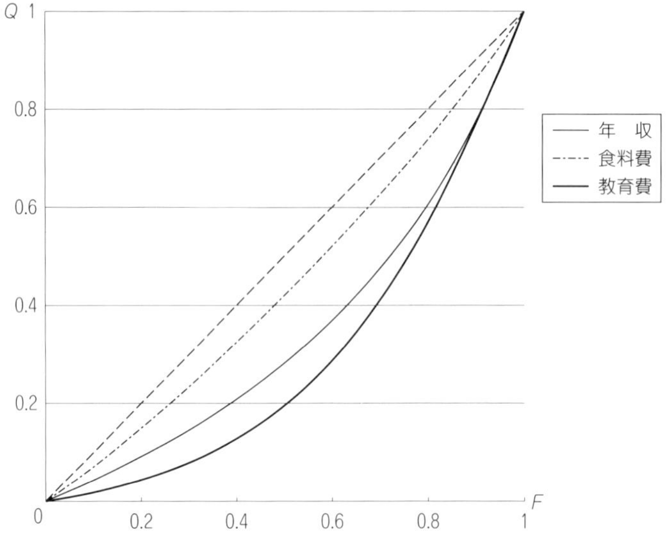


った平面上において，原点（0，0）と点（1.0，1.0）を結んだ直線，つまり正方形の１つの対角線は完全平等直線と言われる。この対角線上は，第 $k$ 階級の家計数が全体に占める割合と，第 $k$ 階級の年収総計が家計全体の年収総計に対して占める割合は等しい。別な言い方をすれば，一般的に，全体の $\alpha$％の人たちが年収全体の $\alpha$％を得ているのである。結局，すべての人たちの年収が等しいのである。つまり，家計全体は「完全平等」であると言える。

先に描いたローレンツ曲線が，完全平等直線と離れたところにあればある程，つまり完全平等直線より下に描かれるほど，不平等であり，言いかえると収入格差が大きいと言える。

上では，年収のローレンツ曲線を描く手順を説明した。年収の階級間の格差を図示するローレンツ曲線と同様に，例えば，食料費支出の所得階級間の格差や教育費支出の格差を描くことができる。つまりローレンツ曲線は所得格差を図示するためだけでなく，一般的にどのようなデータであっても，データ間の格差やデータのバラツキ程度を図示するために，ローレンツ曲線を描くことができる。したがって，われわれが扱っている各消費項目について，所得階級間の支出格差を図示することもできる。図5-1には，先に取りあげた年収に関するローレンツ曲線とともに，食料費支出の格差および教育費支出の格差を表わすそれぞれのローレンツ曲線を同じグラフ上に描いている。

### ジニ係数

次に，描かれたローレンツ曲線による格差の程度を，一つの数量化する指標として，ジニ係数を説明しておこう。上述したように，完全平等直線に対して，描いたローレンツ曲線が離れたところにあるほど，格差が大きいとするなら，1つの格差の指標として，完全平等直線とローレンツ曲線とで囲まれる図形の面積の大きさが考えられる。統計分析でしばしば利用されるのは，ジニ係数（Gini's coefficient）と呼ばれる格差の指標がある。ジニ係数は，完全平等直線とローレンツ曲線で囲まれる図形の面積の2倍とする。図形の面積の理論的な最大値は0.5で，最小値は0.0である。格差指標であるジニ係数の最大値を1，最小値を0にするため，図形の面積の2倍と定義している。ジニ係数$g$を求めるため，まず，完全平等直線とローレンツ曲線とで囲まれる図形の面積を求める。

いま，面積を求めるべき図形を，点$(F_k,\ F_k)$と点$(F_k,\ Q_k)$とを結んでできる線分で分割する（$k=1,\ 2,\ \cdots,\ m$　ここでは，$m=10$）と，両端は三角形ができ，間に（$m-2$）個の台形ができる。したがって，求めるべき図形の面積$S$は，$S=\frac{1}{2}\sum_{k=1}^{m}[(F_{k-1}-Q_{k-1})+(F_k-Q_k)]f_k$である。ここで，$F_0=Q_0=0$，$F_m=Q_m=1$である。

以上の説明に従って計算して，年収をはじめ各支出項目に関するジニ係数の値を，表5-1のジニ係数欄に掲げている。

## 5.2　所得階層別の消費支出構造

本章のこれまでは，所得階級によって各支出項目への消費行動に違いが生じるのではないかといった視点で，様々な格差指標を解説しながら分析をしてきた。そこで本節では，各支出項目と所得との間に，どれ程の関係性があるかについて，取りあげる。

## 2変量の共分散

変数間の関係性の尺度の典型的な指標は，実は，相関係数である。しかし，相関係数（correlation coefficient）を説明するに先立って，やはり関係性の尺度である変数 $X$ と変数 $Y$ の共分散（covariance）について述べなければならない。

変量 $X$ と変量 $Y$ の共分散 $s_{XY}$ は，次のように定義される。

(5.4)　$$s_{XY}=\frac{1}{n-1}\sum(x_j-\bar{x})(y_j-\bar{y})$$

変量 $X$ と変量 $Y$ の共分散 $s_{XY}$ は，上式より分かるように，$X$ の平均からの偏差 $(x_j-\bar{x})$ と，$Y$ の平均からの偏差 $(y_j-\bar{y})$ の積和 $\sum(x_j-\bar{x})(y_j-\bar{y})$ の大きさに依存する*。

*$X$ の平均からの偏差 $(x_j-\bar{x})$ と，$Y$ の平均からの偏差 $(y_j-\bar{y})$ の積和 $\sum(x_j-\bar{x})(y_j-\bar{y})$ について，$\sum x_j=n\bar{x}$，$\sum y_j=n\bar{y}$ であることに注意して，

$$\sum(x_j-\bar{x})(y_j-\bar{y})=\sum(x_jy_j-\bar{x}y_j-\bar{y}x_j+\bar{x}\bar{y})=\sum x_jy_j-\bar{x}\sum y_j-\bar{y}\sum x_j+n\bar{x}\bar{y}$$
$$=\sum x_jy_j-n\bar{x}\bar{y}$$

が成り立つ。

平均からの偏差が，$X$ と $Y$ とについて同じ符号であれば，つまり，どちらもプラスであるか，どちらもマイナスであれば，共分散にプラスの影響を及ぼす。$X$ および $Y$ それぞれの平均値の位置に座標軸を移動すると，第1象限あるいは第3象限にデータが多く散らばっているとき，共分散はプラスになる。そして，このとき，変量 $X$ の値が大きいとき変量 $Y$ の値も大きく，一方の変量が小さい値のときもう一方の変量の値も小さい。つまり，データ全体がプラスの傾向をもつとき，共分散はプラスになる。

反対に，平均からの偏差が，$X$ と $Y$ とについて異なる符号であれば，つまり，どちらかがプラスで，もう一方はマイナスであれば，共分散にマイナスの影響を与える。先述のように移動した座標軸をもとにすれば，第2象限あるい

は第4象限にデータが多く散らばっているとき，共分散はマイナスになる。そして，このとき，変量 $X$ の値が大きいとき変量 $Y$ の値は小さく，一方の変量が小さい値のときもう一方の変量の値は大きい。つまり，データ全体がマイナスの傾向をもつとき，共分散はマイナスになる。

どの象限にデータが多く散らばっているかによって，共分散の値はプラスの値になるか，マイナスの値になる。また，共分散がプラスの値であれ，マイナスの値であれ，その絶対値が大きいか，小さいかは，$X$ の平均からの偏差 $(x_j-\bar{x})$ と，$Y$ の平均からの偏差 $(y_j-\bar{y})$ の長さに依存する。

$X$ および $Y$ の平均値を原点にした座標軸のもとに，仮に，データ全体が4つの象限に万遍なく散らばっているなら，平均からの偏差の積 $(x_j-\bar{x})(y_j-\bar{y})$ どうしが，和をとると相殺しあってゼロに近い値になるだろう。このときは，変量 $X$ と変量 $Y$ の間には，明確な傾向を見いだせない。この場合は，変量 $X$ と変量 $Y$ の間に何の関係性もないと言える。

### 共分散の性質

ところで，2変量の関係性の程度を表わす共分散によって，他の全く別な2変量における関係性の程度とは比較できない。例えば，所得と消費の関係性の程度が，身長と体重の関係性の程度より強いとか弱いといった比較はできない。共分散は，その定義から明らかなように，2変量の単位の積の単位をもつ。したがって，所得と消費の共分散の単位は「円×円」の単位であるが，身長と体重の共分散の単位は，「cm×kg」である。したがって，2変量の関係性の程度を表わす共分散どうしは，比較不可能である。

関係性の尺度としての共分散には，もう一つ不都合なところがある。変量 $X$ や変量 $Y$ の関係性の程度とは別に，それら変量自身の散らばり程度に依存してしまうからである。例えば変数 $X$ が，手元の標本の間で，大きな格差があったり，あるいはばらつきが大きなものであれば，変量 $X$ と変量 $Y$ の関係性の強弱にかかわらず，共分散の値は大きな値になる傾向が生じる。このことは，変量 $Y$ に関しても同様である。変量 $X$ と変量 $Y$ の関係性の強弱にかかわらず，共分散の大きさが，変量 $X$，$Y$ のデータ間格差の大きさやばらつき程度に左右される可能性が高いのである。

**2変量の相関係数**

そこで，変数 $X$ と変数 $Y$ の関係性の尺度として，より適切な指標である相関係数（correlation coefficient）は，変数 $X$ および変数 $Y$ の変動の大きさの指標である標準偏差で，共分散をデフレートするのである。したがって，変数 $X$ と変数 $Y$ の相関係数 $r_{XY}$ は次のように定義される。

$$(5.5)\qquad r_{XY}=\frac{s_{XY}}{s_X s_Y}=\frac{\sum(x_j-\bar{x})(y_j-\bar{y})}{\sqrt{\sum(x_j-\bar{x})^2\times\sum(y_j-\bar{y})^2}}$$

上に定義された相関係数も，先に定義した共分散も，ともに，変量 $X$ と変量 $Y$ の関係性の尺度である。しかし上述したことから，通常，2変量間の関係性の尺度として相関係数が用いられる。

本章で取りあげている所得と，各消費費目との相関係数の値は，表5-1の相関係数の欄に掲げている。

この計算結果から明らかなように，住居費以外の，すべての消費項目と所得との関係性の程度は，きわめて強いと言える。

## 5.3　費目別消費関数

前の節で，変量 $X$ と変量 $Y$ がどの程度の関係性をもっているかを表わす指標として，相関係数について述べた。そうして，所得と各消費費目との相関係数を求め，住居費以外の各消費項目は，所得ときわめて強い関係性をもっていることを明らかにした。

この節では，所得と各消費項目との関係性の程度だけではなく，所得と消費費目との間の関係式を想定してみよう。そして，所得に応じて，それぞれの消費項目がどんな水準に反応するか，あるいは所得水準に応じて，各消費費目の水準はどう予測できるかといったことを明らかにしてみよう。

こういった場合に回帰方程式と呼ばれる方程式による統計分析を行なう。回帰方程式による分析は，相関係数の値を求めるだけでなく，２つの変量間の関係式を具体的に計測する。

### 費目別の消費関数の定式化

回帰分析は，本書全体を通じてのテーマである。したがって，主たる部分は第Ⅱ部以降に説明する。ここでは，家計の消費行動がどのような特徴でとらえられるかを見るため，消費費目別の消費関数を計測することに焦点をあてよう。

まず，回帰方程式による分析による費目別の消費関数は，次のように定式化できる。

$$Y=\alpha+\beta X+u$$

ここで，変量 $X$ は家計の１ヶ月あたり所得であり，変量 $Y$ は，各消費支出である。したがって，$Y$ には，食料費，住居費，光熱・水道費，家具・家事用品費，被服及び履物費，保健医療費，交通・通信費，教育費，教養娯楽費，その他消費支出の10大消費費目それぞれを採用する。

上に述べた消費関数には，所得 $X$ の他に，誤差項 $u$ を加えている。各消費支出の動向を所得によって説明するのであるが，所得だけでは説明しきれないところを，誤差項 $u$ として定式化の中に含めている。これを攪乱項ともいう。実際の経済社会においては，不確定的な要因や，誤差的な要素に左右されるところがあるが，これらの不確実な要因を $u$ で表わしているのである。

### 最小２乗法

いま，上に示した費目別消費関数の関係式を計測するために，表５-１に掲げた所得（$x_1, x_2, \cdots x_n$）と，例えば食料費（$y_1, y_2, \cdots y_n$）の組になったデータ

$$(x_1,\ y_1)(x_2,\ y_2)(x_3,\ y_3)\cdots(x_j,\ y_j)\cdots(x_n,\ y_n)\ \text{ここでは，}n=10$$

を活用して，食料費支出の消費関数を計測する。計測するにあたって，通常，最小２乗法（Least square method）と呼ばれる方法を用いる。最小２乗法は，

誤差の2乗和である

$$\sum_{t=1}^{n}(y_t-\alpha-\beta x_t)^2$$

が最も小さくなるよう係数$\alpha$，$\beta$を決定する。

ところで，最小2乗法にしたがって$n$個のデータから計測される係数を，つまり誤差の2乗和を最小にする$\alpha$，$\beta$を，$\widehat{\alpha}$，$\widehat{\beta}$と表わす。ここでは数学的な証明を省略するが，それらは，次に示す正規方程式と呼ばれる連立方程式を満たすことになる。

$$n\widehat{\alpha}+\widehat{\beta}\sum x_t=\sum y_t \tag{5.6}$$

$$\widehat{\alpha}\sum x_t+\widehat{\beta}\sum x_t^2=\sum x_t y_t \tag{5.7}$$

上に示した正規方程式から求める係数は，

$$\widehat{\beta}=\frac{\sum(x_t-\bar{x})(y_t-\bar{y})}{\sum(x_t-\bar{x})^2}=\frac{s_{XY}}{s_X^2} \tag{5.8}$$

$$\widehat{\alpha}=\bar{y}-\widehat{\beta}\bar{x} \tag{5.9}$$

になることは，比較的容易に示すことができる。

**決定係数＝適合度の指標**

さて，上述の手順で消費関数を計測するとして，計測結果に対してデータ適合度は，つまりデータ全体が求めた消費関数に，どの程度うまく当てはまっているかの指標は次のように定義される。つまり，$\widehat{y_t}=\widehat{\alpha}+\widehat{\beta}x_t$として，

$$R^2=\frac{\sum(\widehat{y_t}-\bar{y})^2}{\sum(y_t-\bar{y})^2} \tag{5.10}$$

である。これは，通常，決定係数（coefficient of determination）という。いま，誤差項$\widehat{u_t}$を，$\widehat{u_t}=y_t-\widehat{y_t}$と定義すると，

$$\sum(y_t-\bar{y})^2=\sum(\hat{y}_t-\bar{y})^2+\sum\hat{u}_t^2$$

が成り立つ。したがって，決定係数 $R^2$ は，消費支出の実績値の情報量のうちに，所得によって説明される部分の変動総和が占める割合である。上に示した関係式より，決定係数は，

$$(5.11)\qquad R^2=1-\frac{\sum\hat{u}_t^2}{\sum(y_t-\bar{y})^2}$$

であることが分かる。つまり，消費支出の実績値の情報量のうち，所得によって説明される消費関数の定式化では説明しきれない変動総和，つまり誤差の2乗和が占める割合の1に対する補数である。

また，上に定義された決定係数 $R^2$ は，前節で定義した変量 $X$ と変量 $Y$ の相関係数の2乗に等しいことが容易に証明できる。

### 費目別消費関数の計測結果

さて，上述した最小2乗法によって，計測した結果は，1975暦年および1990暦年のデータで計測した結果とともに，表5-3に掲げている。

表5-3　費目別消費関数

| | 2008年 | | | 1990年 | | | 1975年 | | |
|---|---|---|---|---|---|---|---|---|---|
| | $\alpha$ | $\beta$ | $R^2$ | $\alpha$ | $\beta$ | $R^2$ | $\alpha$ | $\beta$ | $R^2$ |
| 食料 | 22939.5 | 0.15510 | 0.99474 | 31346.9 | 0.15332 | 0.96333 | 30574.0 | 0.12553 | 0.85124 |
| 住居 | 14951.0 | 0.00664 | 0.07825 | 13623.2 | 0.00383 | 0.04091 | -437.8 | 0.04855 | 0.91518 |
| 光熱・水道 | 13281.6 | 0.03189 | 0.99415 | 7704.4 | 0.03034 | 0.99659 | 4222.5 | 0.01834 | 0.95100 |
| 家具・家事用品 | 174.8 | 0.03305 | 0.99553 | 307.2 | 0.03885 | 0.98573 | -5531.0 | 0.08127 | 0.97497 |
| 被服及び履物 | -8412.4 | 0.07054 | 0.99381 | -13306.7 | 0.11657 | 0.97579 | -4970.6 | 0.13623 | 0.99893 |
| 保健医療 | 6426.4 | 0.02096 | 0.95446 | 3785.4 | 0.01633 | 0.88074 | -113.8 | 0.02575 | 0.99215 |
| 交通・通信 | -3396.2 | 0.14340 | 0.97899 | 2303.3 | 0.08730 | 0.95971 | 1018.8 | 0.02369 | 0.97444 |
| 教育 | -19958.9 | 0.11000 | 0.95459 | -11214.4 | 0.08254 | 0.97606 | -2202.1 | 0.03740 | 0.98167 |
| 教養娯楽 | -8104.9 | 0.13298 | 0.98970 | -5376.2 | 0.11408 | 0.99687 | -7220.9 | 0.13019 | 0.97443 |
| その他の消費支出 | -17901.4 | 0.29543 | 0.98043 | -28730.1 | 0.35574 | 0.99162 | -15339.0 | 0.37305 | 0.99849 |

食料費支出関数の限界支出性向については，1975年から1990年にかけて上昇しているが，1990年と2008年とに，ほとんど違いはない。また，食料費に関す

る消費関数は，1990年から2008年にかけて関数自体，全体として下方へシフトダウンしている。

住居費支出関数について1975年には通常の消費関数として計測されている。しかし，1990年および2008年については，決定係数が0.1以下であることから判断して，住居費支出関数に関する明確な傾向は確認できない。

光熱・水道費に関する支出関数について，1975年から1990年にかけて支出が増大する消費関数として計測されている。他方，1990年と2008年との限界支出性向には，ほとんど違いはない。しかし，1990年から2008年にかけて消費関数のシフトアップが見られる。

家具・家事用品に関する支出関数と被服履物に関する支出関数については，1975年から1990年にかけて限界支出性向は減少し，2008年にかけては，さらに若干の減少が見受けられる。

保健医療に関する支出関数については，1975年から1990年にかけて限界支出性向は減少するが，関数自体の上方へのシフトがみられる。1990年から2008年にかけて限界支出性向に若干の増加とともに，消費関数自体の上方へのシフトが見受けられる。

交通・通信費に関する支出関数，教育費に関する支出関数および教養娯楽費に関する支出関数については，若干の例外があるが，それぞれの限界支出性向は上昇していく傾向があると見てよい。

また，その他消費支出に関する支出関数については，限界支出性向が減少しているが，消費関数自体は全体として上方へシフトしていく傾向がある。

# 第Ⅱ部

# 経済モデルの回帰分析

# 第6章　推測統計の基礎理論

経済モデルを計測することをはじめとして，計量経済学的な分析をする際，推測統計学の考え方が必要になる。そこで，数量経済学的な分析あるいは計量経済学の議論を展開していくに先立って，この章で，推測統計の基礎的な理論を解説しておこう。すでに推測統計学を習得している読者は読み飛ばしても構わない。しかし，推測統計学の考え方を，じっくりと復習しておくのは有益なものになるだろう。

## 6.1　母集団・標本・標本誤差

統計分析を行なう際，その分析の対象を，どのような確率モデルで記述するか。これについて，基本的で，そして典型的なモデルは，ベルヌイ分布と正規分布である。この2つの確率モデルを利用して，推測統計学の基礎的な概念である，母集団と標本，そして標本誤差について説明しよう。

### ベルヌイ分布

しばしばマスコミは政権政党の支持率を発表する。この背景には，新聞社やテレビ局が全有権者から，数千人の有権者を抽出し，支持・不支持について，電話の聞き取りを行なっている。この統計分析では，通常，全国の有権者全体が分析の対象になる。分析の対象になる集団を母集団という。母集団である全国の有権者の一人ひとりに，政権政党を「支持する」なら $X=1$ とし，「支持しない」なら $X=0$ とする変数 $X$ を想定している。この母集団は，1または0と書かれたカードが数千万枚も入った大きな袋と同等である。

全国の有権者集団から一人を抽出する。そうすると，$X=1$ が生じる確率は，集団の中で $X=1$ の占める割合でもある。この割合こそ政権政党に対する支持率である。この例のように，1または0が実現する実験をベルヌイ試行という。また，変数$X$には，取る値とともに，その値を取る確率が付与されている。したがって変数$X$を，特に確率変数という。

政権政党に対する支持率の値を$p$で表わすと，全国の有権者全員からなる母集団は，ベルヌイ分布と呼ばれる次の確率モデルで記述できる。

(6.1)　$$P\{X=1\}=p,\ P\{X=0\}=1-p \Longleftrightarrow f(x)=P(X=x) =p^x(1-p)^{1-x} \quad x=0,\ 1$$

ここで，$P\{X=1\}$は「変数$X$が1になる確率」を意味している。また，関数$f(x)$は，確率変数$X$が値$x$を取る確率を対応させる関数で，確率変数$X$の確率関数という。

### 多数回のベルヌイ試行：二項分布

支持率調査の場合，ベルヌイ試行を多数回行う。いま，$n$回のベルヌイ試行を行ったとする。つまり，調査のため，母集団から$n$人を抽出する。そして，支持すると回答する人数を変数$X$で表そう。その証明は省略するが，確率変数$X$が，ある値$x$になる確率関数$f(x)$は，次の通りである。

(6.2)　$$f(x)=P\{X=x\}=\frac{n!}{x!(n-x)!}p^x(1-p)^{n-x} \quad x=0,\ 1,\ 2,\ \cdots,\ n$$

一般的に，上式で表わされる確率変数を二項分布（Binomial distribution）に従う確率変数という。$n=20$，$p=0.3\sim0.5$の二項分布について，$f(x)$を計算すると，表6-1の通りである。

標本支持率$\hat{p}$と母集団支持率$p$の差$\hat{p}-p$を標本誤差（sampling error）という。そして，表6-1から分かることは，この標本誤差がゼロになるのは，標本数が20の場合，およそ5分の1弱である。5分の4強は，標本誤差がプラスの値なりマイナスの値なりになる。換言すると，調査によって得られる標本支持率$\hat{p}$が，母集団支持率$p$をぴたりと正確に言い当てることは，5分の1弱の低い確率なのである。一般的に言うと，標本支持率の値は，母集団支持率と乖

表6-1　母集団比率 $p$ に対して標本数20の標本比率 $\hat{p}$ の分布

| $x$ | $\hat{p}$ | $p=0.3$ | $p=0.35$ | $p=0.4$ | $p=0.45$ | $p=0.5$ |
|---|---|---|---|---|---|---|
| 0 | 0.0 | — | — | — | — | — |
| 1 | 0.05 | 0.006839 | 0.001952 | — | — | — |
| 2 | 0.10 | 0.027846 | 0.009985 | 0.003087 | — | — |
| 3 | 0.15 | 0.071604 | 0.032258 | 0.012350 | 0.004006 | 0.001087 |
| 4 | 0.20 | 0.130421 | 0.073821 | 0.034991 | 0.013930 | 0.004621 |
| 5 | 0.25 | 0.178863 | 0.127199 | 0.074647 | 0.036471 | 0.014786 |
| 6 | 0.30 | **0.191639** | 0.171230 | 0.124412 | 0.074600 | 0.036964 |
| 7 | 0.35 | 0.164262 | **0.184401** | 0.165882 | 0.122072 | 0.073929 |
| 8 | 0.40 | 0.114397 | 0.161351 | **0.179706** | 0.162300 | 0.120134 |
| 9 | 0.45 | 0.065370 | 0.115842 | 0.159738 | **0.177055** | 0.160179 |
| 10 | 0.50 | 0.030817 | 0.068614 | 0.117142 | 0.159439 | **0.176197** |
| 11 | 0.55 | 0.012007 | 0.033587 | 0.070995 | 0.118524 | 0.160179 |
| 12 | 0.60 | 0.003859 | 0.013564 | 0.035497 | 0.072731 | 0.120134 |
| 13 | 0.65 | 0.001018 | 0.004495 | 0.014563 | 0.036620 | 0.073929 |
| 14 | 0.70 | — | 0.001210 | 0.004854 | 0.014981 | 0.036964 |
| 15 | 0.75 | — | — | 0.001294 | 0.004903 | 0.014786 |
| 16 | 0.80 | — | — | — | 0.001254 | 0.004621 |
| 17 | 0.85 | — | — | — | — | 0.001087 |
| 18 | 0.90 | — | — | — | — | — |
| 19 | 0.95 | — | — | — | — | — |
| 20 | 1.0 | — | — | — | — | — |

離していると考えるべきである。言いかえると，データには標本誤差が含まれていることを斟酌して，分析結果を解釈しなければならない。

### 正規分布

新聞に中学校生徒の体格や運動能力に関する記事が掲載され，その中で，50 m 走の秒数を過去のデータと比較して，運動能力が上がったとか，あるいは下がったとか，報道されたとしよう。この報道の背景には，全国の生徒から，例えば2，3千人の生徒の実態報告を受け，その平均値を掲載したとみてよい。

上の例では，分析の対象である母集団は，全国のすべての中学校生徒である。大きな集団における人の特性値である，体重，身長，あるいは50 m 走の秒数などは，正規分布に従うと考えられる。つまり，この分析における母集団は，正規分布（Normal distribution）の確率モデルで記述できる。

**正規分布を $X \sim N(\mu,\ \sigma^2)$ で表わす**

いま，全国の中学校１年男子生徒の50 m 走の平均秒数は8.57秒，標準偏差は0.87秒であることが真実であるとしよう。そうすると，母集団である中学１年男子全体から一人を抽出して，その生徒の50 m 走秒数 $X$ は，「平均が8.57で，分散が$0.87^2$の正規分布に従う」確率変数と考えてよい。これを，$X \sim N(8.57,\ 0.87^2)$ と表わす。

図６-１に描いた正規分布 $X \sim N(\mu,\ \sigma^2)$ のグラフを眺めてみよう。このグラフは，実は，次に示す関数を描いている。

$$(6.3)\qquad f(x)=\frac{1}{\sqrt{2\pi\sigma^2}}e^{-\frac{1}{2\sigma^2}(x-\mu)^2}=\frac{1}{\sqrt{2\pi\sigma^2}}\exp\left\{-\frac{1}{2\sigma^2}(x-\mu)^2\right\}$$

この関数 $f(x)$ は，平均値が $\mu$ で，分散が $\sigma^2$ の正規分布に従う変数 $X$ の確率密度関数（density function）と呼ばれる。

**図６-１　正規分布の密度関数 $f(x)$**

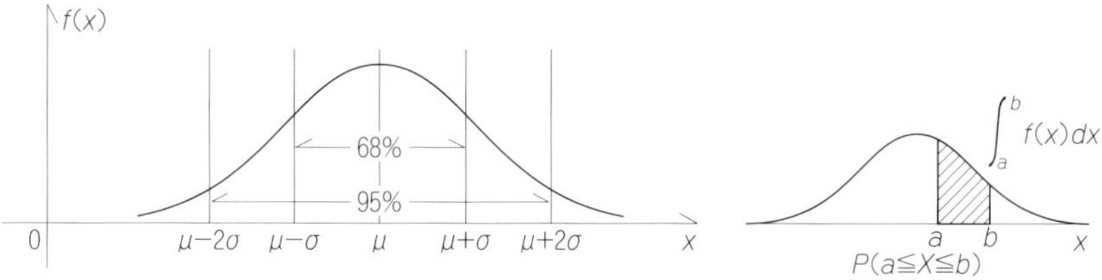


一般的に，確率密度関数が $f(x)$ の連続型確率変数 $X$ の値が，$a \leqq X \leqq b$ の範囲に生じる確率 $P\{a \leqq X \leqq b\}$ は，$P\{a \leqq X \leqq b\}=\int_a^b f(x)\,dx$ によって求められる（図６-１を参照）。

正規分布には，きわめて特別な性質がある。数学的証明は省略するが，その性質は次式で表される。

$$(6.4)\qquad X \sim N(\mu,\ \sigma^2) \Longrightarrow aX+b \sim N(a\mu+b,\ a^2\sigma^2)$$

### 標準正規分布

（6.4）式において，$a=\dfrac{1}{\sigma}$ とし，$b=-\dfrac{\mu}{\sigma}$ とすると，次式が成り立つ。

$$(6.5)\qquad X\sim N(\mu,\ \sigma^2)\ \Longrightarrow\ Z=\frac{1}{\sigma}X-\frac{\mu}{\sigma}=\frac{X-\mu}{\sigma}\sim N(0,\ 1)$$

$N(0,\ 1)$ は平均がゼロで，分散・標準偏差が1である正規分布であるが，これを標準正規分布という。どんな正規分布であっても，その変数を基準化すると，つまり平均を引いて，標準偏差で割るという変数変換を行なうと標準正規分布に従うのである。

### 正規母集団からの調査：標本平均 $\bar{X}$

正規分布で記述される母集団を特に，正規母集団といい，統計分析の実際で，しばしば用いられる。上述の中学1年男子生徒の50 m 走秒数 $X$ は，$X\sim N(8.57,\ 0.87^2)$ と表わし，「平均が8.57で，分散が$0.87^2$の正規分布に従う」確率変数と考えた。しかし，これは例示であって，一般には，平均の値や分散の値は未知である。だからこそ，調査を行い，そうして抽出した標本によって，母集団の平均値や分散，標準偏差の値を推定するのである。

いま，正規母集団から $n$ 個の標本を抽出して，それらの平均を計算する。これを，$\bar{X}$ と表し，標本平均（sample mean）という。

実は，正規母集団からの標本平均について，次の式で示す重要な事実がある。

$$(6.6)\qquad X_j\sim N(\mu,\ \sigma^2)\quad j=1,\ 2,\ \cdots,\ n\ \Longrightarrow\ \bar{X}=\frac{1}{n}\sum X_j\sim N\left(\mu,\ \frac{\sigma^2}{n}\right)$$

上述の正規母集団分布を表すグラフと，標本平均の分布を表すグラフとを比較するため，それぞれを図6-2に描いている。

### 標本平均 $\bar{X}$ の標本誤差

図6-2からも見て取れるように，標本平均 $\bar{X}$ は，母平均 $\mu$ の値に近い値に

図6－2　正規母集団と標本平均の分布

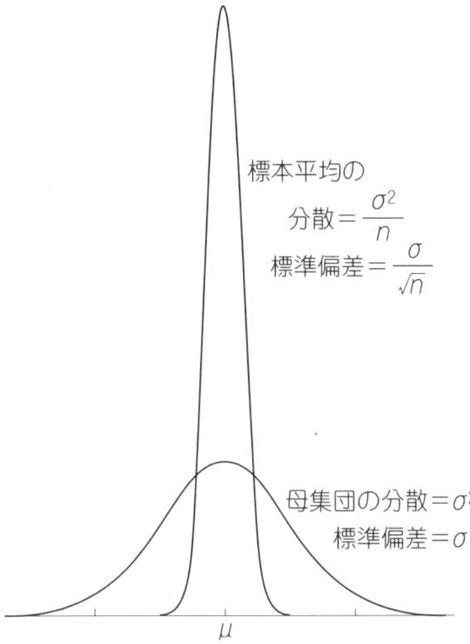


実現する可能性は高いけれども，標本誤差 $\bar{X}-\mu$ は，ゼロにはならない。ベルヌイ分布の母集団と同様に，正規母集団からの標本の場合も，標本平均 $\bar{X}$ は，母集団の平均 $\mu$ に等しくなるとは言えない。標本平均値は，母平均と常に乖離がある。別な言い方をすると，統計分析の実際においては，データに含まれる標本誤差に配慮しながら，実証結果を見るべきなのである。

## 6.2　無作為標本

先述のように，母集団の比率あるいは平均や分散を推測するため，母集団から調査標本を抽出する。そのような統計分析をするにあたって，調査標本は，母集団を公平に偏り無く抽出されなければならない。母集団を公平に偏り無く抽出された標本を，統計学では，無作為標本という。これがどのような概念かを，以下で簡単に解説しておこう。そのため，まずは事象と確率から述べる。

### 事象と確率

全国の世帯のうちから1世帯を抽出し，生じる事象$A$，$B$を，

$A$=（試合番組を見ていた）　$B$=（世帯主がサラリーマンである）

としてみよう。それぞれの事象が生起する確率$P(A)$，$P(B)$は，全世帯の中で，「試合番組を見ていた世帯の割合」と「サラリーマン世帯の割合」に等しい。

次に，$A$と$B$の積事象$A \cap B$は，$A \cap B$=（世帯主がサラリーマンで，試合番組を見ていた）である。そして，積事象$A \cap B$の確率$P(A \cap B)$は，全国の世帯の中で，サラリーマン世帯であって，かつ試合番組を見ていた世帯の割合に等しい。

### 条件付き確率

事象$B$が生起したもとで，つまり事象$B$が生起したとの条件のもとで，事象$A$が生起する確率$P(A|B)$は，

$$P(A|B)=\frac{P(A \cap B)}{P(B)} \tag{6.7}$$

と定義される。これを，事象$A$の「（事象$B$の）条件付き確率」という。サラリーマン世帯の中だけから1世帯を抽出し，その世帯が試合番組を見ていた確率である。これは，母集団全体からではなく，サラリーマン世帯の中だけで，試合番組を見ていた世帯の割合と同じである。

事象$A$の確率$P(A)$と，条件付き確率$P(A|B)$の違い，また，積事象$A \cap B$の確率$P(A \cap B)$と，条件付き確率$P(A|B)$の違いに注意すべきである。

### 統計的独立と無作為標本

今，事象$A$が生起する確率$P(A)$と，事象$B$の起こったもとで事象$A$が生起する確率，つまり条件付き確率$P(A|B)$が等しいとき，つまり，$P(A)=P(A|B)$が成り立つとき，事象$A$と事象$B$は互いに「統計的に独立」である

という。統計的に独立は，標本調査を行うとき，きわめて重要な概念である。

統計分析というのは，標本から母集団の情報を推測する過程である。したがって，標本は母集団を公平に代表するよう，抽出されなければならない。確率の概念で表現すると，すべての標本が，互いに統計的に独立でなければならない。ある1つの標本が抽出される確率が，他の標本に依存するなら，偏りなく標本抽出されたとは言えない。

任意の $j$ 番目の標本 $X_j$ と $k$ 番目の標本 $X_k\,(j \neq k)$ について，$P(X_j \cap X_k) = P(X_j) \cdot P(X_k)$ が成り立つとき，$P(X_j | X_k) = P(X_j)$ が成り立つので，2つの標本は統計的に独立である。互いに統計的に独立な標本を「無作為標本」という。

したがって，一般的に，$n$ 個の標本抽出するとき，

$$P(X_1 \cap X_2 \cap X_3 \cap \cdots \cap X_n) = P(X_1) \cdot P(X_2) \cdot P(X_3) \cdots P(X_n) \tag{6.8}$$

が成り立つようにしなければならない。そうすると，母集団から万遍なく，公平に標本が抽出されたことになる。

## 6.3　統計的推測の方法――推定と検定

先にも述べたように，母集団の中である一定の性質をもつ要素の占める比率や，母集団全体の中心的な値である平均値やバラツキあるいは格差の程度を表す分散・標準偏差の値を推測するのが統計分析である。基本的な統計学の考え方の中で，推測の仕方には，点推定，区間推定，仮説検定の3つがある。ここでは，ある工場の品質管理の問題を取りあげて，この3つの推測の考え方を解説しておこう。

### 製品の重量分布と抜き取り検査

ある工場における生産工程で，日々，抜き取り検査によって製品の品質管理が行なわれており，1つに製品重量が問題であるとしよう。個々の製品には満たすべき重量があるが，一般には，製品全体の平均値に問題を集約して，平均重量 $\mu$ に，とるべき目標値を設定する。大量生産体制の実際現場で，これが

満たされているか否かは，先験的には不確かである。したがって，抜き取り検査によって得られた $n$ 個のデータから，平均重量 $\mu$ を推測（推定）する。

もちろん，この統計分析における母集団は，この工場における製品全体であって，製品重量は正規分布 $N(\mu,\ \sigma^2)$ に従うとしてよい。

### 製品の平均重量の点推定

母集団から取り出された $n$ 個のデータ $\{x_1,\ x_2,\ x_3,\ \cdots,\ x_j,\ \cdots,\ x_n\}$ は，この統計分析における標本である。ここで，$j$ 番目のデータ $x_j$ は，母集団確率変数 $X_j \sim N(\mu,\ \sigma^2)\ j=1,\ 2,\ 3,\ \cdots,\ n$ の実現値なのである。

$n$ 個のデータが互いに統計的独立であり，したがって $n$ 個の調査データは無作為標本であるとする。そうして，確率変数 $X_j$ の確率（密度）関数を $f(x_j)$ とすると，$n$ 個の調査データ全体が得られる確率は，次の通りである。

(6.9)
$$L(\mu,\ \sigma^2)=L(\mu,\ \sigma^2 \mid x_1,\ x_2,\ x_3,\ \cdots,\ x_n)$$
$$=f(x_1)\times f(x_2)\times f(x_3)\times\cdots\times f(x_n)$$

いま，現実に生じた事態は，確率低いから起こったと考えるより，確率高いからこそ現実に生じたと考える方が合理的である。この考えを推し進めると，$L(\mu,\ \sigma^2)$ を最大にする $\mu,\ \sigma^2$ の値が，それぞれ母集団の平均重量と，重量分布の分散であると推定することになる。これが「最尤推定法」と呼ばれる点推定の方法である。$L(\mu,\ \sigma^2)$ を最大にする $\mu,\ \sigma^2$ の値を求める数学問題の解は，その証明は省くが，

(6.10)
$$\mu=\bar{x}=\frac{1}{n}\sum x_j \qquad \sigma^2=\frac{1}{n}\sum(x_j-\bar{x})^2$$

である。

ところが，分散の推定値は，$s^2=\dfrac{1}{n-1}\sum(x_j-\bar{x})^2$ とする方が，統計学的に良い性質をもつことが証明できる。そこで，分散の推定値は不偏分散と呼ばれる $s^2$ を採用する。

上述の推定値 $\bar{x}$，$s^2$ は，２つの推定量 $\bar{X}$，$S^2$，つまり

(6.11)　$$\bar{X}=\frac{1}{n}\sum X_j \qquad S^2=\frac{1}{n-1}\sum(X_j-\bar{X})^2$$

の実現値である。区間推定や仮説検定の統計的推論のためには，これら推定量の性質を見ておく必要がある。

### 標本平均 $\bar{X}$ の分布

$n$ 個の標本から導く標本平均 $\bar{X}=\frac{1}{n}\sum X_j$ は１つの確率変数であり，その分布は，(6.6) 式に示したように，

(6.12)　$$\bar{X}=\frac{1}{n}\sum X_j \sim N\left(\mu,\ \frac{\sigma^2}{n}\right)$$

になる。そうして，$n$ 個のデータから計算する標本平均値 $\bar{x}$ は，確率変数である標本平均 $\bar{X}$ の実現値なのである。

### 母（集団）平均の区間推定

点推定は，母平均 $\mu$ を１つの値で言い当てる，つまり情報の特定化という側面では優れている。しかし，その情報にどれ程信頼がおけるかという点は不明である。その点，区間推定の方法が信頼性の程度を含めて情報を発信する側面では優れる。区間推定における信頼区間は，上述した標本平均の性質より導く。正規分布の一般的な性質を利用すると，(6.12) 式より，次の事実が成り立つ。

(6.13)　$$\frac{\bar{X}-\mu}{\sqrt{\frac{\sigma^2}{n}}} \sim N(0,\ 1)$$

標準正規分布の確率表から，$P(Z_{0.025} \leqq Z)=0.025=2.5\,\%$ を満たす，標準正

規分布の上側2.5%点 $Z_{0.025}=1.96$ を用いると，次の確率命題が成り立つ。

(6.14)　$$P\left(-Z_{0.025}\leqq\frac{\bar{X}-\mu}{\sqrt{\frac{\sigma^2}{n}}}=\frac{\bar{X}-\mu}{\frac{\sigma}{\sqrt{n}}}\leqq Z_{0.025}\right)=0.95=95\,\%$$

図6-3　標準正規の2.5%点と95%区間

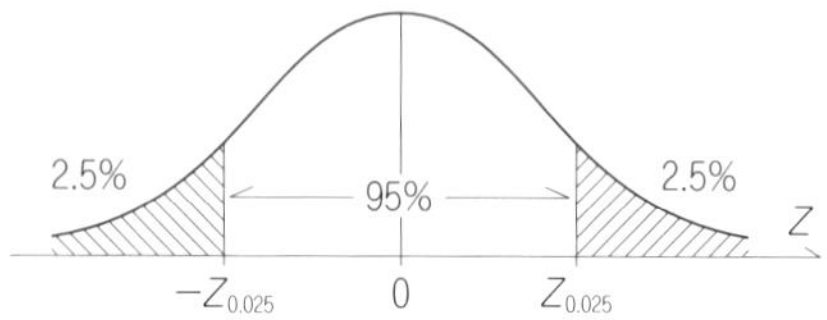


上に示した確率命題に含まれる不等式を $\mu$ について解くと，次の命題が成り立つ。

(6.15)　$$P\left(\bar{X}-Z_{0.025}\times\frac{\sigma}{\sqrt{n}}\leqq\mu\leqq\bar{X}+Z_{0.025}\times\frac{\sigma}{\sqrt{n}}\right)=95\,\%$$

この確率命題の $\bar{X}$ に，データから得られる推定値 $\bar{x}$ を代入して，信頼係数・信頼度95%の推定区間は，

(6.16)　$$\mu=\left(\bar{x}-Z_{0.025}\times\frac{\sigma}{\sqrt{n}},\ \bar{x}+Z_{0.025}\times\frac{\sigma}{\sqrt{n}}\right)$$

とするのである。以上に述べた区間推定の方法は，母分散 $\sigma^2$ が分かっている場合に活用できる。母分散 $\sigma^2$ が未知であって，したがって，それをデータから推定する場合は，活用し得ない。これについては後述する。

### $\chi^2$ 分布と不偏分散 $S^2$ の標本分布

母集団の分散 $\sigma^2$ を推定する際，最尤推定ではなく，不偏分散 $S^2$ を用いるのがよいと述べた。それは，母分散の値 $\sigma^2$ を過大にも過小にも推定することなく，平均的に，母分散の値 $\sigma^2$ を推定することになるからである。このことを

理解するためには，不偏分散 $S^2$ の統計的性質を知っておかなければならない。

不偏分散 $S^2$ の統計的性質を理解するため，まず，$\chi^2$ 分布（カイ２乗分布 chi-square distribution）をみておく。

いま，互いに統計的に独立な標準正規分布する確率変数を $n$ 個取りあげ，それらを $Z_j$ で表わすと，

$$Z_j \sim N(0,\ 1) \qquad j=1,\ 2,\ 3,\ \cdots,\ n$$

である。$n$ 個の確率変数 $Z_j$ の２乗和 $(\sum Z_j^2)$ を $W$ とすると，確率変数 $W$ が従う確率分布を $\chi^2$ 分布という。$\chi^2$ 分布は「自由度」というパラメタを１つもつ。ここに述べた $\chi^2$ 分布の定義を，次式で表現できる。

$$(6.17) \qquad Z_j \sim N(0,\ 1) \qquad j=1,\ 2,\ 3,\ \cdots,\ n \implies W=\sum Z_j^2 \sim \chi^2(n)$$

$\chi^2$ 分布の確率密度関数のグラフを図６-４に描いている。ところで，自由度 $n$ の $\chi^2$ 分布に従う確率変数 $W$ の期待値・平均 $E(W)$ と，分散 $V(W)$ はそれぞれ，

$$E(W)=n \qquad V(W)=2n$$

である。この事実の証明は，ここでは省略する。

**図６-４　$\chi^2$ 分布**

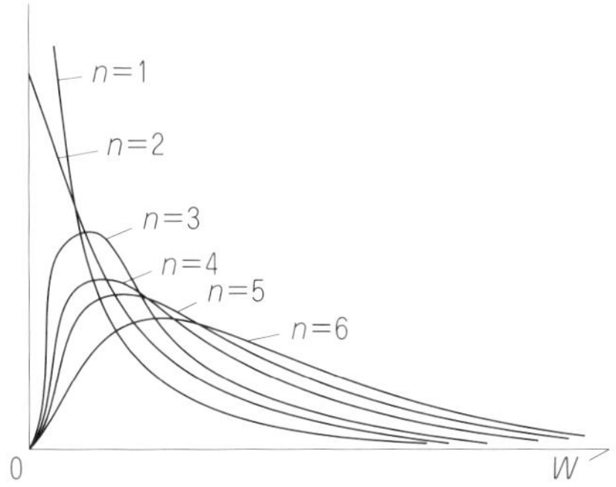


以上に定義した $\chi^2$ 分布を用いると，不偏分散 $S^2$ と母分散 $\sigma^2$ との比について，次の事実が成り立つ。

(6.18)
$$\frac{(n-1)S^2}{\sigma^2}=\frac{\sum(X_j-\bar{X})^2}{\sigma^2} \sim \chi^2(n-1)$$

**母分散の区間推定**

上述の (6.18) に示した不偏分散 $S^2$ に関する事実と，自由度 $(n-1)$ の $\chi^2$ 分布に従う確率変数 $W$ が，

$$P(\chi^2_{0.975}\leqq W)=0.975,\ P(\chi^2_{0.025}\leqq W)=0.025$$

を満たす $\chi^2_{0.975}$ と $\chi^2_{0.025}$ を，$\chi^2$ 分布の確率表から引用すると，次の式は確率的に正しい命題になる。

$$P\left\{\chi^2_{0.975}\leqq\frac{(n-1)S^2}{\sigma^2}=W\leqq\chi^2_{0.025}\right\}=0.95$$

**図6－5　$\chi^2$ 分布の95%区間**

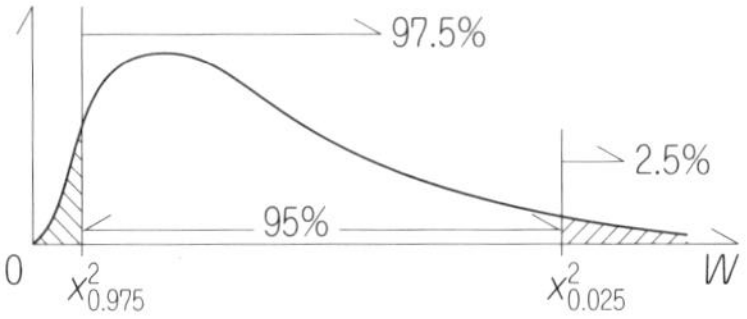


上に示した命題と同等であるが，不等式を $\sigma^2$ について解くと，次の事実が明らかになる。

(6.19)
$$P\left\{\frac{(n-1)S^2}{\chi^2_{0.025}}\leqq\sigma^2\leqq\frac{(n-1)S^2}{\chi^2_{0.975}}\right\}=0.95$$

$\sigma^2$ に関する不等式の上限と下限に，不偏分散 $S^2$ の実現値 $s^2$ を代入すると，次に示すように，母分散 $\sigma^2$ の信頼度95%の信頼区間が得られる。

$$信頼区間：\left(\frac{(n-1)s^2}{\chi^2_{0.025}},\ \frac{(n-1)s^2}{\chi^2_{0.975}}\right)$$

### 標本平均の統計的性質と *t* 分布

ところで，先に示した母平均 $\mu$ の信頼係数95％の信頼区間（6.16）は，母集団の標準偏差 $\sigma$ を含んでおり，先にも述べたように，母分散 $\sigma^2$ が未知である一般的な場合には利用できない。母集団の分散 $\sigma^2$ が未知である現実的なケースでは，先述の標本平均に関する性質（6.13）の分母にある母分散 $\sigma^2$ に代えて，不偏分散 $S^2$ を代入したものを活用する。つまり，次に示す性質を利用する。

$$(6.20)\qquad \frac{\bar{X}-\mu}{\sqrt{\dfrac{S^2}{n}}}=\frac{\bar{X}-\mu}{\dfrac{S}{\sqrt{n}}} \sim t(n-1)$$

上式の意味するところは，先に掲げた標本平均に関する性質（6.13）の中で，母分散 $\sigma^2$ を推定量である不偏分散 $S^2$ に置き換えると，標準正規分布ではなく，自由度 $(n-1)$ の $t$ 分布に従うことになるのである。

図6-6　*t* 分布と標準正規

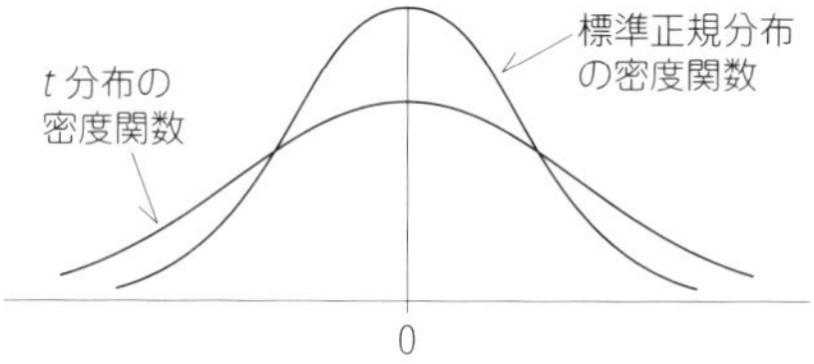


実は，$t$ 分布の定義は，次の通りである。確率変数 $Z$ が標準正規分布する変数で，確率変数 $W$ が自由度 $n$ の $\chi^2$ 分布する変数であって，これら2つの変数が統計的に独立ならば，

$$T=\frac{Z}{\sqrt{\dfrac{W}{n}}} \sim t(n)$$

である。

上述の $t$ 分布の定義に従えば，$\dfrac{\bar{X}-\mu}{\sqrt{\dfrac{\sigma^2}{n}}}\sim N(0,\ 1)$ と $\dfrac{(n-1)S^2}{\sigma^2}\sim\chi^2(n-1)$

とから，先に述べた（6.20）式を導くことができる。

### 一般的なケースの区間推定

母集団の分散 $\sigma^2$ が未知である現実的なケースでは，母平均 $\mu$ の区間推定を次のようにする。

自由度 $(n-1)$ の $t$ 分布の確率表から，$P(t_{0.025} \leqq T)=0.025=2.5\,\%$ を満たす，$t$ 分布の上側2.5%点 $t_{0.025}$ を用いると，次の確率命題が成り立つ。

$$(6.21)\qquad P\left(-t_{0.025} \leqq T=\frac{\bar{X}-\mu}{\frac{S}{\sqrt{n}}} \leqq t_{0.025}\right)=0.95=95\,\%$$

図6-7　$t$ 分布と信頼区間

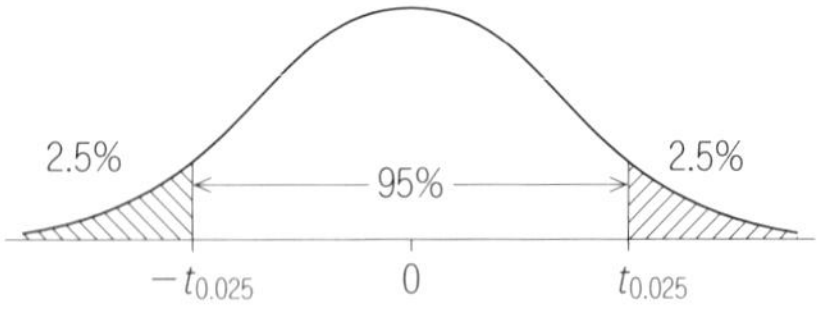


上に示した確率命題に含まれる不等式を $\mu$ について解くと，次の命題が成り立つ。

$$(6.22)\qquad P\left(\bar{X}-t_{0.025}\times\frac{S}{\sqrt{n}} \leqq \mu \leqq \bar{X}+t_{0.025}\times\frac{S}{\sqrt{n}}\right)=95\,\%$$

この確率命題の $\bar{X}$ にデータから計算される推定値 $\bar{x}$ を代入し，不偏分散から導く標準偏差 $S$ に，データから得られる推定値 $s$ を代入して，母平均 $\mu$ の信頼係数95%の推定区間を，

$$(6.23)\qquad \mu=\left(\bar{x}-t_{0.025}\times\frac{s}{\sqrt{n}},\ \bar{x}+t_{0.025}\times\frac{s}{\sqrt{n}}\right)$$

とする。

### 仮説検定

いま，製品を製造している機械の調子がよくなく，平均重量の目標値$\mu=20$よりどうも製品の重量が重くなりがちであるとしよう。このようなとき，仮説検定を次のように行なう。まず，どちらかと言えば否定したい内容を，帰無仮説として$H_0$：$\mu=20$とおく。これに対して，どちらかと言えば主張したい内容を，対立仮説$H_1$：$\mu>20=\mu_0$として設定する。

帰無仮説が正しいとすると，$\mu_0=20$であるから，

$$(6.24)\qquad P\left(t_{0.05}\leqq\frac{\bar{X}-\mu_0}{\dfrac{S}{\sqrt{n}}}=T\right)=0.05=5\,\%$$

が成り立つ。そうして，

$$(6.25)\qquad t_{0.05}\leqq\frac{\bar{X}-\mu_0}{\dfrac{S}{\sqrt{n}}}\qquad\text{または，}\qquad \mu_0+t_{0.05}\times\frac{S}{\sqrt{n}}\leqq\bar{X}$$

を有意水準5％の棄却域とする。

標本から計算される$\bar{X}$，$S$の実現値$\bar{x}$，$s$が棄却域に入るとき，帰無仮説を棄却する。5％以下の確率低いことが現実に起こったのである。そこでこれを認めるのではなく，そのような確率低い結果を導く帰無仮説は疑がわしく，否定すべきと判断するのである。そうして，対立仮説が正しいと判断する。$\bar{X}$，$S$の実現値$\bar{x}$，$s$が棄却域に入らないときは，充分に起こり得ることが生じているのだから，帰無仮説を受容せざるをえない。

### 判断に伴う2つの過誤と検出力仮説

検定を行なうとき，有意水準を通常5％または1％とする。有意水準は「帰無仮説が正しいときに帰無仮説を棄却する最大の確率」である。換言すると，「帰無仮説が正しいにもかかわらず，帰無仮説を棄却する確率」でもある。このように考えると，これは1つの過誤（過ち）をおかす確率である。この過誤

を第１種の過誤という。

ところで，仮説検定にかかわらず，一般に判断を下そうとするとき，２種類の過誤が伴う。検定方式の場合，それらを表６-２「真実と判断の分類」にまとめることができる。

**表６-２　真実と判断の分類**

| | 判断 | $H_0$ を受容 | $H_0$ を棄却 |
|---|---|---|---|
| 真 | $H_0$ が真 | ○ | 第１種の過誤 |
| 実 | $H_1$ が真 | 第２種の過誤 | ○（検出力） |

表の中に出てくる用語は，それぞれ，

第１種の過誤の大きさ＝有意水準

＝$P$(帰無仮説を棄却|帰無仮説が正しい)

第２種の過誤の大きさ＝$P$(帰無仮説を受容|対立仮説が正しい)

検出力＝$P$(帰無仮説を棄却|対立仮説が正しい)

＝1－第２種の過誤の大きさ

である。

検定を行なうとき，第１種の過誤の大きさを一定にして，第２種の過誤の大きさができるだけ小さい棄却域を，言いかえると，検出力が最大の棄却域を採用する。

実は，上述の帰無仮説 $H_0：\mu=20=\mu_0$ に対して，対立仮説 $H_1：\mu=\mu_1>20=\mu_0$ の場合，先に示したように棄却域を右側に採ると，第２種の過誤が最小になり，したがって検出力が最大になることが，図６-８によって，確かめられる。

図６-８において，最上段のグラフは，帰無仮説 $H_0：\mu=20=\mu_0$ が真であるときの検定統計量 $T$ が従う $t$ 分布である。これより下に描いた３つのグラフは，対立仮説 $H_1：\mu=\mu_1>20=\mu_0$ が真であるときの検定統計量 $T$ が従う $t$ 分布である。これらのグラフが最上段のグラフより右側に位置しているのは，対立仮説における $\mu$ の値が帰無仮説における $\mu_0$ の値より大きいからである。

さて，有意水準が５％である３つの棄却域 $R_1$，$R_2$，$R_3$ に対応する検出力が，３つのグラフの斜線部 $\theta_1$，$\theta_2$，$\theta_3$ によって描かれている。これより読みとれ

図6-8　**t**分布と検出力

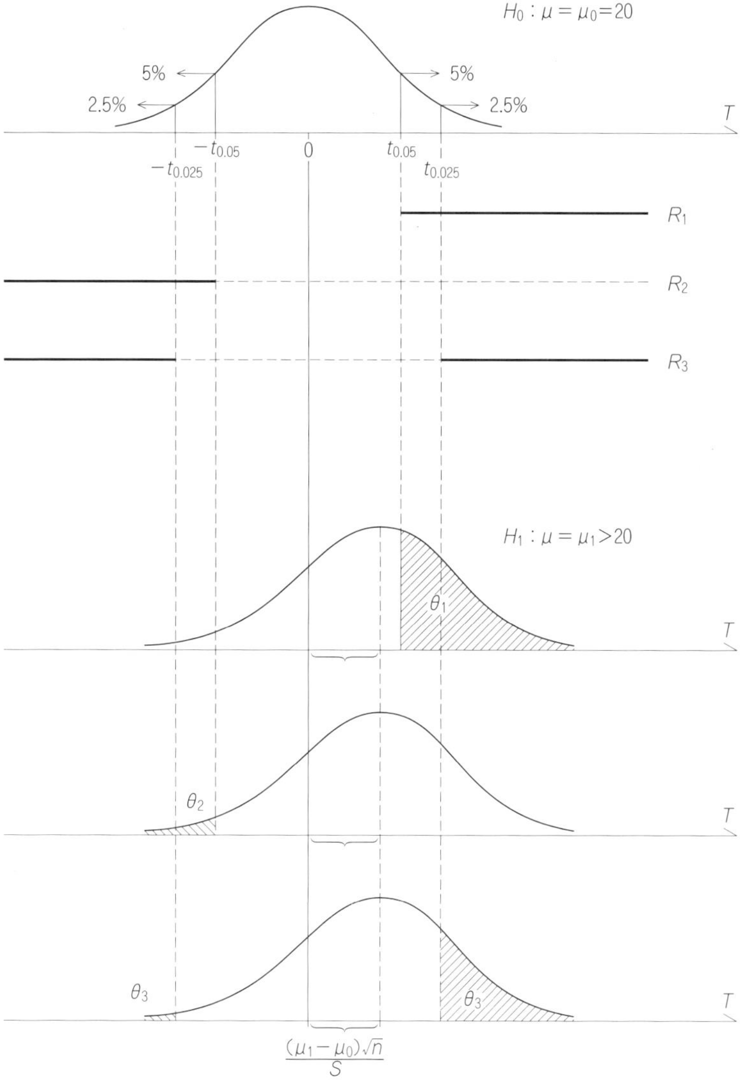
H0：μ＝μ0=20
5%
5%
2.5%
2.5%
T
−t0.05
0
t0.05
−t0.025
t0.025
R1
R2
R3
H1：μ＝μ1>20
θ1
T
θ2
T
θ3
θ3
T
(μ1−μ0)√n / S

ることは，棄却域 $R_1$ の検出力を表わす斜線部 $\theta_1$ が1番大きい。したがって，棄却域 $R_1$ を棄却域として採用すべきであることが分かる。

**検定方式のまとめ**

一般的に，仮説検定の方式をまとめると，次の通りである。

① 帰無仮説 $H_0$：$\mu=\mu_0$ に対して，対立仮説 $H_1$：$\mu>\mu_0$ の場合，棄却域を次式の通りとすると，検出力が最大になる。（右側検定）

$$t_{0.05} \leqq \frac{\bar{X}-\mu_0}{\frac{S}{\sqrt{n}}} \text{ または，} \quad \mu_0+t_{0.05}\times\frac{S}{\sqrt{n}} \leqq \bar{X} \tag{6.26}$$

② 帰無仮説 $H_0$：$\mu=\mu_0$ に対して，対立仮説 $H_1$：$\mu<\mu_0$ の場合，棄却域を次式の通りとすると，検出力が最大になる。（左側検定）

$$\frac{\bar{X}-\mu_0}{\frac{S}{\sqrt{n}}} \leqq -t_{0.05} \text{ または，} \quad \bar{X} \leqq \mu_0-t_{0.05}\times\frac{S}{\sqrt{n}} \tag{6.27}$$

③ 帰無仮説 $H_0$：$\mu=\mu_0$ に対して，対立仮説 $H_1$：$\mu\neq\mu_0$ の場合，棄却域を次式の通りとすると，検出力が最大になる。（両側検定）

$$\frac{\bar{X}-\mu_0}{\frac{S}{\sqrt{n}}} \leqq -t_{0.025},\ t_{0.025} \leqq \frac{\bar{X}-\mu_0}{\frac{S}{\sqrt{n}}} \text{ または，} \tag{6.28}$$

$$\bar{X} \leqq \mu_0-t_{0.025}\times\frac{S}{\sqrt{n}},\ \mu_0+t_{0.025}\times\frac{S}{\sqrt{n}} \leqq \bar{X}$$

## 6.4　母比率に関する統計的推測

この章のはじめに，政党支持率に関する話題を取りあげた。全有権者を母集団にして，ある政党の支持率を問題にするとき，母集団はベルヌイ分布で記述するとした。この節で，母集団における支持率，つまり母比率の統計的推測の方法を説明しておこう。

### 母比率と標本比率

まず，$n$ 個の標本 $\{x_1,\ x_2,\ \cdots,\ x_n\}$ によって，母比率の値 $p$ を点推定する手順を考える。

母集団がベルヌイ分布で表現される確率モデルは，

$$f(x)=p^x(1-p)^{1-x}\ ;\ x=0,\ 1 \text{のとき}$$
$$f(x)=0\ ;\ x\neq 0,\ 1 \text{のとき}$$

と表わすことができた。したがって，$n$ 個の標本が得られる確率尤度は，

$$\begin{aligned} L(p)&=L(p\mid x_1,\ x_2,\ \cdots,\ x_n)=f(x_1)f(x_2)\cdots f(x_n)\\ &=p^{x_1+x_2+\cdots+x_n}(1-p)^{n-(x_1+x_2+\cdots+x_n)}\\ &=p^{\Sigma x_j}(1-p)^{n-\Sigma x_j}\end{aligned}$$

である。この確率尤度を最大にする $p$ の値は，$\hat{p}=\dfrac{\sum x_j}{n}$ である。

母比率 $p$ の区間推定や仮説検定のためには，標本比率 $\hat{p}$ の標本分布を調べておく必要がある。そこで，$x=\sum x_j$ とすると，$x$ は，二項分布に従う確率変数 $X$ の実現値であることが分かる。そうして，

$$P(X=x)=P\left(\hat{p}=\frac{\sum X_j}{n}\right)=\frac{n!}{x!(n-x)!}p^x(1-p)^{n-x} \tag{6.29}$$

である。この確率関数のグラフについては，図6-9に描いている。

### 標本比率 $\hat{p}$ の標本数 $n$ による変化：大数の法則

標本数 $n$ が大きくなるに従って，標本比率 $\hat{p}$ の分布が，どのように変化するかを見てみよう。表6-2には，標本比率 $\hat{p}$ と母集団比率 $p$ の値との差が，例えば0.05以内である確率，つまり，

$$P(p-0.05\leqq\hat{p}\leqq p+0.05)=P(|\hat{p}-p|\leqq 0.05)$$

図 6 - 9　標本比率 $\hat{p}$ の標本数 $n$ による変化

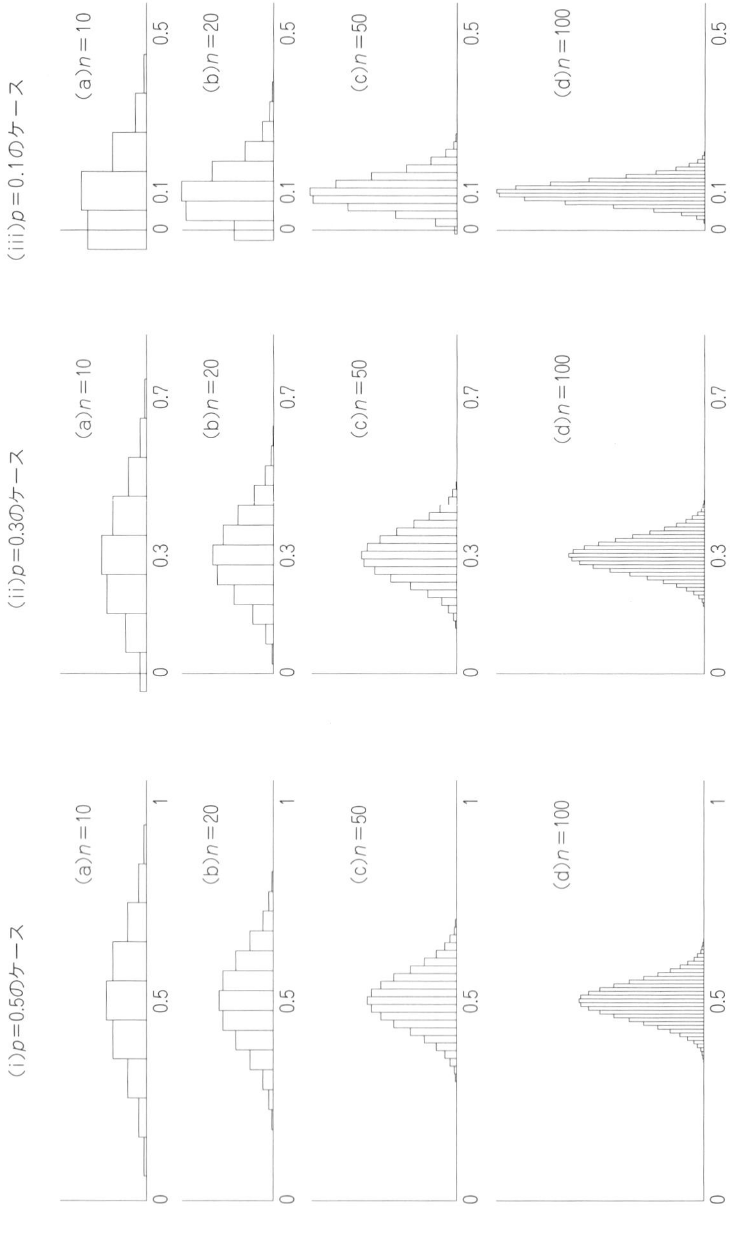

**表6-3　$P(|\hat{p}-p|\leqq 0.05)$ の標本数 $n$ による変化**

| $n$ | $p=0.5$ $P(0.45\leqq\hat{p}\leqq 0.55)$ | $p=0.3$ $P(0.25\leqq\hat{p}\leqq 0.35)$ | $p=0.1$ $P(0.05\leqq\hat{p}\leqq 0.15)$ |
|---|---|---|---|
| 10 | 0.2461 | 0.2668 | 0.3874 |
| 50 | 0.5201 | 0.5593 | 0.7661 |
| 100 | 0.7288 | 0.7704 | 0.9367 |
| 200 | 0.8426 | 0.8948 | 0.9866 |
| 300 | 0.9168 | 0.9488 | 0.9972 |
| 500 | 0.9746 | 0.9872 | 0.9998 |

を計算している。

表から分かるのは，母集団比率 $p$ がどの値のときも，標本数 $n$ を大きくすると，標本比率 $\hat{p}$ が母集団比率 $p$ に近い値，つまり $(p-0.05)$ と $(p+0.05)$ の間の値になる確率が大きくなり，1に近づく。

標本数 $n$ が大きい点推定値（標本比率）が，母集団比率の値 $p$ に近い値に実現する確率は高い。しかも，標本数が大きくなれば，その確率はきわめて1に近いということである。標本数が十分大きいと，点推定値が真の比率 $p$ とかけ離れた値になることは，ほとんどないと言える。

上述の内容は，一般化していうと，次の通りである。母集団確率変数 $X$ が期待値 $\mu$ の分布に従うとき，標本平均 $\bar{X}$ について，任意の正数 $\varepsilon$ に対して，$P(\mu-\varepsilon\leqq\bar{X}\leqq\mu+\varepsilon)=P(|\bar{X}-\mu|\leqq\varepsilon)$ は，標本数 $n$ が大きくなれば，いくらでも1に近づく。これを「標本平均 $\bar{X}$ は $\mu$ に確率収束する」といい，$plim\,\bar{X}=\mu$ と書く。（*plim* は probability limit＝確率収束の意味）そして，この事実を，**大数の法則**という。

### 中心極限定理

図6-9に描がいた推定量 $\hat{p}$ の密度関数の形は，標本数 $n$ が大きくなるに従って，なめらかな曲線に近づいていく。実は，正規分布の密度関数に近づく。この事実は，数学的にも証明できる。

図6-10は，正常なサイコロを何回か振ってみて，出目の平均（標本平均）の密度関数を描いている。サイコロを振る回数によって，それがどう変化する

図6‐10　正常なサイコロ

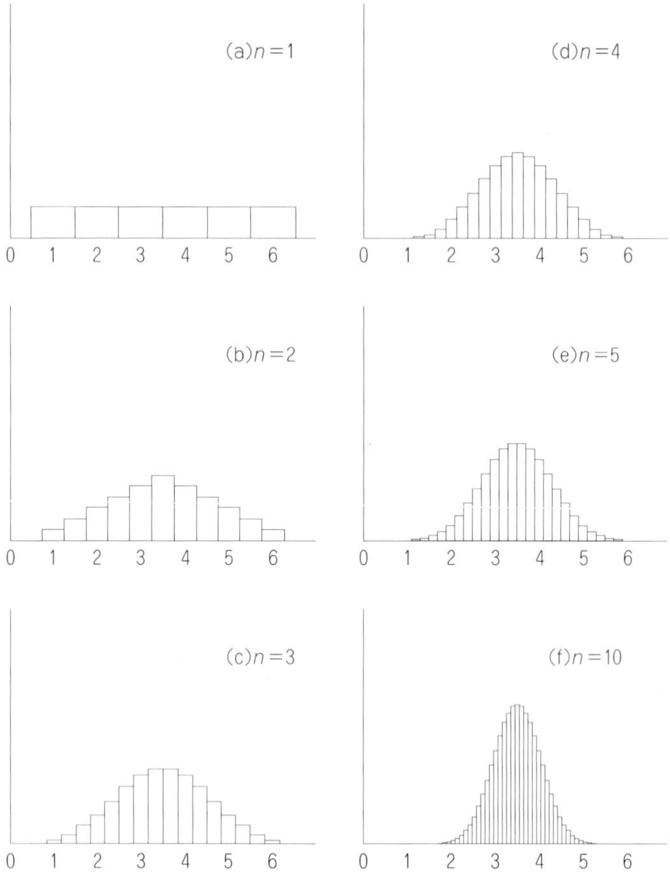


かを見てみよう。

また，図6‐11および図6‐12は，それぞれ異なる歪みがあるサイコロの場合を描いている。それぞれの歪みの様子は，図の $n=1$ のケースに描かれている。

いずれの場合も，標本数 $n$ の値が大きくなるに従って，標本平均の密度関数のグラフは，なめらかな曲線に近づく。つまり，標本平均の確率分布は，正規分布に近づいていく様子が分かる。

図6-11　歪みのあるサイコロ(1)

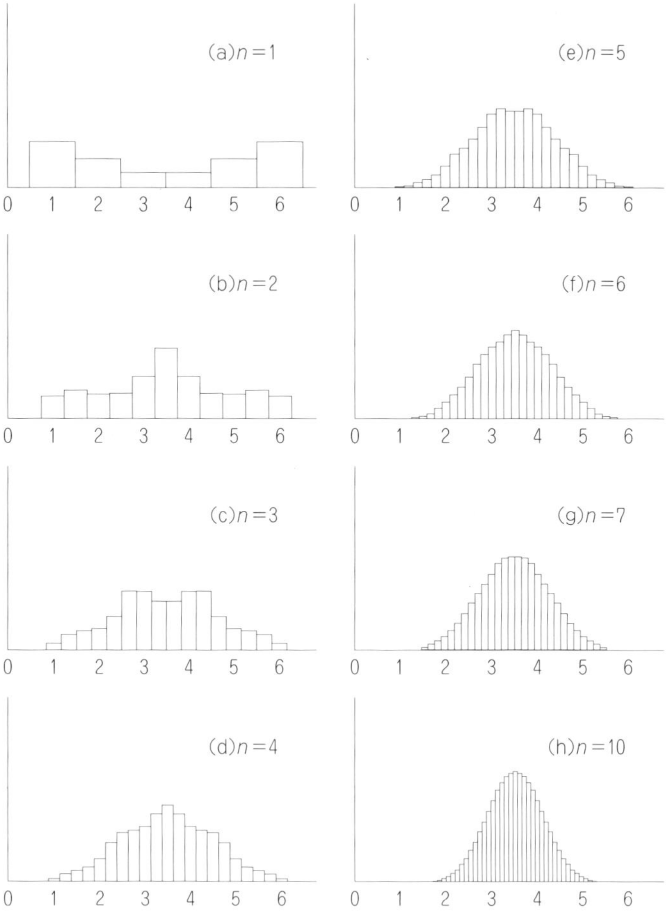


上述した支持率やサイコロ投げの場合だけでなく，実は，どのような母集団であっても，一般的に当てはまる傾向なのである。つまり，どのような母集団であれ，「標本数 $n$ を大きくすると，標本平均 $\bar{X}$ は，母平均 $\mu$ を平均値とし，母分散を標本数 $n$ で割った値を分散とする正規分布に近づく」という事実がある。これを**中心極限定理**という。

中心極限定理を別の表現をすると，次のように言える。平均 $\mu$，分散が $\sigma^2$

図6－12　歪みのあるサイコロ(2)

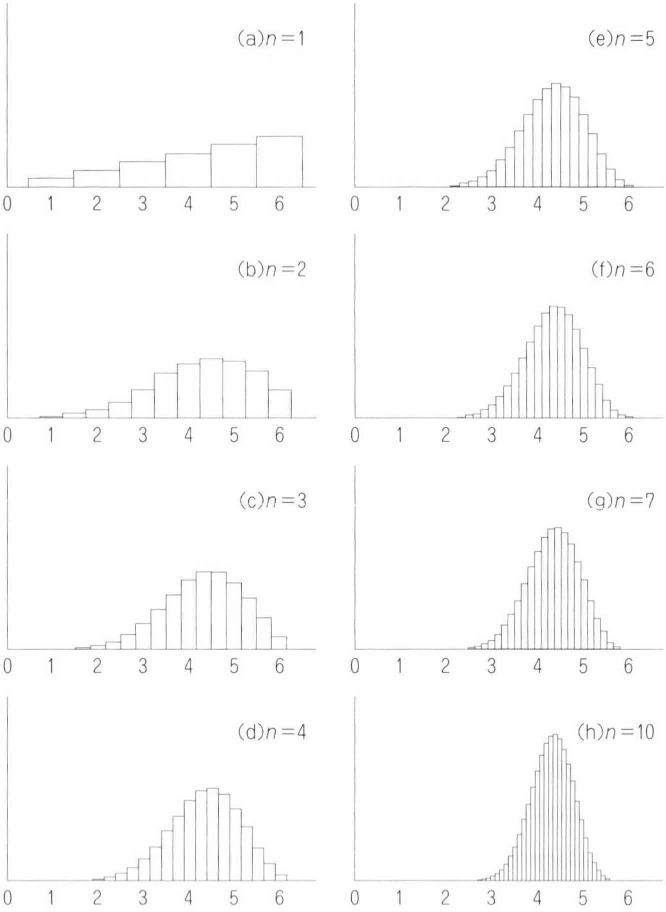


の母集団からの $n$ 個の標本について，「標本数 $n$ を大きくすると，標本平均 $\bar{X}$ は正規分布 $N\left(\mu,\ \frac{\sigma^2}{n}\right)$ に分布収束する」。言いかえると，母集団の分布が正規分布でなくても，標本数 $n$ が大きいとき，標本平均 $\bar{X}$ は，$\bar{X} \sim N\left(\mu,\ \frac{\sigma^2}{n}\right)$ と近似してよい。

### 母比率の区間推定

標本比率 $\hat{p}$ の確率（密度）関数は，厳密には，二項分布の確率（密度）関数と同様である。しかし，上述の中心極限定理によって，標本数 $n$ が大きいとき，標本比率 $\hat{p}$ は，次の正規分布に近似してよい。

$$\hat{p} \sim N\left(p,\ \frac{p(1-p)}{n}\right) \Longrightarrow Z = \frac{\hat{p}-p}{\sqrt{\dfrac{p(1-p)}{n}}} \sim N(0,\ 1) \tag{6.30}$$

したがって，$P\left(-Z_{0.025} \leqq \dfrac{\hat{p}-p}{\sqrt{\dfrac{p(1-p)}{n}}} \leqq Z_{0.025}\right) = 0.95 = 95\,\%$ を導き，さらに，標準偏差を推定値で代用して，通常は，

$$\hat{p} - Z_{0.025} \cdot \sqrt{\frac{\hat{p}(1-\hat{p})}{n}} \leqq p \leqq \hat{p} + Z_{0.025} \cdot \sqrt{\frac{\hat{p}(1-\hat{p})}{n}}$$

を，信頼係数95%の信頼区間にしてよい。

### 母比率の仮説検定

母集団比率 $p$ に関する仮説検定についても，標本比率 $\hat{p}$ は，標本数 $n$ が大きいときには，正規分布に従うとしてよい。そして検定の際，第1種の過誤を犯す確率＝有意水準を一定（通常，5％）にして，第2種の過誤を犯す確率が最小になるように，言いかえると，帰無仮説が真実でない（対立仮説が真実）とき帰無仮説を棄却する確率＝「検出力」が最大になるように，棄却域を設定する。検定方式をまとめると，次の通りである。

(1) 帰無仮説 $H_0 : p = p_0$ に対して，対立仮説 $H_1 : p > p_0$ のとき，

$$Z_{0.05} \leqq \frac{\hat{p}-p_0}{\sqrt{\dfrac{p_0(1-p_0)}{n}}} \quad \text{または，} \quad p_0 + Z_{0.05}\sqrt{\frac{p_0(1-p_0)}{n}} \leqq \hat{p}$$

（右側検定）

(2) 帰無仮説 $H_0$：$p=p_0$ に対して，対立仮説 $H_2$：$p<p_0$ のとき，

$$\frac{\hat{p}-p_0}{\sqrt{\frac{p_0(1-p_0)}{n}}} \leqq -Z_{0.05} \text{ または，} \hat{p} \leqq p_0 - Z_{0.05}\sqrt{\frac{p_0(1-p_0)}{n}}$$

（左側検定）

(3) 帰無仮説 $H_0$：$p=p_0$ に対して，対立仮説 $H_3$：$p\neq p_0$ のとき，

$$\frac{\hat{p}-p_0}{\sqrt{\frac{p_0(1-p_0)}{n}}} \leqq -Z_{0.025},\ Z_{0.025} \leqq \frac{\hat{p}-p_0}{\sqrt{\frac{p_0(1-p_0)}{n}}} \text{ または，}$$

$$\hat{p} \leqq p_0 - Z_{0.025}\sqrt{\frac{p_0(1-p_0)}{n}},\ p_0 + Z_{0.025}\sqrt{\frac{p_0(1-p_0)}{n}} \leqq \hat{p}$$

（両側検定）

と，棄却域を設定すると，第２種の過誤が最小で，そして検出力が最大の，有意水準５％の棄却域になる。

# 第7章　回帰方程式の計測——計量経済学への誘い

## 記述をデータで確かめる

計量経済学に親しむためには，様々な経済的な記事，あるいは経済学的な文献を読み進める際，文章記述の一つ一つをデータで確かめる姿勢が重要である。例えば,「最近，個人所得の格差は拡がりつつある」「バブル期には，地価や株価が異常な高騰を見せた」「近年，景気は回復基調である」「輸入原材料価格の高騰によって国内物価は上昇傾向である」といった表現を目にする。これらの表現に遭遇したとき,「ああ，そうなんだ」で済ませないで，表現されている内容を，実際の社会・経済データで確かめる姿勢が必要である。現実の経済社会の実態をデータで認識し，因果関係や経済社会の根底にある構造的な法則・ルールを実証分析によって把握しなければならない。

## 計量経済学のねらい

現実の経済社会の実態を認識したり，あるいは様々な事態の因果関係や経済社会の根底にあるメカニズムを把握したりする際，経済学的な様々な議論の中で，いくつかの経済変数間の関係式が想定される。こういった関係式を経済モデルと言ったりする。そして実証分析のため，それらの関係式が具体的に計測される。経済構造を明らかにしたり，経済予測をしたりするには，諸変数間の整合的な関係式が必要不可欠だからである。

計量経済学は，諸変数のデータから関係式を計測することによって，経済学の議論の現実妥当性を検証したり，経済構造を推定したり，構想されている経済政策を評価したり，あるいは経済予測を導いたりするのを目標としている。そのための，関係式の計測の方法や計測結果の読みとり方などを明らかにする体系である。

## 7.1　2変量経済モデルの回帰分析

上述のように，経済学の議論の現実妥当性を検証したり，経済構造を推測したり，ある経済政策の効果を評価したり，あるいは将来予測を導いたりするため，諸変数間の関係式を計測しようとする。

具体的には，例えば，変量 $X$ と変量 $Y$ の関係性の程度を表す相関係数を求めるだけでなく，①変量 $X$ の変化に応じて変量 $Y$ の動きを説明しようとしたり，②変量 $X$ を原因として変量 $Y$ の動きが結果として生起するといった関係を具体的に明らかにしたり，③変量 $X$ に基づいて変量 $Y$ の変動を予測しようとするため，変量 $X$ と $Y$ の間に関係式を想定する。こういった場合に回帰方程式（regression equation）と呼ばれる方程式による分析を行なう。

### 2変数の経済関係式

今，経済学の実証分析の中で一つの仮説として，経済変量 $X$，$Y$ 間の関係式

（7.1）　$Y=\alpha+\beta X$

が想定されたとする。$X$，$Y$ は問題にしている経済変数であり，$\alpha$，$\beta$ は関係式における構造パラメタである。例えば，定式化した関係式が消費関数であれば，$Y$ が消費を表わす変数であり，$X$ は所得を表わす変数である。構造パラメタである $\alpha$ は基礎的消費水準を，$\beta$ は限界消費性向を意味する。関係式が投資関数であれば，$Y$ は投資額であり，$X$ は利子率であったり，あるいは需要の増加を表わす変数であったりする。

上の関係式は，(1)実証研究している領域の理論的な考察から導かれる関係式であったり，(2)研究領域における仮説を定式化するものであったり，(3)分析者が考察の対象に対して抱いているヴィジョンを関係式に表すものであったりする。変数 $Y$ の変動要因が $X$ だけでなく，複数個の変動要因を含む定式化に拡充することは，それほど困難ではない。当面，変動要因が $X$ だけのケースを扱う。

### 回帰方程式による計量モデル

上述の関係式を計測するため，経済変量 $X$, $Y$ についての資料が利用可能であるとしよう。つまり，経済変量 $X$, $Y$ の対応する $n$ 個（$n$ 組）の資料が，次に示すように手元にあるとする。

$$(X_1,\ Y_1),\ (X_2,\ Y_2),\ (X_3,\ Y_3),\ \cdots,\ (X_t,\ Y_t),\ \cdots,\ (X_n,\ Y_n)$$

これら $n$ 個の資料すべてが，上の経済理論的な関係式を満たすことはないだろう。そこで，この関係式を，

$$Y_t=\alpha+\beta X_t+u_t \qquad t=1,\ 2,\ 3,\ \cdots,\ n \tag{7.2}$$

として，撹乱項 $u_t$ を導入する。これを回帰方程式と言ったり，計量経済モデルと言ったりする。「回帰」の意味するところは，変量 $Y$ の動きを，変量 $X$ に帰着させる，あるいは帰属させるのである。また，因果関係やメカニズムの質的な分析を意図した経済モデルを，実際のデータを用いて具体的に計測し数量的な分析に持ち込むとき，計量経済モデルと言われる。

### 撹乱項の導入

経済モデルと言われる経済理論的な関係式に，撹乱項 $u_t$ を導入する根拠として，次にあげる事柄が考えられる。

① 経済理論で取りあげられる関係式は，経済変量間の厳密な関係式として規定している。しかしながら，現実経済における行動様式や，経済内における諸反応は不確定的な部分がある。手元にある資料は，その不確定的な部分を反映している筈である。したがって，実際の資料に基づいて，経済変量間の関係式を計測するには，不確定的な部分を含めて計測しなければならない。行動様式や諸反応の不確定的な部分を，撹乱項で考慮する。

② 理論的経済仮説における関係式は，現実経済の最も本質的な部分を抽出したものである。ところが，実際には，１つ１つは本質的ではないが，他に様々な要因が存在すると考えられる。すなわち，関係式の本質的な部分には現われないが，変数 $Y$ を説明する要因が他にも存在する可能性がある。それらを撹

乱項に代表させる。

③ 標本（データ）に含まれるであろう観測上の誤差を攪乱項で表わす。

④ モデルを線型関係式（1次式）で規定している。これは現実への近似的な接近であると考えると，関係式の定式化（specification）には不完全さが伴う。この定式化の不完全さを補うために攪乱項を導入する。

⑤ 理論的仮説における変量の概念と，計測に用いる現実資料の内容とが必ずしも完全に一致しないことからくる誤差を，攪乱項で表わす。

さて，回帰方程式において，変数 $X$ を説明変数（explaining variable），変数 $Y$ を被説明変数（explained variable）という。

攪乱項 $u_t$ は，導入のいくつかの根拠から分かるように，実は，確率変数であるとする。したがって，攪乱項 $u_t$ を回帰方程式の中で，確率的部分（stochastic parts）と呼ぶ。これに対して，$\alpha+\beta X_t$ を体系的部分（systematic parts）という。

### 攪乱項の統計的性質

攪乱項（stochastic disturbances）は，行動様式や経済体系の諸反応の不確定な部分を表わしたり，回帰方程式の体系的部分には現われないが，様々な誤差的要因を表わしたりしているから，攪乱項 $u_t$ はプラスの値を取ったり，マイナスの値を取ったりするが，一定の期待値と分散をもった確率変数であると仮定する。そうして，その平均的な値はゼロであると考えるのが合理的である。したがって一般に，回帰方程式に関する分析の前提として，

$$E(u_t)=0,\ V(u_t)=\sigma^2\quad(t=1,\ 2,\ 3,\ \cdots,\ n)\tag{7.3}$$

とする。ここで，$\sigma^2$ は，確率変数である攪乱項 $u_t$ の分散の値であり，通常は未知のパラメタである。

回帰分析を行なう際，期待値と分散だけではなく，攪乱項 $u_t$ の分布が正規分布であると仮定することもある。

この場合は，計量経済モデルは，次の通りに表せる。

(7.4)　$Y_t=\alpha+\beta X_t+u_t,\quad u_t \sim N(0,\ \sigma^2)$

$u_t$ は互いに独立　$t=1,\ 2,\ 3,\ \cdots,\ n$

これを，一般に，標準的正規回帰方程式という。

### 構造パラメタの推定

計量経済モデル（7.4）式において，まず，モデルの構造パラメタ $\alpha$，$\beta$ および撹乱項の分散の値 $\sigma^2$ を推定すべきである。これらの推定のために，一般に，最小２乗法を採用する。

最小２乗法（OLS, Ordinary Least Squares）は，誤差の２乗和 $\sum_{t=1}^{n}(Y_t-\alpha-\beta X_t)^2$ が最も小さくなるよう回帰係数 $\alpha$，$\beta$ を決定する。誤差の２乗和を最小にする $\alpha$，$\beta$ を $\widehat{\alpha}$，$\widehat{\beta}$ と表わすと，それらは次の正規方程式と呼ばれる連立方程式を満たす。

(7.5)　$n\widehat{\alpha}+\widehat{\beta}\sum X_t=\sum Y_t$

(7.6)　$\widehat{\alpha}\sum X_t+\widehat{\beta}\sum X_t^2=\sum X_t Y_t$

上述の正規方程式から，求める回帰係数 $\widehat{\alpha}$，$\widehat{\beta}$ は，次の通りであることが証明できる。

(7.7)　$\widehat{\beta}=\dfrac{\sum(X_t-\bar{X})(Y_t-\bar{Y})}{\sum(X_t-\bar{X})^2}=\dfrac{s_{XY}}{s_X^2}$

(7.8)　$\widehat{\alpha}=\widehat{Y}-\widehat{\beta}\widehat{X}$

ここで，$s_X^2$ は変量 $X$ の分散を表わし，$s_{XY}$ は変量 $X$，$Y$ の共分散を表す。

体系的部分の計測値 $\widehat{Y}_t$ は，理論値とも言われ，想定した関係式によって説明される変量 $Y$ の推定値である。別な観点からすれば，変量 $X_t$ の値に対して，撹乱項の値がゼロであるときの変量 $Y$ の推定値である。

(7.9)　$\widehat{Y}_t=\widehat{\alpha}+\widehat{\beta}X_t\qquad t=1,\ 2,\ \cdots,\ n$

被説明変量の実績値 $Y_t$ と体系的部分の推定値 $\widehat{Y}_t$ との差 $\widehat{u}_t$ は，誤差項あるいは攪乱項の推定値（計測値）とするのは，自然な考えである。

(7.10)　$\widehat{u}=Y_t-\widehat{Y}_t=Y_t-\widehat{\alpha}-\widehat{\beta}X_t \qquad t=1,\ 2,\ \cdots,\ n$

計量経済モデルにおいて，構造パラメタ $\alpha$，$\beta$ の推定値の他に，攪乱項の分散の値 $\sigma^2$ を計測する必要がある。攪乱項の分散の値 $\sigma^2$ の OLS 推定量は，次の通りである。

(7.11)　$\widehat{\sigma}^2=\dfrac{\sum\widehat{u}_t^2}{n-2}$　ここで，$\sum\widehat{u}_t^2=\sum(Y_t-\bar{Y})^2-\bar{\beta}\sum(X_t-\bar{X})(Y_t-\bar{Y})$

攪乱項の分散の値 $\sigma^2$ の OLS 推定量は，上述のように，誤差項あるいは攪乱項の 2 乗和 $\sum\widehat{u}_t^2$ を $n$ ではなく，$(n-2)$ で割って導出する。これは，例えば変量 $X$ の分散を $n$ 個のデータから計算するとき，平均値からの偏差 $(X_t-\bar{X})$ の 2 乗和 $\sum(X_t-\bar{X})^2$ を $n$ ではなく，$(n-1)$ で割って導出するのと同様で，統計学的に良い性質をもつからである。

### 適合度の指標＝決定係数

上に述べた最小 2 乗推定法によれば，被説明変量の実際の変動総和 $\sum(Y_t-\bar{Y})^2$ が，体系的部分の変動総和 $\sum(\widehat{Y}_t-\bar{Y})^2$ と残差の変動総和 $\sum\widehat{u}_t^2$ に分解できる。つまり，恒等的に次式が成り立つ。

(7.12)　$\sum(Y_t-\bar{Y})^2=\sum(\widehat{Y}_t-\bar{Y})^2+\sum\widehat{u}_t^2$

この式は，被説明変量の実際の変動総和が，説明変数 $X$ によって説明される変動総和と説明変数では説明され得ない誤差的変動総和に分解されることを意味している。

これを利用して，求められた計測式に，個々のデータが，どの程度うまく適合しているかを表すことができる。回帰方程式の計測結果に対して，データ全体がどの程度うまく当てはまっているかの指標は，決定係数（coefficient of determination）と言われる。データ適合度である決定係数は，次のように定義される。

$$R^2=\frac{\sum(\widehat{Y}_t-\bar{Y})^2}{\sum(Y_t-\bar{Y})^2}=1-\frac{\sum\widehat{u}_t^2}{\sum(Y_t-\bar{Y})^2} \tag{7.13}$$

また，ここで述べているケースでは，つまり変量 $Y$ の説明変数が $X$ だけである場合，次式が成り立つ。

$$R^2=r_{XY}^2 \tag{7.14}$$

ここで，$r_{XY}$ は変量 $X$，$Y$ の相関係数である。

ところで，上述の決定係数の定義では，回帰方程式の背景にある仮説とは別に，説明変量の数をどんどん増やしていくと，いくらでも決定係数の上限の値１に近づけることができる。意味をもたない説明変数を加えていくことによっても，説明力が増大すると見なされる適合度の尺度は適切でない。通常，関係式に含まれる説明変数の数あるいは回帰係数の個数を $k$ として，次に示す自由度修正済み決定係数が用いられる。

$$\bar{R}^2=1-\frac{\sum\widehat{u}_t^2/(n-k)}{\sum(Y_t-\bar{Y})^2/(n-1)} \tag{7.15}$$

自由度修正済み決定係数と先に定義した決定係数との間に，次の関係がある。したがって，$\bar{R}^2$ は負になることがある。

$$\bar{R}^2=\frac{n-1}{n-k}\cdot R^2-\frac{k-1}{n-k} \tag{7.16}$$

## 7.2　OLS 推定量の統計的性質

先の節では，回帰方程式の構造パラメタおよび撹乱項の分散 $\alpha$，$\beta$，$\sigma^2$ の最小 2 乗推定法による点推定量を明らかにした。前の章でも明らかにしたように，実際データによる分析において，計測結果には標本誤差が伴う。したがって，点推定だけでなく構造パラメタの区間推定や仮説検定の議論をするために，この節では，OLS 推定量の統計的性質について説明しておこう。$\alpha$，$\beta$，$\sigma^2$ の OLS 推定量 $\hat{\alpha}$，$\hat{\beta}$，$\hat{\sigma}^2$ の統計的な性質から，区間推定や仮説検定などの統計的推論が可能になる。

まず最初に $\alpha$，$\beta$，$\sigma^2$ の OLS 推定量 $\hat{\alpha}$，$\hat{\beta}$，$\hat{\sigma}^2$ が確率変数になることに注意すべきである。計量経済モデルの定式化から明らかなように，変数 $Y$ は，変数 $X$ と確率変数 $u$ の関数である。つまり確率変数 $u$ を含んでいるので，変数 $Y$ は結局，確率変数である。さらに，推定量 $\hat{\alpha}$，$\hat{\beta}$，$\hat{\sigma}^2$ は変数 $X$ と確率変数 $Y$ の関数になっているから，当然，これらも確率変数なのである。

さて，攪乱項 $u$ の分布が正規分布であると仮定することから，次の統計的な性質が明らかにされている*。

＊以下に掲げた OLS 推定量の統計的性質について，行列・ベクトルを用いて証明するのが，実は，行列・ベクトルを用いないで証明するより分かり易い。したがって，本書では，第 10 章の行列ベクトル，第 11 章の多変量確率変数のそれぞれを解説した後，ここに上げた OLS 推定量の統計的性質についてを証明することにしている。

(7.17)　$$\hat{\alpha} \sim N\left(\alpha,\ \frac{\sum X_t^2}{n\sum x_t^2}\cdot\sigma^2\right) \qquad \hat{\beta} \sim N\left(\beta,\ \frac{1}{\sum x_t^2}\cdot\sigma^2\right)$$

ここで，$x_t = X_t - \bar{X}$

(7.18)　$$\frac{\sum \hat{u}_t^2}{\sigma^2} = (n-2)\frac{\hat{\sigma}^2}{\sigma^2} \sim \chi^2(n-2)$$

(7.19)　$\hat{\alpha}$，$\hat{\beta}$ と $\hat{\sigma}^2$ とは，互いに統計的に独立

(7.20)　$$\frac{\hat{\alpha}-\alpha}{\sqrt{\dfrac{\sum X_t^2}{n\sum x_t^2}\cdot\hat{\sigma}^2}} \sim t(n-2) \qquad \frac{\hat{\beta}-\beta}{\sqrt{\dfrac{1}{\sum x_t^2}\cdot\hat{\sigma}^2}} \sim t(n-2)$$

$$(7.21)\qquad Cov(\widehat{\alpha},\ \widehat{\beta})=\frac{-\bar{X}}{\sum x_t^2}\cdot\sigma^2$$

## 7.3　回帰係数の統計的推論

### 限界係数 $\beta$ の有意性検定

上に取りあげた経済関係式（7.4）において，一般的に，定数項 $\alpha$ よりは $\beta$ の方に，経済学的により関心ある。定数項 $\alpha$ は変量 $X$ がゼロであるときの変量 $Y$ の値である。現実には，変量 $X$ がゼロであるときより，むしろ変量 $X$ の変化に応じて，変量 $Y$ がどれ程変化するかの方に，つまり限界係数 $\beta$ の大きさの方に，実際的な関心が生じるであろう。そこで，以下では，限界係数 $\beta$ に関する統計的推論について説明しておこう。もちろん，定数項 $\alpha$ に関する統計的推論については，限界係数 $\beta$ の場合と同様に進めることができる。

回帰方程式を推定して，その計測結果の妥当性を評価するため，有意性検定が行われる。係数 $\beta$ に関する有意性検定における帰無仮説は，$H_0：\beta=0$ である。そうして，対立仮説は，通常 $H_1：\beta\neq 0$ である。経済理論的に明確な場合，$H_2：\beta>0$ あるいは，$H_3：\beta<0$ とすることもある。有意性検定の意味するところは，説明変量 $X$ が変量 $Y$ の変動要因として意味があるか，あるいは有効に作用しているか否かを検定するのである。分析者は，帰無仮説 $H_0：\beta=0$ を本来棄却したいはずであり，もし帰無仮説を棄却できないなら，変量 $Y$ の説明変数として変量 $X$ は意味がないからである。

先に示したOLS推定量 $\widehat{\beta}$，$\widehat{\sigma}^2$ の統計的な性質（7.20）より，

$$(7.22)\qquad \frac{\widehat{\beta}-\beta}{\sqrt{\dfrac{1}{\sum x_t^2}\cdot\widehat{\sigma}^2}}=\frac{\widehat{\beta}-\beta}{\widehat{\sigma}_{\widehat{\beta}}}\sim t(n-2)\qquad ここで，\widehat{\sigma}_{\widehat{\beta}}=\sqrt{\frac{1}{\sum x_t^2}\cdot\widehat{\sigma}^2}$$

である。上式において，$\widehat{\sigma}_{\widehat{\beta}}$ は，係数 $\beta$ の推定量 $\widehat{\beta}$ の標準誤差の推定値である。

帰無仮説 $H_0：\beta=0$ に対して対立仮説 $H_1：\beta\neq 0$ のとき，帰無仮説が真であ

ると前提すれば，上に示した推定量 $\widehat{\beta}$ の標本分布から，

$$\frac{\widehat{\beta}-0}{\widehat{\sigma}_{\widehat{\beta}}}=\frac{\widehat{\beta}}{\widehat{\sigma}_{\widehat{\beta}}}\sim t(n-2)$$

である。これより，自由度 $(n-2)$ の $t$ 分布の上側2.5%点 $t_{0.025}$ を確率表から検索して，有意水準５％の棄却域を次の通りとする。こうすると，第２種の過誤が最小になり，つまり検出力が最大になる。

$$(7.23)\qquad \frac{\widehat{\beta}}{\widehat{\sigma}_{\widehat{\beta}}}\leq -t_{0.025},\qquad t_{0.025}\leq \frac{\widehat{\beta}}{\widehat{\sigma}_{\widehat{\beta}}}$$

上述の検定統計量 $\dfrac{\widehat{\beta}}{\widehat{\sigma}_{\widehat{\beta}}}$ は，通常，$t$ 値（t-value）と言われている。そうして計測結果を記述する際，係数推定値の下に括弧付きで $t$ 値を示すことが多い。

対立仮説を $H_2：\beta>0$ あるいは，$H_3：\beta<0$ とする場合は，それぞれ次の通りになる。

$H_2：\beta>0$ の場合，棄却域は $t_{0.05}\leq \dfrac{\widehat{\beta}}{\widehat{\sigma}_{\widehat{\beta}}}$

$H_3：\beta<0$ の場合，棄却域は $\dfrac{\widehat{\beta}}{\widehat{\sigma}_{\widehat{\beta}}}\leq -t_{0.05}$

### 限界係数 $\beta$ の区間推定

限界係数 $\beta$ の区間推定については，先に示した推定量 $\widehat{\beta}$ の分布から，次の確率命題が得られる。

$$P\left(-t_{0.025}\leq \frac{\widehat{\beta}-\beta}{\widehat{\sigma}_{\widehat{\beta}}}\leq t_{0.025}\right)=95\ \%$$

この命題より，信頼係数95%の信頼区間は，次の通りである。

$$\hat{\beta}-t_{0.025}\cdot\hat{\sigma}_{\hat{\beta}}\leq\beta\leq\hat{\beta}+t_{0.025}\cdot\hat{\sigma}_{\hat{\beta}}$$

### 限界係数 $\beta$ の仮説検定

一般的に，係数 $\beta$ に関する仮説検定において，帰無仮説は $H_0$：$\beta=\beta_0$ である。そうして，対立仮説は，$H_1$：$\beta>\beta_0$ または $H_2$：$\beta<\beta_0$，あるいは $H_3$：$\beta\neq\beta_0$ である。

過去の分析から明らかになっている限界係数の値が，あるいは異なる母集団における限界係数の値が $\beta_0$ であるとき，現在手元にあるデータによる結果とを比較するのである。言いかえると，(1)過去と比較して構造変化があるかないか，あるいは(2)異なる母集団と比べて違いがあるかどうかを検定するのである。

帰無仮説 $H_0$：$\beta=\beta_0$ に対して対立仮説 $H_1$：$\beta>\beta_0$ のとき，帰無仮説が真であるとすると，上に示した推定量 $\hat{\beta}$ の標本分布から，$\dfrac{\hat{\beta}-\beta_0}{\hat{\sigma}_{\hat{\beta}}}\sim t(n-2)$ である。これより，自由度 $(n-2)$ の $t$ 分布の上側５％点 $t_{0.05}$ を確率表から検索して，有意水準５％の棄却域を次の通りとすると，第２種の過誤が最小になり，つまり検出力が最大になる。つまり，

$$H_1：\beta>\beta_0 \text{ の場合，棄却域は } \beta_0+t_{0.05}\cdot\hat{\sigma}_{\hat{\beta}}\leq\hat{\beta}$$

である。対立仮説が，$H_2$：$\beta<\beta_0$ であったり，$H_3$：$\beta\neq\beta_0$ であったりする場合は，それぞれ次の通りである。

$$H_2：\beta<\beta_0 \text{ の場合，棄却域は } \hat{\beta}\leq\beta_0-t_{0.05}\cdot\hat{\sigma}_{\hat{\beta}}$$

$$H_3：\beta\neq\beta_0 \text{ の場合，棄却域は } \hat{\beta}\leq\beta_0-t_{0.025}\cdot\hat{\sigma}_{\hat{\beta}},\ \beta_0+t_{0.025}\cdot\hat{\sigma}_{\hat{\beta}}\leq\hat{\beta}$$

統計的推測と回帰分析　対照表

| | | |
|---|---|---|
| 母集団 | $X_j \sim N(\mu,\ \sigma^2)$ | $Y_t=\alpha+\beta X_t+u_t,\ u_t\sim N(0,\ \sigma^2)$ |
| 推定量 | $\bar{X}=\frac{1}{n}\sum X_j,\ S^2=\frac{1}{n-1}\sum(X_j-\bar{X})^2$ | $\hat{\beta}=\frac{\sum x_t y_t}{\sum x_t^2},\ \hat{\alpha}=\bar{Y}-\hat{\beta}\bar{X},\ \hat{\sigma}^2=\frac{1}{n-2}\sum\hat{u}_t^2$ |
| 標本分布 | $\bar{X}=\frac{1}{n}\sum X_j\sim N\left(\mu,\ \frac{\sigma^2}{n}\right)$ | $\hat{\alpha}\sim N\left(\alpha,\ \frac{\sum X_t^2}{n\sum x_t^2}\cdot\sigma^2\right)=N(\alpha,\ \phi_\alpha\cdot\sigma^2)$<br>$\hat{\beta}\sim N\left(\beta,\ \frac{1}{\sum x_t^2}\cdot\sigma^2\right)=N(\beta,\ \phi_\beta\cdot\sigma^2)$ |
| 基準化 | $Z=\frac{\bar{X}-\mu}{\sqrt{\frac{\sigma^2}{n}}}=\frac{\bar{X}-\mu}{\frac{\sigma}{\sqrt{n}}}\sim N(0,\ 1)$ | $Z=\frac{\hat{\alpha}-\alpha}{\sqrt{\phi_\alpha\cdot\sigma^2}}\sim N(0,\ 1)$<br>$Z=\frac{\hat{\beta}-\beta}{\sqrt{\phi_\beta\cdot\sigma^2}}\sim N(0,\ 1)$ |
| $\sigma^2$ 既知<br>区間推定 | $P\left\{-Z_{0.025}\leqq\frac{\bar{X}-\mu}{\frac{\sigma}{\sqrt{n}}}\leqq Z_{0.025}\right\}=95\%$<br>$\bar{X}-Z_{0.025}\frac{\sigma}{\sqrt{n}}\leqq\mu\leqq\bar{X}+Z_{0.025}\frac{\sigma}{\sqrt{n}}$ | $P\left\{-Z_{0.025}\leqq\frac{\hat{\beta}-\beta}{\sqrt{\phi_\beta\cdot\sigma^2}}\leqq Z_{0.025}\right\}=95\%$<br>$\hat{\beta}-Z_{0.025}\sqrt{\phi_\beta\cdot\sigma^2}\leqq\beta\leqq\hat{\beta}+Z_{0.025}\sqrt{\phi_\beta\cdot\sigma^2}$<br>$\alpha$ についても同様 |
| $t$ 分布 | $T=\frac{\bar{X}-\mu}{\sqrt{\frac{S^2}{n}}}=\frac{\bar{X}-\mu}{\frac{S}{\sqrt{n}}}\sim t(n-1)$ | $T=\frac{\hat{\alpha}-\alpha}{\sqrt{\phi_\alpha\cdot\hat{\sigma}^2}}=\frac{\hat{\alpha}-\alpha}{\hat{\sigma}_{\hat{\alpha}}}\sim t(n-2)$<br>$T=\frac{\hat{\beta}-\beta}{\sqrt{\phi_\beta\cdot\hat{\sigma}^2}}=\frac{\hat{\beta}-\beta}{\hat{\sigma}_{\hat{\beta}}}\sim t(n-2)$ |
| $\sigma^2$ 未知<br>区間推定 | $P\left\{-t_{0.025}\leqq\frac{\bar{X}-\mu}{\frac{S}{\sqrt{n}}}\leqq t_{0.025}\right\}=95\%$<br>$\bar{X}-t_{0.025}\frac{S}{\sqrt{n}}\leqq\mu\leqq\bar{X}+t_{0.025}\frac{S}{\sqrt{n}}$ | $P\left\{-t_{0.025}\leqq\frac{\hat{\beta}-\beta}{\hat{\sigma}_{\hat{\beta}}}\leqq t_{0.025}\right\}=95\%$<br>$\hat{\beta}-t_{0.025}\cdot\hat{\sigma}_{\hat{\beta}}\leqq\beta\leqq\hat{\beta}+t_{0.025}\cdot\hat{\sigma}_{\hat{\beta}}$<br>$\alpha$ についても同様 |
| 註） | | $x_t=X_t-\bar{X},\ y_t=Y_t-\bar{Y}$<br>$\hat{u}_t=Y_t-\hat{Y}_t=Y_t-(\hat{\alpha}+\hat{\beta}X_t)=y_t-\hat{\beta}x_t$<br>$\sum\hat{u}_t^2=\sum y_t^2-\hat{\beta}\sum x_t y_t$ |

## 7.4　エンゲル関数の計測

本章のこれまでに，回帰方程式による経済モデルの計測について，その考え方や実際の手順を説明してきた。この節では，家計調査からの所得階級別の所得と食料費支出のデータから，具体的にエンゲル関数を計測する例題を取りあげる。経済モデルに表れる関係式の限界係数に関わる点推定，区間推定，仮説検定を説明することで，回帰分析の基本を，具体的な形で読者に理解してもらえるようにしたい。

### エンゲル関数の点推定

次の資料は，平成16年度家計調査からの所得階級別の勤労世帯の１ヶ月可処分所得 $X$ と食料費支出 $Y$ のデータ（単位はいずれも万円）である。

| | | | | | | | | | | |
|---|---|---|---|---|---|---|---|---|---|---|
| $X$ | 22.63 | 29.44 | 32.89 | 34.45 | 40.41 | 44.27 | 49.32 | 53.81 | 62.16 | 74.37 |
| $Y$ | 5.22 | 5.60 | 6.17 | 6.37 | 6.89 | 7.26 | 7.94 | 8.12 | 8.81 | 9.59 |

このデータを用いて，エンゲル関数 $Y=\alpha+\beta X+u$ を計測してみよう。

まず，データから次の指標が計算できる。

$$\sum X=443.75,\ \sum Y=71.97,\ \sum X^2=21962.9271,$$
$$\sum Y^2=535.9961,\ \sum XY=3394.5714$$

これらの値から，次の統計指標が計算できる。

$$\bar{X}=44.375,\ \bar{Y}=7.197,$$
$$\sum(X-\bar{X})^2=2271.52085,\ \sum(Y-\bar{Y})^2=18.02801,$$
$$\sum(X-\bar{X})(Y-\bar{Y})=200.90265$$

したがって，エンゲル関数の係数 $\alpha$，$\beta$ の推定値 $\hat{\beta}$ および $\hat{\alpha}$ は，

$$\hat{\beta}=\frac{\sum(X-\bar{X})(Y-\bar{Y})}{\sum(X-\bar{X})^2}=\frac{200.90265}{2271.52085}=0.088444114$$

$$\hat{\alpha}=\bar{Y}-\hat{\beta}\bar{X}=7.197-0.088444114\times 44.375=3.272292422$$

と計算でき，したがって，エンゲル関数は，

$$Y=3.27+0.08844X$$

と推定される。

攪乱項の分散 $\sigma^2$ の推定値 $\hat{\sigma}^2$ を推定すべく，まず，攪乱項の推定値（＝残差）の 2 乗和 $\sum\hat{u}_t^2$ を求める。

$$\sum\hat{u}_t^2=\sum(Y-\bar{Y})^2-\hat{\beta}\sum(X-\bar{X})(Y-\bar{Y})$$
$$=18.02801-0.088444114\times200.90265=0.259356$$

この計算結果より，攪乱項の分散の推定値 $\hat{\sigma}^2$ は次の通りである。

$$\hat{\sigma}^2=\frac{\sum\hat{u}_t^2}{10-2}=0.0324195$$

さらに，計測式の適合度の指標である自由度修正済み決定係数 $R^2$ は，次の通りである。

$$R^2=1-\frac{\sum\hat{u}_t^2/(10-2)}{\sum(Y-\bar{Y})^2/(10-1)}=1-\frac{0.259356/8}{18.02801/9}=0.9838$$

**有意性検定**

一般に，回帰方程式を計測したとき，回帰係数の有意性をチェックする。つまり被説明変数 $Y$ の変動要因に説明変数 $X$ を取りあげているが，確かに説明変数 $X$ が，変数 $Y$ の変動要因として有効であるか否か，あるいは有意味であるかどうかを診断するのである。

ここでは，限界食料費支出性向である係数 $\beta$ の有意性を検定する。有意性検定における帰無仮説 $H_0$ は次の通りである。

$$H_0：\beta=0$$

これに対して，対立仮説は，

$$H_1：\beta\neq0 \qquad \text{または} \qquad H_2：\beta>0$$

である。経済的に，あるいは経済学的な観点から，係数$\beta$は正であると主張する場合は，上の対立仮説$H_2$：$\beta>0$を採る。しかし，係数$\beta$が，正負どちらであるかは必ずしも明確でない場合は，$H_1$：$\beta\neq 0$が対立仮説に設定される。

先に述べたOLS推定量の統計的性質から，一般的に，

$$\frac{\widehat{\beta}-\beta}{\widehat{\sigma}_{\widehat{\beta}}}\sim t(n-2),\quad \widehat{\sigma}_{\widehat{\beta}}=\sqrt{\phi_\beta\cdot\widehat{\sigma}^2},\quad \phi_\beta=\frac{1}{\sum x_t^2}$$

である。

したがって，上述のエンゲル関数の場合，帰無仮説$H_0$：$\beta=0$が正しいと仮定すると，

$$\frac{\widehat{\beta}-0}{\widehat{\sigma}_{\widehat{\beta}}}=\frac{\widehat{\beta}}{\widehat{\sigma}_{\widehat{\beta}}}\sim t(10-2)=t(8)$$

である。

対立仮説$H_1$：$\beta\neq 0$の場合は，棄却域を

$$\frac{\widehat{\beta}}{\widehat{\sigma}_{\widehat{\beta}}}\leq -t_{0.025}(8),\quad t_{0.025}(8)\leq\frac{\widehat{\beta}}{\widehat{\sigma}_{\widehat{\beta}}}$$

とすると，第2種の過誤が最小になり，検出力が最大になる。

また，対立仮説$H_2$：$\beta>0$の場合は，棄却域を

$$t_{0.05}(8)\leq\frac{\widehat{\beta}}{\widehat{\sigma}_{\widehat{\beta}}}$$

とすると，第2種の過誤が最小になり，検出力が最大になる。

上述のデータ，および撹乱項の分散の推定値$\widehat{\sigma}^2=0.0324195$を利用して，

$$\phi_\beta=\frac{1}{\sum x_t^2}=\frac{1}{2271.52085}=4.4023385\times 10^{-4},$$

$$\therefore\quad \widehat{\sigma}_{\widehat{\beta}}=\sqrt{\phi_\beta\cdot\widehat{\sigma}^2}=0.3777851\times 10^{-2}$$

を導くことができる。したがって，データから得られる $\frac{\hat{\beta}}{\hat{\sigma}_{\hat{\beta}}}$ の実現値は，

$$\frac{\hat{\beta}}{\hat{\sigma}_{\hat{\beta}}}=\frac{0.08844414}{0.3777851\times 10^{-2}}=0.2341121\times 10^{2}=23.41$$

である。他方，自由度（8＝10－2）の $t$ 分布の上側2.5％点 $t_{0.025}(8)$ は2.306であり，あるいは5％点 $t_{0.05}(8)$ は1.860である。したがって，対立仮説が $H_1：\beta\neq 0$ の場合であれ，対立仮説 $H_2：\beta>0$ の場合であれ，$\frac{\hat{\beta}}{\hat{\sigma}_{\hat{\beta}}}$ の実現値は棄却域におちる。ゆえに帰無仮説は棄却できる。つまり，可処分所得 $X$ は，食料費支出 $Y$ の変動の説明変数として有意であると言える。

以上に説明したことから，説明変数の有意性検定の際，$\frac{\hat{\beta}}{\hat{\sigma}_{\hat{\beta}}}$ の実現値は，臨界値である $t$ 分布の上側2.5％点 $t_{0.025}$，あるいは5％点 $t_{0.05}$ と比較される。したがって，通常，$\frac{\hat{\beta}}{\hat{\sigma}_{\hat{\beta}}}$ の実現値を，推定係数の「$t$ 値（t-value）」と称して，計測結果の中に含めて示される。

上では，限界係数 $\beta$ について，有意性検定を示した。全く同様に，係数 $\alpha$ についても，その有意性検定を行うことができる。ここでは，係数 $\alpha$ に関する「$t$ 値」が「18.48」になることだけを示しておこう。

### 係数 $\beta$ の区間推定

これまでに，最小2乗法を用いて，エンゲル関数の構造パラメタである係数 $\alpha$，$\beta$ の点推定を考察してきた。次に，係数 $\alpha$，$\beta$ の区間推定を述べておく。

先にも取りあげたように，回帰方程式 $Y=\alpha+\beta X+u$ の最小2乗推定量 $\hat{\beta}$ の統計的性質より，一般的に，

$$\frac{\hat{\beta}-\beta}{\hat{\sigma}_{\hat{\beta}}}\sim t(n-2),\quad \hat{\sigma}_{\hat{\beta}}=\sqrt{\phi_{\beta}\cdot\hat{\sigma}^{2}},\quad \phi_{\beta}=\frac{1}{\sum x_t^2}$$

である。これより，次の確率命題が成り立つ。

$$P\left\{-t_{0.025} \leqq \frac{\hat{\beta}-\beta}{\hat{\sigma}_{\hat{\beta}}} \leqq t_{0.025}\right\} = P\{\hat{\beta}-t_{0.025}\cdot\hat{\sigma}_{\hat{\beta}} \leqq \beta \leqq \hat{\beta}+t_{0.025}\cdot\hat{\sigma}_{\hat{\beta}}\} = 95\,\%$$

上式で，$t_{0.025}$ は，自由度 $(n-2)$ の $t$ 分布の上側2.5%点である。

この確率命題に含まれる不等式より，上述のエンゲル関数の場合，限界係数 $\beta$ の信頼係数95%の信頼区間は，

$$\hat{\beta}-t_{0.025}\cdot\hat{\sigma}_{\hat{\beta}} \leqq \beta \leqq \hat{\beta}+t_{0.025}\cdot\hat{\sigma}_{\hat{\beta}}$$

に，$t_{0.025}(8)=2.306$ を確率表から検索し，そうして $\hat{\beta}=0.08844414$，$\hat{\sigma}_{\hat{\beta}}=0.3777851\times 10^{-2}$ の実現値を代入して得られる。したがって，

$$\beta=\hat{\beta}\pm t_{0.025}\cdot\hat{\sigma}_{\hat{\beta}}=0.08844414\pm 2.306\cdot 0.3777851\times 10^{-2}$$
$$=0.08844414\pm 0.008711724=(0.07973,\ 0.09716)$$

が信頼係数95%の区間推定である。

### 仮説検定：構造変化のチェック

ところで，5年前の家計調査では，エンゲル関数における限界食料費支出性向である係数 $\beta$ の値は0.0951であった。そこで，限界食料費支出性向の値は下がったと言えるだろうか。今回の調査ではこれより低く点推定されたが，これは標本誤差の許容できる範囲なのか，それとも明確に下がったと言えるだろうか。こういったとき，統計的に仮説検定で判断を下す。

仮説検定する際，帰無仮説 $H_0$ および対立仮説 $H_1$ は，次のように設定されるであろう。つまり，

$$H_0：\beta=0.0951 \qquad H_1：\beta<0.0951$$

である。先にも取りあげたように，最小2乗推定量 $\hat{\beta}$ の統計的性質より，一般的に，

$$\frac{\hat{\beta}-\beta}{\hat{\sigma}_{\hat{\beta}}} \sim t(n-2),\ \hat{\sigma}_{\hat{\beta}}=\sqrt{\phi_\beta \cdot \hat{\sigma}^2},\ \phi_\beta=\frac{1}{\sum x_t^2}$$

したがって，いま，帰無仮説が正しいとすると，

$$\frac{\hat{\beta}-0.0951}{\hat{\sigma}_{\hat{\beta}}} \sim t(10-2)=t(8)$$

が成り立つ。さらに，これより，次の確率命題

$$P\left\{\frac{\hat{\beta}-0.0951}{\hat{\sigma}_{\hat{\beta}}} \leq -t_{0.05}\right\}=5\,\%$$

が成り立つ。ここで，$t_{0.05}$ は自由度8の $t$ 分布の上側5％点である。つまり，

$$\frac{\hat{\beta}-0.0951}{\hat{\sigma}_{\hat{\beta}}} \leq -t_{0.05}$$

を有意水準が5％の棄却域にすると，第2種の過誤が最小になり，言いかえると検出力が最大になる。

確率表から，$t_{0.05}(8)=1.860$ であり，$\dfrac{\hat{\beta}-0.0951}{\hat{\sigma}_{\hat{\beta}}}$ の実現値は，

$$\frac{\hat{\beta}-0.0951}{\hat{\sigma}_{\hat{\beta}}}=\frac{0.08844414-0.0951}{0.3777851\times 10^{-2}}=-1.76$$

である。これは，棄却域を満たさない。したがって帰無仮説は棄却できない。つまり，限界食料費支出性向は下がったと言い切れない。構造変化があったとは言えないのである。

## 7.5　3変量の計量経済モデル

3変数の計量経済モデルは，次の通りに表せる。

（7.24）　$Y_t=\alpha+\beta X_t+\gamma Z_t+u_t,\qquad u_t \sim N(0,\ \sigma^2)\qquad t=1,\ 2,\ 3,\ \cdots,\ n$

$u_t$ は互いに独立

最小2乗法（OLS, Ordinary Least Squares）によって，誤差の2乗和を最小にする $\alpha$，$\beta$，$\gamma$ を $\hat{\alpha}$，$\hat{\beta}$，$\hat{\gamma}$ と表わすと，それらは次の正規方程式を満たす。

（7.25）
$$\begin{aligned} &n\hat{\alpha}+\hat{\beta}\sum X_t+\hat{\gamma}\sum Z_t=\sum Y_t \\ &\hat{\alpha}\sum X_t+\hat{\beta}\sum X_t^2+\hat{\gamma}\sum X_t Z_t=\sum X_t Y_t \\ &\hat{\alpha}\sum Z_t+\hat{\beta}\sum Z_t X_t+\hat{\gamma}\sum Z_t^2=\sum Z_t Y_t \end{aligned}$$

正規方程式から求める回帰係数 $\hat{\alpha}$，$\hat{\beta}$，$\hat{\gamma}$ は，次の通りである。

（7.26）
$$\begin{aligned} &\hat{\beta}\sum(X_t-\bar{X})^2+\hat{\gamma}\sum(X_t-\bar{X})(Z_t-\bar{Z})=\sum(X_t-\bar{X})(Y_t-\bar{Y}) \\ &\qquad\Longrightarrow s_X^2\hat{\beta}+s_{XZ}\hat{\gamma}=s_{XY} \\ &\hat{\beta}\sum(X_t-\bar{X})(Z_t-\bar{Z})+\hat{\gamma}\sum(Z_t-\bar{Z})^2=\sum(Z_t-\bar{Z})(Y_t-\bar{Y}) \\ &\qquad\Longrightarrow s_{XZ}\hat{\beta}+s_Z^2\hat{\gamma}=s_{ZY} \\ &\hat{\alpha}=\bar{Y}-\hat{\beta}\bar{X}-\hat{\gamma}\bar{Z} \end{aligned}$$

また，攪乱項の分散 $\sigma^2$ の推定量 $\hat{\sigma}^2$ および自由度修正済み決定係数 $R^2$ は，次の通りである。

（7.27）
$$\begin{aligned} &\hat{\sigma}^2=\frac{\sum\hat{u}_t^2}{n-3} \\ &\sum\hat{u}_t^2=\sum(Y_t-\bar{Y})^2-\hat{\beta}\sum(Y_t-\bar{Y})(X_t-\bar{X})-\hat{\gamma}\sum(Y_t-\bar{Y})(Z_t-\bar{Z}) \\ &u_t=Y_t-(\hat{\alpha}+\hat{\beta}X_t+\hat{\gamma}Z_t)\quad t=1,\ 2,\ \cdots,\ n \\ &R^2=1-\frac{\sum\hat{u}_t^2/(n-3)}{\sum(Y_t-\bar{Y})^2/(n-1)} \end{aligned}$$

**OLS 推定量の統計的性質：3 変数の場合**

以下では，$x_t=X_t-\bar{X}$，$z_t=Z_t-\bar{Z}$ $(t=1, 2, \cdots, n)$ として，OLS 推定量は次の性質をもっている。

(7.28)
$$\hat{\alpha}\sim N\left(\alpha,\ \frac{\sum X_t^2\cdot\sum Z_t^2-(\sum X_tZ_t)^2}{n(\sum x_t^2\cdot\sum z_t^2-(\sum x_tz_t)^2)}\cdot\sigma^2\right)=N(\alpha,\ \psi_\alpha\cdot\sigma^2)$$
$$\hat{\beta}\sim N\left(\beta\cdot\frac{\sum z_t^2}{\sum x_t^2\cdot\sum z_t^2-(\sum x_tz_t)^2}\cdot\sigma^2\right)=N(\beta,\ \psi_\beta\cdot\sigma^2)$$
$$\hat{\gamma}\sim N\left(\gamma\cdot\frac{\sum x_t^2}{\sum x_t^2\cdot\sum z_t^2-(\sum x_tz_t)^2}\cdot\sigma^2\right)=N(\gamma,\ \psi_\gamma\cdot\sigma^2)$$

上に示した正規分布を，基準化変数にすると，次の通りである。

(7.29)
$$\frac{\hat{\alpha}-\alpha}{\sqrt{\psi_\alpha\cdot\sigma^2}}\sim N(0,\ 1),\quad \frac{\hat{\beta}-\beta}{\sqrt{\psi_\beta\cdot\sigma^2}}\sim N(0,\ 1),\quad \frac{\hat{\gamma}-\gamma}{\sqrt{\psi_\gamma\cdot\sigma^2}}\sim N(0,\ 1)$$

分母の標準偏差を推定量の標準誤差に置き換えると，次の通りである。

(7.30)
$$\frac{\hat{\alpha}-\alpha}{\sqrt{\psi_\alpha\cdot\widehat{\sigma^2}}}=\frac{\hat{\alpha}-\alpha}{\sigma_{\hat{\alpha}}}\sim t(n-3),\quad \frac{\hat{\beta}-\beta}{\sqrt{\psi_\beta\cdot\widehat{\sigma^2}}}=\frac{\hat{\beta}-\beta}{\sigma_{\hat{\beta}}}\sim t(n-3),$$
$$\frac{\hat{\gamma}-\gamma}{\sqrt{\psi_\gamma\cdot\widehat{\sigma^2}}}=\frac{\hat{\gamma}-\gamma}{\sigma_{\hat{\gamma}}}\sim t(n-3)$$

## 7.6　経済関係式の定式化とそのグラフ

これまでの回帰方程式の定式化として，最もシンプルな線形方程式 $y=\alpha+\beta x$ を対象にしてきた。しかし，最小 2 乗法を実行するためには，必ずしも 2 変量 $X$，$Y$ が線型関係になくてもかまわない。例えば，$y=\alpha+\beta x+\gamma x^2$ の場合，$z=x^2$ とすれば，構造パラメタ $\alpha$，$\beta$，$\gamma$ を最小 2 乗法で計測することは可能である。実は，2 変量 $X$，$Y$ が線型関係になくても，構造パラメタに関して線型であれば良いのである。この節は，2 変量 $X$，$Y$ は線型関係にはないが，構造パラメタに関して線型になる定式化を取りあげる。実証分析の実際で，しばしば活用される典型的なケースを，以下に示している。

### 定式化による経済関係式の性質

経済関係式の定式化として，典型的なものをあげておこう。その際，経済学でしばしば用いられる限界係数の値 $\theta_{yx}$ ［$x$ の１単位の変化に対する $y$ の変化分］と弾力性の値 $\varepsilon_{yx}$ ［$x$ の１％の変化に対して $y$ が何％変化するか］それぞれが，どう評価できるかを示しておく。

１．$y=\alpha+\beta x$　線形関係

$\beta>0 \Longrightarrow y$ は $x$ の増加関数

$\beta=0 \Longrightarrow y$ は定値関数

$\beta<0 \Longrightarrow y$ は $x$ の減少関数

限界係数 $\theta_{yx}=\dfrac{dy}{dx}=\beta$ より一定

$$弾力性\ \varepsilon_{yx}=\frac{d\ln y}{d\ln x}=\frac{\dfrac{dy}{y}}{\dfrac{dx}{x}}=\frac{dy}{dx}\cdot\frac{x}{y}=\beta\frac{x}{y}=\beta\frac{x}{\alpha+\beta x}=\frac{\beta}{\dfrac{\alpha}{x}+\beta}$$

２．$y=\alpha+\beta\ln x$　半対数線形関係　（ただし，$x>0$）

$\beta>0 \Longrightarrow y$ は $x$ の増加関数（上に凸）

$\beta=0 \Longrightarrow y$ は定値関数

$\beta<0 \Longrightarrow y$ は $x$ の減少関数（下に凸）

$$限界係数\ \theta_{yx}=\frac{dy}{dx}=\beta\frac{1}{x}\quad\left(\frac{d^2y}{d^2x}=-\beta\frac{1}{x^2}\right)$$

$$弾力性\ \varepsilon_{yx}=\frac{dy}{dx}\cdot\frac{x}{y}=\beta\frac{1}{y}$$

３．$\ln y=\alpha+\beta x$　半対数線形関係 $\Longleftrightarrow y=e^{\alpha+\beta x}=Ae^{\beta x}$　（ただし，$y>0$）

$\beta>0 \Longrightarrow y$ は $x$ の増加関数（下に凸）

$\beta=0 \Longrightarrow y$ は定値関数

$\beta<0 \Longrightarrow y$ は $x$ の減少関数（下に凸）

限界係数 $\theta_{yx}=\dfrac{dy}{dx}=\beta Ae^{\beta x}=\beta y \quad \left(\dfrac{d^2y}{d^2x}=\beta^2 y\right)$

弾力性 $\varepsilon_{yx}=\dfrac{dy}{dx}\cdot\dfrac{x}{y}=\beta x$

4．$\ln y=\alpha+\beta\ln x$　対数線形関係 $\Longleftrightarrow y=e^{\alpha}x^{\beta}=Ax^{\beta}$　（ただし，$x$，$y>0$）

$\beta>0 \Longrightarrow y$ は $x$ の増加関数

（$0<\beta<1$：上に凸　$\beta=1$：線型　$1<\beta$：下に凸）

$\beta=0 \Longrightarrow y$ は定値関数

$\beta<0 \Longrightarrow y$ は $x$ の減少関数（下に凸）

限界係数 $\theta_{yx}=\dfrac{dy}{dx}=\beta Ax^{\beta-1}=\beta\dfrac{y}{x} \quad \left(\dfrac{d^2y}{d^2x}=\beta(\beta-1)\dfrac{y}{x^2}\right)$

弾力性 $\varepsilon_{yx}=\dfrac{d\ln y}{d\ln x}=\dfrac{dy}{dx}\cdot\dfrac{x}{y}=\beta$ より一定

### 定式化とそのグラフ

経済モデルとして定式化し，データを用いて計測した関係式は，一般的には，基本的な数学式 $y=f(x)$ のグラフを平行移動や拡大伸縮による変形を施して，そのグラフを描くことができるであろう。計測結果としての回帰方程式のグラフと基本的な数学式のグラフとの関係について，その基本的な事がらをあげておこう。

1．$y=f(x-\alpha)$ のグラフは，$y=f(x)$ のグラフを $x$ 軸方向に $\alpha$ だけ平行移動する。

2．$y=f(x)+\beta \Longleftrightarrow y-\beta=f(x)$ のグラフは，$y=f(x)$ のグラフを $y$ 軸方向に $\beta$ だけ平行移動する。

3．$y=f(ax)$ のグラフは，$y=f(x)$ のグラフを $x$ 軸の方向に $\dfrac{1}{a}$ だけ縮小拡大する。$a>1$ であれば縮小，$a<1$ であれば拡大である。

4．$y=bf(x) \Longleftrightarrow \dfrac{1}{b}y=f(x)$ のグラフは，$y=f(x)$ のグラフを $y$ 軸の方向

に $b$ だけ拡大縮小する。$b>1$ であれば拡大，$b<1$ であれば縮小である。

5．以上に掲げた4つを，一般的に表せば，次の通りである。

$y=bf(a(x-\alpha))+\beta$ のグラフは，$y=f(x)$ のグラフを $x$ 軸の方向に $\dfrac{1}{a}$ だけ縮小拡大し，$y$ 軸の方向に $b$ だけ拡大縮小する。そうしてさらに，$x$ 軸の方向に $\alpha$ だけ，$y$ 軸方向に $\beta$ だけ平行移動する。

6．$y=f(-x)$ のグラフは，$y=f(x)$ のグラフを $y$ 軸を対称軸に対称移動する。

7．$y=f(x) \Longleftrightarrow -y=f(x)$ のグラフは，$y=f(x)$ のグラフを $x$ 軸を対称軸に対称移動する。

8．$x=f(x)$ のグラフは，$y=f(x)$ のグラフを，直線 $y=x$ を対称軸にして対称移動する。

# 第8章　回帰分析の諸問題

## 8.1　単一方程式モデルの仮定

単一方程式の計量経済モデルを想定するとき，攪乱項の前提を含めて，いくつかの仮定をしている。これらの仮定は，最小2乗推定が良い性質をもつために必要なのであるが，実際の分析の中では必ずしも満たされない場合も生じる。そこで，本章において，最小2乗推定が良い性質をもつための仮定が満たされないときに生じる問題とその問題への対応策について，様々な議論を説明しておきたい。まず最初に，計量経済モデルを想定するときの仮定と，それにまつわる問題点を指摘しておこう。

(1) 攪乱項 $u$ の共分散はゼロである。つまり，$Cov(u_t,\ u_s)=0 \quad t \neq s$ である。

例えば，考察している計量モデルが消費関数であるとしよう。これを勤労者世帯の所得・消費を扱うクロス・セクション・データで推計するのであれば，攪乱項 $u$ の共分散がゼロであるということは，消費を決定する際の攪乱的要因が各勤労者世帯の間で，統計的に独立であることを意味している。他方，例えば，日本経済における国民所得や民間消費支出などを扱う時系列データによって，消費関数を推計するのであれば，各期の攪乱項が統計的に独立であるということを意味する。時間の経過に伴った依存関係はないとしているのである。しかしながら8.2節で考察するように，時系列データによって回帰方程式を推計するとき，攪乱項 $u$ に系列的な相関が認められることがしばしば生じる。

(2) 攪乱項 $u$ の分散は一定である。つまり，各標本における攪乱項の分散は均一である。

われわれが扱う計量経済モデルの攪乱項 $u$ の分散 $\sigma^2$ は一定である。クロス・セクション・データによって，勤労者世帯の消費関数を推計する場合，例えば，所得水準の高い低いにかかわりなく，攪乱的要因の分散が一定であることを仮定していることになる。また，時系列データによって，日本経済における消費関数を推計する場合であれば，例えば景気の善し悪しにかかわりなく，また経済成長にかかわりなく，消費関数における攪乱項の分散が一定であると仮定していることになる。攪乱項の分散が一定であるとできないケースについては，8.3節で取りあげる。

(3) 経済諸変数の関係を表わすモデルの構造は一定である。構造パラメタの値は変化しない。

回帰方程式における構造パラメタの値は一定であるということを，当然のこととしている。しかし，考察の対象や期間によって，モデルで表わそうとする実際の経済構造が明らかに一定不変でないことがある。また，四半期データや月次データを扱う場合，季節的な変動や社会制度的な要因から，構造パラメタが一定であると言えない場合もでてくる。さらに，考察の範囲の中に，経済構造が明らかに変化している場合もでてくる。例えば，オイル・ショックの前後で，あるいはバブル経済と呼ばれる時期の前後で消費行動の変化が認められたり，変動相場制が導入されたときに，様々な経済主体の行動様式に変化があったりした場合である。構造変化については，8.4節で取りあげる。

(4) 正規方程式を解くことによって，最小2乗推定値が一意的に求まる。

これは，計量経済モデルを想定し，モデルを計測すべくデータを収集して，最小2乗推定法を適応すれば，推定値が算出できるという前提である。実際問題として，最小2乗推定値が導出できないということは，ほとんど有り得ないだろう。仮に，ある一定の線形関係が厳密に成り立つと，最小2乗推定値は一意的には求まらない。その意味では，この仮定は重大な問題を引き起こすことはない。ところが，複数の説明変数のデータ間に，ある一定の線形関係に近い関係性が存在すると，非常に不都合なことが生じる。厳密な線形関係が近似的に成り立てば，最小2乗法による構造パラメタの推定が，非常に不安定になるからである*。そのためこれを，説明変数間の「多重共線性」の問題として，8.5節で取りあげることにする。

*この仮定を数学的に表現すれば，説明変数の積和行列の逆行列が存在するという

ことである。そして，説明変数の間に，近似的に線形関係があると，説明変数の積和行列の逆行列は存在するが，この逆行列が非常に不安定になるのである。

(5) 攪乱項 $u$ は説明変数のいずれとも無相関である。

回帰方程式において被説明変数 $Y$ は，確率変数である。攪乱項は確率変数であり，この攪乱項を被説明変数 $Y$ は含んでいるからである。他方，説明変数 $X$ は，計量分析する者がコントロールできる変数であれば，これは確率変数ではない。数学的変数，あるいは確定変数（fixed variable）と言える。これに対して，説明変数が，被説明変数 $Y$ と同様に，経済体系の中で決定される変数であって，被説明変数 $Y$ によっても影響される変数であれば，それは確率変数になる。説明変数が確率変数であるならば，回帰方程式の攪乱項と相関をもつことが充分に考えられる。そしてもし，説明変数と攪乱項とに相関があると，最小 2 乗推定値は偏りをもった推定値になる。この問題については，8.6節で取りあげる。

以上の回帰方程式の諸仮定は，先にも述べたように，OLS 推定量が望ましい性質をもつ根拠になっている。しかし，実際に経済データを解析し，経済構造を計測しようとするとき，以上の諸仮定が現実には満たされていないと思われることがしばしばある。これらの仮定が必ずしも満たされない場合，分析結果に対してどのような限界を考えておくべきか，OLS 推定以外に分析の工夫ができるかなど，以下の諸節で取りあげる。

## 8.2　攪乱項 $u$ の系列相関

### 8.2.1　系列相関の問題点

実証分析をする中で，特に時系列データを扱っていると，攪乱項 $u$ の間に系列相関が存在する可能性が考えられる。この節の最初に，系列相関が想定される状況を，いくつかあげておこう。

### 系列相関の可能性

(1) 確率的な攪乱要因そのものに，周期性や系列相関がある場合が考えられる。例えば，社会制度や，習慣あるいは気候によって，1年を通じて経済行動には一定のパターンがある。例えば，消費関数を月次のデータで推定するケースなど，攪乱項に季節的変動が含まれる。消費関数における体系的な部分以外の攪乱項に，年間を通じて規則的に，それぞれの季節に応じた変動が生じるのである。

これに対して，扱うデータは季節変動を調整したデータを使うべきであるといった対応が考えられる。ところが，季節変動調整済データは，移動平均などによって時間的に集計されたデータである。ある月のデータは，その前後6ヶ月の原データの動きを含んでいる。そうすると，ある月のデータと次月のデータは，その前後5ヶ月の原データの動きを，共通に含むことになる。このことは，攪乱項の間に系列相関を必然的に生じさせる。

(2) 本来，回帰方程式の体系的部分に入れるべき変数が省略されたために，系列的な相関が起こり得る。体系的部分に入れるべき変数が省略されると，その変数の動きは攪乱項に含まれることになる。そして，省略された変数に系列相関がある場合，当然，回帰方程式の攪乱項に系列相関が生じる。

上の議論は，本来，回帰方程式の体系的部分に入れるべき変数が省略されたために起こるのである。

(3) 回帰方程式において，ラグ付き従属変数の省略といったことも，攪乱項の間に系列相関が存在する根拠になる。例えば，消費行動を表わす真の構造式が

$$C_t = \alpha + \beta Y_t + \gamma C_{t-1} + e_t$$

であるとする。説明変数の1つである $C_{t-1}$ は，1期前の消費水準である。これを導入するのは，消費の習慣的な要素を表現しているからである。この真の関係式に対して，分析者が計測しようとする計量経済モデルが，

$$C_t = \alpha + \beta Y_t + u_t$$

と定式化されたとき，

$$Cov(u_t,\ u_{t-1}) = Cov(\gamma C_{t-1} + e_t,\ C_{t-1} - \alpha - \beta Y_{t-1}) = \gamma V(C_{t-1}) \neq 0$$

になり，攪乱項の間に系列相関が生じる。こういった考察からも，攪乱項に系列相関があると認められたら，体系的部分に入れるべきラグ付き被説明変数が欠落している可能性を示唆していると言える。

### 系列相関の影響

攪乱項 $u$ に系列相関が存在するとき，OLS 推定値がどのような不都合な性質をもってしまうかを見てみよう。

まず，攪乱項 $u$ に系列相関が存在すると，OLS 推定係数 $\hat{\beta}$ に偏りが生じる可能性がでてくる。攪乱項 $u$ に正の系列相関が存在する場合，標本期間中の真の確率的要因が，例えば，プラスの値ばかりであるといったことが起こり得る。ある時点のプラスの攪乱項は，系列が正相関の性質をもてば，次の時点の攪乱項もプラスになりやすい。そうすると，真の構造方程式上の被説明変数のあるべき値より大きい値が観測されることになる。そのような観測値をもとに OLS 推定すれば，計測された回帰式は過大推定されることになる。また，このことを別な見方をすれば，攪乱項を過少に推定してしまうことになりやすい。そして，攪乱項を過少に推定すると，攪乱項 $u$ の分散 $\sigma_u^2$ も過少に推定することになる。したがって，推定係数 $\hat{\beta}$ の分散，したがって係数の標準誤差 $\widehat{\sigma_{\hat{\beta}}}$ を過少推定することになる。さらに，このことから，推定係数の有意性が高くなり，取り上げた変数の有意性を，誤ったまま評価してしまうことになる*。

＊仮に，攪乱項に系列相関が存在しても，OLS 推定量は不偏性をもっている。したがって，常に，過小推定であるとか，過大推定になるということはない。限られた標本数で推定を行なうときには，偏りのない推定値は，期待し難いと言える。

## 8.2.2　系列相関の検定

計量経済モデルの構造方程式は，経済変量 $Y$ が，一般的に定数項を含めて $k$ 個の説明変量 $X_1$，$X_2$，…，$X_k$ によって説明されると想定する。つまり，

(8.1)　$Y_t=\beta_1X_1+\beta_2X_2+\beta_3X_3+\cdots+\beta_kX_k+u_t$　$(t=1,\ 2,\ 3,\ \cdots,\ n)$

であるとする。そして，撹乱項については，次式で定式化する。

(8.2)　$u_t=\rho u_{t-1}+e_t$　ただし$|\rho|<1$，$e_t\sim N(0,\ \sigma^2)$，$Cov(e_t,\ e_s)=0$

上の式に示した撹乱項の定式化から，

$$E(u_t)=0$$

$$V(u_t)=\frac{\sigma^2}{1-\rho^2}=\sigma_u^2 \quad Cov(u_t,\ u_s)=\rho^{|t-s|}\sigma_u^2$$

もちろん，撹乱項に系列相関がないときは，$\rho$の値がゼロである。

### ダービン・ワトソン比検定

撹乱項の間に系列相関があるかないかを調べる検定方式は，「ダービン・ワトソン比検定」と呼ばれる方式がある。「ダービン・ワトソン比検定」における帰無仮説は，

帰無仮説 $H_0：\rho=0$

であり，検定統計量は，

(8.3)　$$d=\frac{\sum_{t=2}^{n}(\widehat{u_t}-\widehat{u}_{t-1})^2}{\sum_{t=1}^{n}u_t^2}$$

である。

いま，撹乱項のOLS推定値を$u_t$の観測値と見なして，

$$\widehat{u_t}=\rho\widehat{u}_{t-1}+e_t \quad (t=2,\ 3,\ \cdots,\ n)$$

にOLS推定を施す。そうしたとき，$\rho$の推定値を$\widehat{\rho}$と書くと，

$$(8.4) \qquad \hat{\rho}=\frac{\sum_{t=2}^{n}\hat{u}_t\hat{u}_{t-1}}{\sum_{t=2}^{n}\hat{u}_{t-1}^{2}}$$

である。したがって，$\rho$ の推定値 $\hat{\rho}$ と，「ダービン・ワトソン比検定」における検定統計量 $d$ との間に，次の関係がある。

$$(8.5) \qquad d=\frac{\sum(\hat{u}_t-\hat{u}_{t-1})^2}{\sum u_t^2}\fallingdotseq 2(1-\hat{\rho})$$

検定統計量 $d$ は，常に，$0\leqq d\leqq 4$ を満たすことが分かっている。しかしその精密な分布は，説明変数の値の大きさに依存する。ただし，定数項を含めて説明変数の個数 ($k$) と標本の大きさ ($n$) に対応して，検定統計量 $d$ の上限値と下限値の精密な分布を計算することができる。このことを利用するのが「ダービン・ワトソン比検定」である。この検定方式を利用する方法を説明すると，次の通りである。「ダービン・ワトソン比検定」の数値表から，説明変数の個数 ($k$) と標本の大きさ ($n$) に応じて，$d_L$ と $d_U$ の値が分かる。

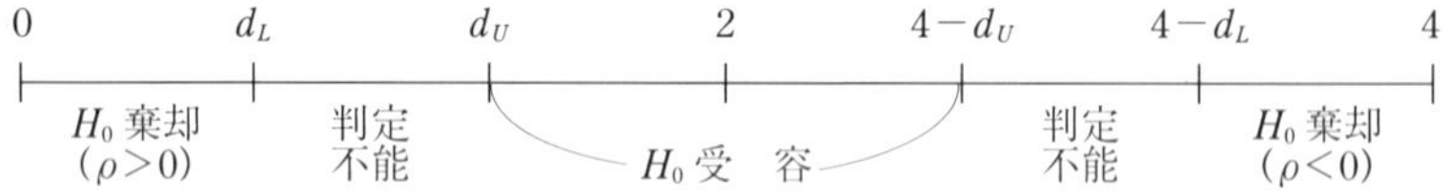


上に描いた検定統計量 $d$ の数直線図に示しているように，検定による判断は，次の通りである。

(1) $0\leqq d\leqq d_L$ のとき，$H_0：\rho=0$ を棄却。($\rho>0$ であると判断できる)

(2) $d_U\leqq d\leqq 4-d_U$ のとき，$H_0：\rho=0$ は受容。

(3) $4-d_L\leqq d\leqq 4$ のとき，$H_0：\rho=0$ を棄却。($\rho<0$ であると判断できる)

上記(1)～(3)以外のときは，ダービン・ワトソン比検定による判定は不能である。場合によっては，後述の系列相関を推定する方策を採り，攪乱項の系列相関を含む構造方程式を推定するのがよいかもしれない。

### ラグ付き被説明変数を含むケース

計量経済学的な分析において，部分調整モデルの定式化をしばしば活用する*。この場合，計測すべき構造方程式の説明変数に，ラグ付き被説明変数を加えることになる。そうすると，上述の「ダービン・ワトソン比検定」を修正する必要性が生じる。

*計量経済分析において，しばしば部分調整モデルの定式化が用いられる。定式化の概略は次の通りである。ここでは消費関数を例に説明しよう。いま，本来意図される，あるいは本来あるべき消費水準を $C_t^*$ で表わす。そして，所得を $Y_t$ にして，消費関数は $C_t^*=\alpha+\beta Y_t$ であるとしよう。ところで実際の経済社会において，消費水準 $C_t^*$ が，必ずしも直ちに実現するとは限らない。情報伝播に一定の時間を要したり，制度的な要因によって実現への遅れがあったりするからである。そこで，実現する消費水準を $C_t$ と表して，調整過程を，$(C_t-C_{t-1})=\lambda(C_t^*-C_{t-1})$ とする。ここで，$\lambda$ は，$0\leqq\lambda\leqq1$ を満たす調整係数である。以上の定式化より，計測すべき消費関数は，$C_t=\lambda\alpha+\lambda\beta Y_t+(1-\lambda)C_{t-1}$ となる。$\lambda\beta$ は短期の限界消費性向，$\beta$ は長期の限界消費性向と言われている。

いま，説明変数の一つに，ラグ付き被説明変数を含むモデルを次の通りとする。

$$(8.6)\qquad Y_t=\alpha_1 Y_{t-1}+\beta_1X_1+\beta_2X_2+\beta_3X_3+\cdots+\beta_kX_k+u_t$$

$$u_t=\rho u_{t-1}+e_t \text{ ただし } |\rho|<1,\ e_t\sim N(0,\ \sigma^2),\ Cov(e_t,\ e_s)=0,$$

$$(t=1,\ 2,\ 3,\ \cdots,\ n)$$

このとき，帰無仮説 $H_0：\rho=0$ に対する検定統計量 $h$ は，

$$(8.7)\qquad h=\hat{\rho}\sqrt{\frac{n}{1-n\cdot var(\hat{\alpha}_1)}}\sim N(0,\ 1)\quad \text{ただし，} \hat{\rho}=1-\frac{d}{2} \text{ としてよい}$$

他方，$1-n\cdot var(\hat{\alpha}_1)\leqq0$ のとき，上に示したラグ付き被説明変数を含むモデルの OLS 残差 $\hat{u}$ を用いて次式の OLS 推定を行う。

$$\hat{u}_t=\rho\hat{u}_{t-1}+\alpha_1Y_{t-1}+\beta_1X_1+\beta_2X_2+\beta_3X_3+\cdots+\beta_kX_k+e_t$$

この結果より，帰無仮説 $H_0：\rho=0$ に対して検定を行なえばよい。ここで提示した検定方式は，攪乱項の高次の系列相関の場合にも適用できる。

### 8.2.3　系列相関の推定

一般には，撹乱項の系列相関係数 $\rho$ の値は未知である。したがって，この節では，撹乱項 $u$ の系列相関係数 $\rho$ の値を推定するための「コクラン・オーカット（Chochrane Orcutt）法」と呼ばれる推定方法を説明しておこう。

① まず，計量モデル：$Y_t=\beta_1X_{1t}+\beta_2X_{2t}+\beta_3X_{3t}+\cdots+\beta_kX_{kt}+u_t$（$t=1,\ 2,\ 3,\ \cdots,\ n$）に OLS を適用して，残差 $\widehat{u}_t(t=1,\ 2,\ 3,\ \cdots,\ n)$ を計測する。

② 次に，撹乱項の系列相関係数 $\rho$ を，$\widehat{u}_t=\rho\widehat{u}_{t-1}+e_t$，（$t=1,\ 2,\ \cdots,\ n$）に OLS を適用して，$\rho$ の推定値 $\widehat{\rho}$ を得る。つまり，$\widehat{\rho}=\dfrac{\sum_{t=2}^{n}\widehat{u}_t\widehat{u}_{t-1}}{\sum_{t=2}^{n}\widehat{u}_{t-1}^2}$ によって $\rho$ の推定値 $\widehat{\rho}$ を求める。

③ 被説明変数 $Y_t$，および説明変数すべて $X_{jt}$ について，次の変数変換を行なう。つまり，

$$\widetilde{y}_t=y_t-\widehat{\rho}y_{t-1},\qquad \widetilde{X}_{jt}=X_{jt}-\widehat{\rho}X_{jt-1}$$
$$(t=2,\ 3,\ 4,\ \cdots,\ n\,;j=1,\ 2,\ \cdots,\ k)$$

である。

④ 定式化：$\widetilde{Y}_t=\beta_1\widetilde{X}_{1t}+\beta_2\widetilde{X}_{2t}+\beta_3\widetilde{X}_{3t}+\cdots+\beta_k\widetilde{X}_{kt}+e_t$　（$t=2,\ 3,\ 4,\ \cdots,\ n$）

つまり，$y_t-\widehat{\rho}y_{t-1}=\beta_1[X_{1t}-\widehat{\rho}X_{1,t-1}]+\beta_2[X_{2t}-\widehat{\rho}X_{2,t-1}]+\beta_3[X_{3t}{}^{-}{}_{-}\widehat{\rho}X_{3,t-1}]+\cdots+\beta_k[X_{kt}-\widehat{\rho}X_{k,t-1}]+e_t$ に OLS を適用して，係数推定値，および残差を求める。

⑤ 残差 $e_t$ に系列相関が無くなるまで，または係数推定値 $\widehat{\beta}_j(j=1,\ 2,\ \cdots,\ k)$ が安定的になるまで，上の②～④を繰り返す。

以上が，コクラン・オーカット法による推計手順である。

## 8.3　攪乱項の分散の不均一性

先にも述べたように，経済関係式を計測する過程で，攪乱項の分散が一定であるとできないケースも生じる。例えば，クロス・セクション・データによって勤労者世帯の消費関数を推定する場合，構造方程式を

$$C_t = \alpha + \beta Y_t + u_t \quad (t=1,\ 2,\ 3,\ \cdots,\ n)$$

とする。所得水準 $Y_j$ が高い勤労者世帯における確率的な変動 $u_j$ は，所得水準 $Y_i$ が低い勤労者世帯における確率的な変動 $u_i$ より大きな値をとり得る。所得水準が相対的に高い世帯は，不確定的な要因から生じる変動がとり得る余地が大きいと考えられる。もしそうであるならば，所得水準が相対的に高い世帯における攪乱項の標準偏差は，所得水準が低い家計における攪乱項の標準偏差より大きいと言える。このとき例えば，攪乱項 $u_t$ は，

$$u_t \sim N(0,\ (\sigma Y_t)^2) = N(0,\ \sigma^2 Y_t^2)$$

であると想定することが適切であろう。つまり，攪乱項の標準偏差が所得水準 $Y_t$ に比例すると仮定するのである。

同様に，時系列データによって，一国経済におけるマクロの消費関数を推計する場合であれば，景気の悪いときに比べて，景気の良いときの方が，消費関数における攪乱項のとり得る値の範囲は大きくなるだろう。また，経済成長が進み，国民所得水準が相対的に高くなると，確率的変動は相対的に大きな値をとり得ると考えられる。こういった想定がなされるときも，攪乱項の標準偏差を所得水準に依存すると考えてよい。

上述のように攪乱項の標準偏差が所得水準に比例すると仮定すると，先の消費関数を，

$$\frac{C_t}{Y_t} = \alpha \frac{1}{Y_t} + \beta + \frac{u_t}{Y_t}$$

と変数変換を行ない，OLS を適用することができる。この変数変換された方

程式における撹乱項は，

$$\frac{u_t}{Y_t} \sim N(0,\ \sigma^2)$$

になるからである。

### 不均一分散の検定

次に，撹乱項の「分散の不均一性の検定」を説明しよう。

いま手許にある $n$ 個の標本を2つのグループに分ける。そうして2つに分割したグループには，$n_1$ 個の標本と $n_2$ 個の標本があるとする。このような分割に応じて，計量経済モデルを，

$$Y_t = \beta_1 X_{1t} + \beta_2 X_{2t} + \beta_3 X_{3t} + \cdots + \beta_k X_{kt} + u_t \quad V(u_t) = \sigma_1^2$$
$$(t=1,\ 2,\ 3,\ \cdots,\ n_1)$$
$$Y_t = \beta_1 X_{1t} + \beta_2 X_{2t} + \beta_3 X_{3t} + \cdots + \beta_k X_{kt} + u_t \quad V(u_t) = \sigma_2^2$$
$$(t=n_1+1,\ n_1+2,\ n_1+3,\ \cdots,\ n_1+n_2)$$

と定式化して，それぞれの標本グループに対して，OLS を適用する。そうして，

$$\hat{u}_j = Y_t - [\hat{\beta}_1 X_{1t} + \hat{\beta}_2 X_{2t} + \hat{\beta}_3 X_{3t} + \cdots + \hat{\beta}_k X_{kt}] \quad (j=1,\ 2,\ 3,\ \cdots,\ n_1)$$
$$\hat{u}_j = Y_t - [\hat{\beta}_1 X_{1t} + \hat{\beta}_2 X_{2t} + \hat{\beta}_3 X_{3t} + \cdots + \hat{\beta}_k X_{kt}]$$
$$(j=n_1+1,\ n_1+2,\ n_1+3,\ \cdots,\ n_1+n_2)$$

と得られる残差 $\hat{u}_j$ について，その統計的性質は，次の通りである。

$$\frac{\sum_{j=1}^{n_1} u_j^2}{\sigma_1^2} \sim \chi^2(n_1-k) \qquad \frac{\sum_{j=1+n_1}^{n_1+n_2} u_j^2}{\sigma_2^2} \sim \chi^2(n_2-k)$$

ここで，分散の不均一性の検定として，帰無仮説 $H_0：\sigma_1^2=\sigma_2^2$ とする。

帰無仮説 $H_0$ のもとで，

$$(8.8)\qquad F=\frac{\sum_{j=1}^{n_1}u_j^2/(n_1-k)}{\sum_{j=n_1+1}^{n_1+n_2}u_j^2/(n_2-k)}\sim F(n_1-k,\ n_2-k)$$

である。有意水準に応じた $F$ 分布の臨界値を確率表から得ると，上の帰無仮説に対する棄却域が求められる。$F$ の実現値が棄却域に落ちると，帰無仮説は棄却され，分散は均一ではないと結論できる。

## 8.4　構造変化

### 8.4.1　チャウ検定

計量経済モデルを想定するとき，一般に，経済諸変数の関係を表わすモデルの構造は一定であるとしている。しかし，扱うデータが長期にわたる場合，経済の構造が不変であると前提するのが困難な場合がある。そこで，モデルの構造が一定かどうか，つまりモデルの構造が変化しているか，あるいは変化していないかを判断するための「チャウ検定（Chow test）」を説明しておこう。

手元にある $n$ 個の標本に対して，構造変化が予想される時点で，標本を $n_1$ 個の標本グループと $n_2$ 個の標本グループの2つに分ける。このような分割に応じて，モデルを，

$$Y_t=\beta_1^{(1)}X_{1t}+\beta_2^{(1)}X_{2t}+\beta_3^{(1)}X_{3t}+\cdots+\beta_k^{(1)}X_{kt}+u_t\quad V(u_t)=\sigma^2$$
$$(t=1,\ 2,\ 3,\ \cdots,\ n_1)$$
$$Y_t=\beta_1^{(2)}X_{1t}+\beta_2^{(2)}X_{2t}+\beta_3^{(2)}X_{3t}+\cdots+\beta_k^{(2)}X_{kt}+u_t\quad V(u_t)=\sigma^2$$
$$(t=1,\ 2,\ 3,\ \cdots,\ n_2)$$

と定式化する。構造変化があるかないかを検定するための「チャウ検定」の帰無仮説は，

$$H_0:\beta_j^{(1)}=\beta_j^{(2)}\quad j=1,\ 2,\ \cdots,\ k$$

である。

さて，上に示したように，期間を分割してできた $n_1$ 個の標本グループに対して OLS を適用して得られる残差の 2 乗和を $S_1=\sum_{t=1}^{n_1}\hat{u}_t^2$ とし，他方，$n_2$ 個の標本グループに対して OLS を適用して得られる残差の 2 乗和を $S_2=\sum_{t=1}^{n_2}\hat{u}_t^2$ とする。そして，これらの合計を $Q_A=S_1+S_2$ で表わす。

他方，上述の期間を分割してデータに OLS を適用するのとは別に，今，$n$ $(=n_1+n_2)$ 個の全標本に対して OLS を適用して得られる残差の 2 乗和を $Q_T=\sum_{t=1}^{n}\hat{u}_t^2$ と表わす。

ところで，もし構造変化があって，分割してできた $n_1$ 個の標本グループに対する構造と，もう 1 つの $n_2$ 個の標本グループに対する構造とが大きく異なるのであれば，$n$ 個の全標本に対して OLS を適用して得られる残差は比較的に大きい値になるだろう。これに対して，それぞれの構造を別々に推定したときの残差の大きさは相対的に小さい。したがって，構造変化があるときは，上に定義した $Q_T$ と，$Q_A$ との差は大きい値になるはずである。他方，構造変化がなければ，$Q_T$ と $Q_A$ との間に有意な差はなくなるであろう。構造変化がないならば，期間を分割して計測するのと標本期間全体を通して計測するのとに，大きな違いはないからである。

実は，上に示した $Q_T$ および $Q_A$ より，$Q_B=Q_T-Q_A$ を定義すると，$Q_A$ と $Q_B$ は統計的に独立であって，帰無仮説 $H_0:\beta_j^{(1)}=\beta_j^{(2)}$ $(j=1,\ 2,\ \cdots,\ k)$ のもとで，

(8.9)　$$\frac{Q_A}{\sigma^2}\sim\chi^2(n-2k)\qquad\frac{Q_B}{\sigma^2}\sim\chi^2(k)$$

であることが確かめられる*。したがって，帰無仮説 $H_0:\beta_j^{(1)}=\beta_j^{(2)}$ $(j=1,\ 2,\ \cdots,\ k)$ のもとで，

(8.10)　$$F=\frac{Q_B/k}{Q_A/(n-2k)}\sim F(k,\ n-2k)$$

が成り立つ。上述の $F$ を，構造変化の有無を判断する「チャウ検定」の検定統計量にする。つまり，上述の $F$ 統計値が $F$ 分布の臨界値より大きいとき，帰無仮説は棄却され，モデルに構造変化があったと判断する。他方，$F$ 統計値が $F$ 分布の臨界値より小さいとき，帰無仮説は受容され，必ずしも構造変化があったとは言えないのである。

＊証明は第12章12.2節を参照。

### 8.4.2　ダミー変数

経済構造が変化していることが明らかな場合，構造変化を積極的に推定に活かすため，ダミー変数が用いられることがある。例えば，石油ショック前後で，モデルの構造パラメタの変化を定式化するため，構造方程式を

(8.11)　$$Y_t=\alpha+\mu D_t+\beta X_t+u_t$$

とする。ここで，変数 $D_t$ は，人工的な変数であって，ダミー変数と言われる。そして，次のように定義する。

石油ショック前のとき　$D_t=0$

石油ショック後のとき　$D_t=1$

このような定式化をすれば，モデルは，

石油ショック前のとき　$Y_t=\alpha+\beta X_t+u_t$

石油ショック後のとき　$Y_t=(\alpha+\mu)+\beta X_t+u_t$

と定義したのと同等である。石油ショック前後で回帰方程式がシフトすることになる。

上述の定式化とは異なる構造方程式も想定できる。その定式化は，

(8.12)　$$Y_t=\alpha+(\beta+\mu D_t)X_t+u_t$$

である。ここで，変数 $D_t$ は，上述のダミー変数と同じである。

このような定式化をすれば，モデルは，

石油ショック前のとき　$Y_t=\alpha+\beta X_t+u_t$

石油ショック後のとき　$Y_t=\alpha+(\beta+\mu)X_t+u_t$

と定義したのと同等である。石油ショック前後で説明変数 $X$ にかかる限界係数の値が変化することになるのである。

さて，上にあげた外生的なショックの例とは違って，政府などが一定の政策を採った前後で，内生的な経済変数によるモデルの変化を見極める場合にも，ダミー変数を用いる分析がなされる。

上の例のように，ある時点の前後で，構造が変化するといったこと以外にも，構造パラメタの違いを考慮しなければならないことがある。

いま半年次データによって，変数 $Y$ を変数 $X$ に回帰させる場合を考える。上半期と下半期で，モデルの構造パラメタの変化を，例えば，次のように定式化する。

$$Y_t=\alpha+\mu D_t+\beta X_t+u_t \quad \text{あるいは}$$

$$Y_t=\alpha+(\mu D_t+\beta)X_t+u_t$$

ここで，ダミー変数 $D_t$ は，

上半期のとき　$D_t=0$

下半期のとき　$D_t=1$

と定義する。このような定式化をすれば，モデルの構造は，

上半期のとき　$Y_t=\alpha+\beta X_t+u_t$

下半期のとき　$Y_t=(\alpha+\mu)+\beta X_t+u_t$　あるいは

$Y_t=\alpha+(\mu+\beta)X_t+u_t$

になる。結局，回帰方程式のシフトを表すとか，あるいは，回帰方程式の限界係数の値が上期と下期で異なることを明示的に分析に取り入れることになる。

四半期データの場合は，3つのダミー変数 $D_1$，$D_2$，$D_3$ を取りあげ，次のように定義する。

| | $D_1$ | $D_2$ | $D_3$ |
|---|---|---|---|
| 第1四半期のとき； | 0 | 0 | 0 |
| 第2四半期のとき； | 1 | 0 | 0 |
| 第3四半期のとき； | 0 | 1 | 0 |
| 第4四半期のとき； | 0 | 0 | 1 |

また，季節調整がなされていない月次データの場合も，ダミー変数を定義することによって，月別の構造の違いを，明示的に分析に取り入れることができる。

## 8.5　多重共線性

### 8.5.1　多重共線性の問題点

この節では，説明変数の間の多重共線性の問題を考察する。分析しようとする計量経済モデルが，次式であるとする。

$$Y_t = \alpha + \beta X_{t1} + \gamma X_{t2} + u_t \quad (t=1,\ 2,\ 3,\ \cdots,\ n)$$

このとき，OLS 推定量は，正規方程式，

$$\hat{\beta}\sum x_{t1}^2 + \hat{\gamma}\sum x_{t1}x_{t2} = \sum y_t x_{t1}$$
$$\hat{\beta}\sum x_{t1}x_{t2} + \hat{\gamma}\sum x_{t2}^2 = \sum y_t x_{t2}$$

を解くことによって得られる。ここで，

$$x_{t1} = X_{t1} - \bar{X}_1 \qquad x_{t2} = X_{t2} - \bar{X}_2 \qquad y_t = Y_t - \bar{Y}$$

である。ところが，説明変数 $X_{t1}$ と $X_{t2}$ との間に，

$$X_{t1} = a + \lambda X_{t2} \quad (t=1,\ 2,\ 3,\ \cdots,\ n)$$

で表わす関係があるとする。説明変数 $X_{t1}$ と $X_{t2}$ との間に，完全な線型関係が

存在するのである。このようなとき，変数 $X_{t1}$ と $X_{t2}$ とに「完全な多重共線性」があるという。変数 $X_{t1}$ と $X_{t2}$ との間に上述の完全な多重共線性が存在すると，

$$x_{t1}=\lambda x_{t2} \quad (t=1,\ 2,\ 3,\ \cdots,\ n)$$

なる関係が導ける。このとき，正規方程式は，

$$\lambda^2\hat{\beta}\sum x_{t2}^2+\lambda\hat{\gamma}\sum x_{t2}^2=\lambda\sum y_t x_{t2}$$

$$\lambda\hat{\beta}\sum x_{t2}^2+\hat{\gamma}\sum x_{t2}^2=\sum y_t x_{t2}$$

になる。上に示したように，正規方程式の第1式は，第2式に $\lambda$ を掛けて得られる。つまり，これら2つの方程式は独立ではなく，互いに従属している。したがって，この連立方程式によっては，推定値 $\hat{\beta}$, $\hat{\gamma}$ の一意的な解は得られない。OLS 推定値は未決定のままである。

換言すると，変数 $X_1$ の変数 $Y$ への影響の大きさ ($\beta$) と変数 $X_2$ の変数 $Y$ への影響の大きさ ($\gamma$) とを識別（区別）できないのである。

しかしながら，説明変数間に完全な多重共線性があるということは，むしろ明確なことがらであって，あまり問題性は大きくはないとも言える。推定する上で，問題となる多重共線性は次のようなケースである。

説明変数間に完全な多重共線性が無い場合，OLS 推定値は，正規方程式を解くことによって得られる。いま，変数 $X_1$ にかかる限界係数 $\beta$ の推定値 $\hat{\beta}$ を取りあげてみよう。

推定値 $\hat{\beta}$ は次のように得られる。

$$\hat{\beta}=\frac{\sum y_t x_{t1}\sum x_{t2}^2-\sum y_t x_{t2}\sum x_{t1}x_{t2}}{\sum x_{t1}^2\sum x_{t2}^2-(\sum x_{t1}x_{t2})^2}=\frac{r_{y1}-r_{y2}r_{12}}{1-r_{12}^2}\frac{\sum y_t^2}{\sum x_{t1}^2} \tag{8.13}$$

ここで，$r_{y1}$ は説明変数 $X_1$ と被説明変数 $Y$ の相関係数であり，$r_{y2}$ は説明変数 $X_2$ と被説明変数 $Y$ の相関係数である。また，$r_{12}$ は説明変数 $X_1$ と説明変数 $X_2$ の相関係数である。

いま，説明変数 $X_1$ と説明変数 $X_2$ との多重共線性の程度を相関係数 $r_{12}$ で表わして，説明変数の間の多重共線性の推定結果に及ぼす影響を考察する。

**表８－１　共線関係の強さ $r_{12}$ が推定値 $\widehat{\beta}$ へ及ぼす影響**

| $r_{12}$ | 0.98 | 0.95 | 0.90 | 0.8 | 0.5 | 0.2 | 0.0 |
|---|---|---|---|---|---|---|---|
| $r_{y1}$ の 0.01 の変化が $\widehat{\beta}$ に及ぼす効果 | 0.253 | 0.103 | 0.053 | 0.028 | 0.013 | 0.010 | 0.010 |
| $r_{y2}$ の 0.01 の変化が $\widehat{\beta}$ に及ぼす効果 | 0.247 | 0.097 | 0.052 | 0.023 | 0.007 | 0.002 | 0.0 |
| $V(\widehat{\beta})$，$E(d^2)$ の大きさ | 50.51 | 20.51 | 10.53 | 5.56 | 2.67 | 2.08 | 2.0 |

表８－１の示すところは次の通りである。例えば，推計に用いる標本を１つ追加すると，説明変数 $X_1$ と被説明変数 $Y$ の相関係数 $r_{y1}$ が0.01だけ変化したとしよう。説明変数 $X_1$ と説明変数 $X_2$ との多重共線性の強さを表す相関係数 $r_{12}$ が0.5程度であれば，推定値 $\widehat{\beta}$ は0.013程度の違いでしかないが，多重共線性の強さが0.98にもなれば，推定値 $\widehat{\beta}$ は0.253程度の違いが生じるのである。これ程の違いは，符号を変化させてしまう可能性が充分にある。

表８－１で読みとれることは，多重共線性の関係性が強くなれば，推計に用いるデータを１つだけ追加したり，あるいは１つだけ減らしたりすると，推定値の値は大きく違ってしまうということなのである。言い換えると，多重共線性が強くなればなるほど，推定値がきわめて不安定になるのである。この内容を，統計学的に示すと，次に述べる推定量の分散や推定量と真値との距離で表すことになる。

推定量 $\widehat{\beta}$ の分散は，

$$V(\widehat{\beta})=\frac{\sigma^2}{\sum x_{t1}^2}\frac{1}{1-r_{12}^2}$$

である。説明変数 $X_1$，$X_2$ の多重共線性の程度が非常に高く，相関係数 $r_{12}$ が高いとき，推定量の分散は非常に大きくなる。これを別な言い方をすれば，推定値は不安定になりやすいということである。

また，推定量 $\widehat{\beta}$，$\widehat{\gamma}$ と真値 $\beta$，$\gamma$ との距離を $d$ で表わすと，

$$d^2=(\hat{\beta}-\beta)^2+(\hat{\gamma}-\gamma)^2$$

である。この期待値を考えると，

$$E(d^2)=\sigma^2\left(\frac{1}{\sum x_{t1}^2}+\frac{1}{\sum x_{t2}^2}\right)\frac{1}{1-r_{12}}$$

になる。説明変数 $X_1$，$X_2$ との多重共線性の程度が非常に高いとき，推定量と真値との距離の期待値も大きなものになる。OLS によって得られた推定値が，母集団における真のパラメタの値とかけ離れたものになっている可能性が大きいと言えるのである。

### 8.5.2　多重共線性への対処

回帰分析を行なうに際して，説明変数の間に多重共線性が存在するとき，どんな対策がとれるだろうか。以下に，回帰方程式を計測する上での工夫の仕方を述べておこう。

① 理論的に最も好ましいのは，標本を追加することである。多重共線性は，本来，計量経済モデルを推定するためには情報不足なのである。多重共線性のある標本しか得られなかったことが問題であると言える。したがって，共線関係を回避できるよう，標本を追加的に得ることが望ましい。しかし，計量経済分析においては，このことはそれほど望めない。大部分の経済データは，分析者にとって所与であって，例えば実験を行なって，追加的に標本を得るということは，ほとんど不可能である。

② 多重共線性の関係をもった説明変数の中から１つ，あるいは若干個の変数をモデルの定式化からはずして推計する。説明変数が完全な多重共線性の関係にあれば，OLS 推定は行ない得ない。しかし，不完全な多重共線性の関係にある場合であっても，実は，OLS 推定によって，個々の説明変数にかかる限界係数を計測することが困難なのである。そこで，１，２の説明変数を含めないで，モデルの推定を行なうのである。ところが，そうすることによって，問題点は２つ生じる。１つは，経済理論的にいえば，計測すべき限界係数の情報

が得られないという問題が起こる。経済学的に関心があるにもかかわらず，一部の限界係数の値が得られないのである。もう１つは，統計学的な観点から，変数を欠落させることによる推定誤差が生じる。つまり定式化の誤りから，推定された係数値はバイアスをもつことになるのである。

③ 説明変数の原データに関して定式化された構造方程式を変換することによって，多重共線性を回避することが可能になる。例えば，構造方程式が，

$$Y_t=\alpha+\beta X_{t1}+\gamma X_{t2}+u_t$$

で表わせるとしよう。このとき，説明変数 $X_{t1}$ と，説明変数 $X_{t2}$ とに多重共線性の関係が存在するとしよう。

しかし，階差を取った変数，つまり，

$$\triangle Y_t=Y_t-Y_{t-1}\,;\qquad \triangle X_{t1}=X_{t1}-X_{t-1,1}\,;\qquad \triangle X_{t2}=X_{t2}-X_{t-1,2}$$

に変換すると，変数 $\triangle X_{t1}$，$\triangle X_{t2}$ には多重共線性の関係がなくなることがある。そうして，構造方程式については，

$$\triangle Y_t=\beta\triangle X_{t1}+\gamma\triangle X_{t2}+u'_t$$

として計測するのである。

あるいは，比率を取った変数，つまり，

$$\frac{Y_t}{Z_t}\,;\ \frac{X_{t1}}{Z_t}\,;\ \frac{X_{t2}}{Z_t}$$

に変換すると，変換したデータには，多重共線性の関係がなくなることがある。そうして，構造方程式を

$$\frac{Y_t}{Z_t}=\alpha\frac{1}{Z_t}+\beta\frac{X_{t1}}{Z_t}+\gamma\frac{X_{t2}}{Z_t}+u''_t$$

として計測する。変数 $Z_t$ は説明変数 $X_{t1}$，説明変数 $X_{t2}$ のどちらでもよいし，全く別の変数であってもよい。

上に述べた変数を変換する方法は，説明変数間の多重共線性を回避する方法として，理論的に根拠があるわけではない。多くの経済データにおいては，変数を変換し，階差や比率のデータにすると，多重共線性の関係がなくなるという経験を取り入れたものである。しかし，この方法に問題がないわけではない。変換した構造方程式の攪乱項に系列相関が生じたり，分散の不均一性が生じたりするからである。したがって，この方法を用いるのは，説明変数間の多重共線性を回避すると同時に，攪乱項に系列相関があるときや，攪乱項に分散の不均一性が認められるときに，有効であろう。

④ 外部情報を得るということも，多重共線性を回避する方法として採用できる。例えば，上述の構造方程式の推定に際して，説明変数 $X_{t1}$ にかかる限界係数 $\beta$ の値は，何らかの方法で得ることができたとしよう。

そうすると，モデルを，

$$Y_t-\beta X_{t1}=\alpha+\gamma X_{t2}+u_t$$

として，これに手許にあるデータから，説明変数 $X_{t2}$ にかかる係数 $\gamma$ を推定することができる。この方法の典型的な例は，いわゆる「プーリング・メソッド」と呼ばれるものである。例えば，ある財に関する需要関数を推定するケースである。財の需要量は所得と価格の関数である。そこで，所得にかかる限界係数，つまり所得効果を表わす係数は，家計調査などのクロス・セクション・データによって計測する。そうした上で，価格にかかる係数，つまり価格効果を表わす係数は，時系列データによって計測するのである。このような推定方法を取ることによって，多重共線性の関係にある説明変数 $X_{t1}$，$X_{t2}$ にかかる限界係数を同時に計測することを避けることができる。

⑤ 与えられたデータをあるがままに，また経済理論的な仮説を反映した構造方程式そのままに，説明変数の間の多重共線性に対処する方法として，リッジ回帰や主成分回帰といった推定方法がある*。

*リッジ回帰や主成分回帰について，詳細な考察は第12章を参照。

ここでは，リッジ回帰の方法を説明しておこう。分析しようとする計量経済モデルが，

$$Y_t = \alpha + \beta X_{t1} + \gamma X_{t2} + u_t$$

で表わせるとする。このとき，OLS 推定量は，先述の正規方程式を解くことによって得られる。ところが，２つの説明変数 $X_{t1}$，$X_{t2}$ の間に多重共線性が存在するとき，つまり，２つの説明変数の相関係数 $r_{12}$ が１に近いとき，推定係数が不安定になるのである。そこで，正規方程式を次のように修正する。

$$(8.14)\qquad \tilde{\beta}(\sum x_{t1}^2 + \kappa) + \tilde{\gamma}\sum x_{t1}x_{t2} = \sum y_t x_{t1}$$

$$(8.15)\qquad \tilde{\beta}\sum x_{t1}x_{t2} + \tilde{\gamma}(\sum x_{t2}^2 + \kappa) = \sum y_t x_{t2}$$

ここで，$\kappa$ はプラスの値の数である。この連立方程式を解くと，実は，安定的な推定結果が得られる。ただ，リッジ回帰による推定量は不偏性をもたないことに注意すべきである。また，$\kappa$ をどのような値とするかが，恣意的になることが，問題点として指摘される。

## 8.6　説明変数と撹乱項の相関

### 推定量の偏り

この節では，単一の構造方程式において，説明変数と撹乱項とが相関をもつ場合，どのような配慮をすべきか，そして，OLS 推定がどのような限界をもつか，を見てみる。

例えば，消費関数：$C = \alpha + \beta Y + u$ を時系列のマクロ・データで計測する場合を考えてみる。そして議論を簡単にするため，現実の経済構造が，

$$C = \alpha + \beta Y + u$$
$$Y = C + I$$

で表わせるとする。ここで，$Y$ は国民所得，$C$ は消費水準，$I$ は投資などを含めて消費以外の支出水準とする。また，$u$ は消費関数における撹乱的要因であるとする。そして，$I$ は外生変数であって，$Y$，$C$ が内生変数であるとする。

このとき，内生変数 $Y$ は，

$$Y=\frac{\alpha}{1-\beta}+\frac{I}{1-\beta}+\frac{1}{1-\beta}u$$

で表わせる。

上式で明らかなように，$Y$ は攪乱項 $u$ を含んでいるので，消費関数において，説明変数である $Y$ と攪乱項 $u$ との間に相関が存在することになる。実は，推定すべき構造方程式において，説明変数と攪乱項とが相関するとき，OLS 推定値はバイアス（偏り）をもつのである。このことを，以下に示しておこう。

上に示したマクロの消費関数 $C_t=\alpha+\beta Y_t+u_t$（$t=1$，2，…，$n$）に OLS を適用して，係数 $\beta$ の推定値は，

$$\hat{\beta}=\frac{\sum C_tY_t-n\bar{C}\bar{Y}}{\sum Y_t^2-n\bar{Y}^2}$$

と得られる。ところで，$\hat{\beta}$ の分子は，次のように展開できる。

$$\begin{aligned}\sum C_tY_t-n\bar{C}\bar{Y}&=\sum C_tY_t-\bar{Y}\sum C_t=\sum C_t(Y_t-\bar{Y})\\&=\sum(\alpha+\beta Y_t+u_t)(Y_t-\bar{Y})\\&=\alpha\sum(Y_t-\bar{Y})+\beta\sum Y_t(Y_t-\bar{Y})+\sum u_t(Y_t-\bar{Y})\\&=\beta(\sum Y_t^2-n\bar{Y}^2)+\sum u_t(Y_t-\bar{Y})\qquad(\because\quad\sum(Y_t-\bar{Y})=0)\end{aligned}$$

したがって，

$$\hat{\beta}=\beta+\frac{\sum u_t(Y_t-\bar{Y})}{\sum Y_t^2-n\bar{Y}^2}\text{ より，}$$

$$\text{ゆえに，}E(\hat{\beta})=\beta+E\left[\frac{\sum u_t(Y_t-\bar{Y})}{\sum Y_t^2-n\bar{Y}^2}\right]\neq\beta$$

が得られる。上式から明らかなように，OLS 推定量 $\hat{\beta}$ は，方程式の説明変数

$Y_t$ と攪乱項 $u_t$ とに相関があるとき，不偏推定量にはならないのである。言い換えると，説明変数と攪乱項とに相関があるときには，OLS 推定値はバイアス（偏り）をもつのである。また，上式の第2項は，標本数を増やしても，説明変数と攪乱項との間に相関があるかぎりゼロにはならないので，OLS 推定は一致推定量*にもならない。

*推定量 $\hat{\beta}$ が $\beta$ に確率収束するとき，つまり，$p\lim\hat{\beta}=\beta$ が成立するとき，$\hat{\beta}$ は $\beta$ の一致推定量であるという。

### 操作変数推定法

説明変数と攪乱項とに相関があるとき，「操作変数法（Method of Instrumental Variables）」と呼ばれる推定法を用いれば，偏りのない推定値が得られる。以下で，上述の構造方程式を例にして，操作変数法を説明しておこう。

上に示したマクロ経済における消費関数の場合，説明変数 $Y_t$ と攪乱項 $u_t$ とに相関があると考えられた。そして，これに OLS を適用すると，係数に偏りのある推定値が得られたのである。そこで，説明変数 $Y_t$ と相関はあるが，攪乱項 $u_t$ とは無相関である操作変数 $Z_t$ を取りあげる*。

そうして，推定量を得る正規方程式：

$$n\hat{\alpha}+\hat{\beta}\sum Y_t=\sum C_t$$

$$\hat{\alpha}\sum Y_t+\hat{\beta}\sum Y_t^2=\sum Y_t C_t$$

に変えて，

$$n\tilde{\alpha}+\tilde{\beta}\sum Y_t=\sum C_t$$

$$\tilde{\alpha}\sum Z_t+\tilde{\beta}\sum Z_t Y_t=\sum Z_t C_t$$

より，推定値を算出するのである。これが，操作変数法による推定方法なのである。

*操作変数 $Z_t$ としては，攪乱項と無相関であって，しかも説明変数 $X_{t2}$ と相関の強い変数を採用する。例えば，先のマクロの消費関数の例でいえば，今期の所得

$Y$ は攪乱項と相関がある。そこで操作変数として1期前の所得水準 $Y_{-1}$ を採用する。1期前の所得水準 $Y_{-1}$ は今期の攪乱項とは無相関である。それでいて，1期前の所得水準 $Y_{-1}$ は，今期の所得水準 $Y$ と強い相関があると考えられる。

操作変数法による $\beta$ の推定量 $\tilde{\beta}$ は次のように得られる。

$$\tilde{\beta}=\frac{\sum C_t Z_t-n\bar{C}\bar{Z}}{\sum Z_t Y_t-n\bar{Z}\bar{Y}}$$

上式の分子は，次のように展開できる。

$$\begin{aligned}\sum C_t Z_t-n\bar{C}\bar{Z}&=\sum C_t Z_t-\bar{Z}\sum C_t=\sum C_t(Z_t-\bar{Z})\\&=\sum(\alpha+\beta Y_t+u_t)(Z_t-\bar{Z})\\&=\alpha\sum(Z_t-\bar{Z})+\beta\sum Y_t(Z_t-\bar{Z})+\sum u_t(Z_t-\bar{Z})\\&=\beta(\sum Y_t Z_t-n\bar{Y}\bar{Z})+\sum u_t(Z_t-\bar{Z})\qquad(\because\quad\sum(Z_t-\bar{Z})=0)\end{aligned}$$

したがって，

$$\tilde{\beta}=\beta+\frac{\sum u_t(Z_t-\bar{Z})}{\sum Z_t Y_t-n\bar{Z}\bar{Y}}\text{ より，}$$

$$\text{ゆえに，}E(\tilde{\beta})=\beta+E\left[\frac{\sum u_t(Z_t-\bar{Z})}{\sum Z_t Y_t-n\bar{Z}\bar{Y}}\right]$$

ところで，操作変数 $Z_t$ と攪乱項 $u_t$ とは無相関であるから，上式の第2項はゼロである。したがって，操作変数法による推定量は不偏推定量である。

**2段階最小2乗法**

上述の操作変数推定法は，次に示す2段階の最小2乗推定法と同等であることが分かっている。その2段階の最小2乗推定法とは，以下の通りである。

まず，構造方程式において攪乱項と相関のある説明変数を，攪乱項とは無相関の操作変数に回帰する。したがって，説明変数の操作変数への回帰のため，

$$n\hat{\gamma}+\hat{\delta}\sum Z_t=\sum Y_t \qquad \cdots\cdots(1)$$

$$\hat{\gamma}\sum Z_t+\hat{\delta}\sum Z_t^2=\sum Z_t Y_t \qquad \cdots\cdots(2)$$

より，係数の計測値を算出して，

$$\hat{Y}_t=\hat{\gamma}+\hat{\delta}Z_t \qquad \cdots\cdots(3)$$

を求める。実は，その回帰式による説明変数の計測値を，本来推定したい構造方程式の説明変数として扱うのである。この操作変数への回帰による説明変数の計測値と上記(1)より，

$$\sum\hat{Y}_t=n\hat{\gamma}+\hat{\delta}\sum Z_t=\sum Y_t \qquad \cdots\cdots(3')$$

が成り立つことに注意しておきたい。

さて，2段階最小2乗法の第2ステップとして，構造方程式

$$C_t=\alpha+\beta\hat{Y}_t+u_t$$

に OLS を適用する。つまり，正規方程式

$$n\hat{\alpha}+\hat{\beta}\sum\hat{Y}_t=\sum C_t \qquad \cdots\cdots(4)$$

$$\hat{\alpha}\sum\hat{Y}_t+\hat{\beta}\sum\hat{Y}_t^2=\sum C_t\hat{Y}_t \qquad \cdots\cdots(5)$$

より，構造パラメタ $\alpha$，$\beta$ の推定値を得るのである。

上述の2段階最小2乗推定法による推定量が，先に述べた操作変数法と同等であることを示しておこう。

上述の(5)より，

$$\begin{aligned}0&=\sum(\hat{\alpha}+\hat{\beta}\hat{Y}_t-C_t)\hat{Y}_t=\sum(\hat{\alpha}+\hat{\beta}\hat{Y}_t-C_t)(\hat{\gamma}+\hat{\delta}Z_t)\\&=\hat{\gamma}\sum(\hat{\alpha}+\hat{\beta}\hat{Y}_t-C_t)+\hat{\delta}\sum(\hat{\alpha}+\hat{\beta}\hat{Y}_t-C_t)Z_t\\&=\hat{\gamma}[n\hat{\alpha}+\hat{\beta}\sum\hat{Y}_t-\sum C_t]+\hat{\delta}[\hat{\alpha}\sum Z_t+\hat{\beta}\sum\hat{Y}_tZ_t-\sum C_tZ_t]\end{aligned}$$

である。最後の等式の第１項は，上記(4)よりゼロであるから，結局，

$$\hat{\alpha}\sum Z_t+\hat{\beta}\sum \hat{Y}_t Z_t-\sum C_t Z_t=0$$

が成り立つ。これより，

$$\hat{\alpha}\sum Z_t+\hat{\beta}\sum \hat{Y}_t Z_t=\sum C_t Z_t \quad \cdots\cdots(6)$$

である。ところで，上記(2)に注意して，

$$\sum \hat{Y}_t Z_t=\sum (\hat{\gamma}+\hat{\delta} Z_t) Z_t=\hat{\gamma}\sum Z_t+\hat{\delta}\sum Z_t^2=\sum Z_t Y_t$$

が成り立つ。したがって，これと上の(6)より，結局，

$$\hat{\alpha}\sum Z_t+\hat{\beta}\sum Y_t Z_t=\sum C_t Z_t \quad \cdots\cdots(6')$$

が成り立つ。

（3′）を参考にすれば，上述の(4)および（6′）は，先に示した操作変数による推定方法と全く同等であることを示している。結局，先に示した操作変数推定法と２段階最小２乗推定法とは同等であることが証明できた。

# 第9章　計量経済モデルの利用

## 9.1　モデル構築のプロセス

この章では，計測した計量経済モデルが妥当なものかどうかを検討する手順を説明する。つまり，計量経済モデルのテストの仕方である。そして，テストに合格したモデルを，どのように活用するかについて，複数の構造方程式から構成されるモデルを例にして述べる。

まず，検証しようとする経済問題が分析できるモデルに定式化する。例えば，考察すべき経済問題が，次の単純なマクロ経済モデルによって表わされるとしよう。

【単純なマクロ経済モデル】

(1) $C=a+bY_d$　　$C$：消費　$Y_d$：可処分所得

(2) $I=g+h(Y-Y_{-1})$　　$I$：投資　$Y$：国民所得　$Y_{-1}$：前期の $Y$

(3) $M=n+mY$　　$M$：輸入

(4) $Y_d=Y-T$

(5) $T=q+tY$　　$T$：税

(6) $Y=C+I+G+E-M$　　$G$：政府支出　$E$：輸出

このモデルにおいて，外生変数は $G$，$E$ であり，内生変数は $Y$，$C$，$I$，$M$，$T$，$Y_d$ としよう。そうして，先決内生変数は，$Y_{-1}$ である。内生変数のうちで，ラグ付き内生変数を特に，先決内生変数という。

一般に，計量モデルで扱われる変数は，次に示すように分類される。

- 変数の種類
  - 先決変数
    - 外生変数
    - ラグ付き変数
  - 同時内生変数

さらに，通常，どのような経済モデルも，次に示すように，先決変数の値が与えられると，同時内生変数の値が計算できる連立方程式体系で構成される。

モデルの構造：先決変数→ モデル体系 →同時内生変数

したがって，「同時内生変数の数＝方程式の数」でなければならない。

また，考察するモデル体系において，どの変数が外生変数であり，どの変数が内生変数であるかは，分析者の視点によるのである。分析者の解こうとする経済問題が何であるかによって，外生変数と内生変数の区別は異なってくる。

さて，経済モデルを構成する１つ１つの構造方程式の中で，推計（計測）しなければならないのは，構造パラメタを含むものである。例示するモデルでは，(1)消費関数，(2)投資関数，(3)輸入関数，(5)租税関数である。したがって，(1)，(2)，(3)，(5)式の４本の構造方程式を計測し，妥当性が満たされれば，モデル体系は一応，完結する。

モデル体系が完結すれば，体系そのものの現実妥当性をテストする必要がある。というのは，決定係数の大きさや推定係数の $t$ 値などによって，個々の構造式の妥当性が満たされたとしても，いくつかの構造方程式によって構成されるモデル体系が，全体として経済の現実を十分フォローするかどうかは，別な話なのである。したがって，モデル体系の現実妥当性をテストしなければならない。テストの仕方は，２種類がある。それらは，全体テストと最終テストと呼ばれるものである。これらが，どのようなテストであるかを次節で説明する。

モデル体系をテストすることによって，計測された計量経済モデルが，現実の経済を充分跡づけるものであり，現実妥当性の点で合格と判断されると，モデルによる経済構造の分析が可能になる。この段階では，構造分析の結果は尊重されるべきである。しかし，中には，分析者の現実経済に対するヴィジョンを満たさない場合もでてくる。このときは，構造モデルの定式化に戻って再考しなければならない。

計測されたモデル体系の構造分析に関しても合格すると，いよいよ経済予測や，政策効果分析が可能になる。つまり，計測された計量経済モデルは完成品として，予測や政策評価のために利用できるのである。

以上の，計量経済モデルの構築プロセスを図式化すると，次のようになる。

構造モデルの定式化 ←
↓　↑
構造方程式の計測
↓
モデル体系のテスト
↓
モデルによる構造分析
↓
モデルによる予測・政策効果分析

## 9.2　モデル体系のテスト

前節で述べたように，計量経済分析あるいは，数量経済分析の第1ステップは，考察したい経済問題が充分に分析できるモデルを定式化するこである。

この段階では，分析者の経済学の知識と経済ヴィジョンが反映される。次に，モデル体系を構成する1つ1つの構造方程式を計測する。その方法は第7，8章で説明した。ここで，構造方程式を計測し，その妥当性を検討しなければならない。

### 9.2.1　部分テスト

モデル体系を構成する1つ1つの構造方程式の妥当性の検討を，一般に部分テストという。部分テストでは，推定した係数の $t$ 値や構造方程式の適合度の指標である決定係数が最も適切な指標になるだろう。しかし，$t$ 値や決定係数だけが問題ではない。連続して過大推定になっていないか，あるいは過小推定になっていないかなどを，丁寧に検討しておくことが大切である。連続的に，過大推定や過小推定されているときは，重要な説明変数が欠落している可能性が考えられる。さらに，例えば，誤差項の絶対値が，時系列的に大きくなっていたり，誤差項が特定の変数と強い相関があるといった傾向が生じたりすることがある。この場合も構造方程式の定式化から再考する必要がある。

また，1時点またはいくつかの時点で，特に誤差項が異常に大きい値であったりすると，その時点には，他の大部分の期間とは異なる経済構造が当てはまることになるかもしれない。この場合も，構造方程式の定式化を工夫する必要がある。

一つ一つの構造方程式の妥当性が満足できるものであると，モデル体系が完結する。モデル体系が完結すれば，次は，体系そのものの現実妥当性をテストする必要がある。１つ１つの構造式が満足いくものであるとしても，モデル体系全体の現実妥当性をテストする必要がある。全体テスト（トータル・テスト）と最終テスト（ファイナル・テスト）を，次に説明しよう。

### 9.2.2　全体テスト

まず，全体テストを説明しよう。どのような経済モデルも，先決変数の値が与えられると，モデルの連立方程式を満たす内生変数の値が計算できる。そうして，モデルにおける先決変数というのは，外生変数と，先決内生変数，つまりラグ付き内生変数である。全体テストというのは，各期毎に，先決変数の実績値を与えて，モデルである連立方程式を満たす内生変数の推定値を計算する。このようにして，各期毎に解かれた内生変数の推定値と，それらの実績値とを比較するのである。

例示した単純なマクロ経済モデルの体系が，1975年から1985年のデータによって推計されたとする。全体テストではまず，外生変数である $G$，$E$ の1975年実績値と，先決内生変数である $Y$ の1974年実績値を与えて，同時内生変数である $Y$，$C$，$I$，$M$，$T$，$Y_d$ の1975年推定値を計算する。

次に，外生変数である $G$，$E$ の1976年実績値と，先決内生変数である $Y$ の1975年実績値を与えて，同時内生変数である $Y$，$C$，$I$，$M$，$T$，$Y_d$ の1976年推定値を計算する。同様にして，1985年まで各年の推定値を計算する。このようにして得られた，同時内生変数の1975年から1985年までの推定値と，手元にある同じ期間の実績値とを比較するのである。内生変数の推定値と実績値とに大きな違いがあれば，推定されたモデル体系は現実を充分フォローしていないことになる。推定値と実績値との大きな差が，モデルの現実妥当性の欠如ということになれば，１つ１つの構造方程式の定式化と推定などが再考されなければならない。

### 9.2.3　最終テスト

次に，最終テストを説明しよう。最終テストと全体テストの違いは，先決内生変数の取扱いである。最終テストでは，外生変数には実績値を与えるが，先決内生変数には，その時点以前の当該変数の推定値を与えて，同時内生変数の推定値を計算する。もちろん，テスト期間の初期には，先決内生変数の推定値は存在しないので，そのときだけ実績値を与える。

先の例示モデルの場合，まず，外生変数である $G$，$E$ の1975年実績値と，先決内生変数である $Y$ の1974年実績値を与えて，同時内生変数である $Y$，$C$，$I$，$M$，$T$，$Y_d$ の1975年推定値を計算する。したがって，$Y$，$C$，$I$，$M$，$T$，$Y_d$ の1975年推定値は，全体テストによる結果と等しい。次に，外生変数である $G$，$E$ の1976年実績値と，先決内生変数である $Y_{-1}$ については，先に求めた1975年推定値を与えて，同時内生変数である $Y$，$C$，$I$，$M$，$T$，$Y_d$ の1976年推定値を計算する。以降，1976年の同時内生変数の推定値を計算したと同様に，1985年までの推定値を計算する。

最終テストでは，先決内生変数については，その時点までの推定値を用いるので，一般に，全体テストより最終テストの方が，誤差の蓄積が大きくなる。換言すると，モデルの現実妥当生を検証するには，より厳しいテストであると言える。テストの初期の時点で，実績値と推定値に大きな乖離があると，その誤差が後々まで影響を残すことになる。したがって，テストの初期時点をどこにするかということは重大である。テストの初期時点を様々に変えて，最終テストを行なうこともある。このようなテストの仕方を初期値テストという。

### 9.2.4　テスト結果の評価基準

上で，モデル体系の妥当性を見る方法として，全体テストと最終テストを説明した。そこで，テスト結果である推定値と実績値とを，どのような視点で比較するか。これについて次に述べる。テスト結果の評価基準について，いくつかの指標を述べておこう。

(1) まず，内生変数ごとに実績値（$A_t$）と事後予測値（＝推定値，$P_t$）の系列図を描くことである。実績値 ($A_t$) と，テストの結果，つまり事後予測値 ($P_t$) を，同一の時系列グラフ上に描くことによって，モデル体系が現実経済をどれ程跡づけているかを直観することができる。

(2) 実績値 ($A_t$) とテスト結果である事後予測値 ($P_t$) の違いの程度を数量化することができる。平均平方誤差がその1つの指標である。平均平方誤差は，

$$\sqrt{\frac{\sum (P_t - A_t)^2}{n}}$$

で定義される。

(3) 実績値 ($A_t$) と事後予測値 ($P_t$) の違いを数量化した平均平方誤差には，不都合な点がある。それは，モデルの内生変数それぞれは，単位が異なる変数であったり，仮に，単位が等しい変数であっても比較できない範囲にあったりする。こういった不都合さを回避するため，平均絶対誤差率がある。実績値に対して，実績値と事後予測値の乖離の割合を指標化する平均絶対誤差率は，

$$100 \times \frac{1}{n} \sum \frac{|P_t - A_t|}{A_t}$$

である。

(4) 実績値 ($A_t$) と事後予測値 ($P_t$) を同一グラフ上に描くことも，モデルの妥当性を見るのに有効である。横軸に実績値を，縦軸に事後予測値を取る。各期毎に ($A_t$, $P_t$) をプロットするのである。実績値と事後予測値が一致するときは，図の45度線上にプロットされる。45度線より上にプロットされたときは，それは過大推計を表わす。逆に，45度線より下にプロットされたときは，それは過小推計を表わす。

(5) 横軸に実績値を，縦軸に事後予測値を取ったグラフ上に，各期毎の ($A_t$, $P_t$) を描いたとき，45度線に完全に一致すると，これは完全予測である。そこで，事後予測値の実績値への回帰を計量してみる。つまり，

$$P_t = a + bA_t$$

を計測する。このとき，仮説：$a=0$　$b=1$ が受容されれば，全期間を通じて，

予測値と実績値は有意に異なるとは言えない。しかし，仮説：$a=0$　$b=1$ が棄却されれば，予測値と実績値は有意に異なると考えられる。

(6) (i)実績増加分 ($\triangle A_t$) と事後予測増加分 ($\triangle P_t$) の系列図を描く，

(ii)実績増加分 ($\triangle A_t$) と事後予測増加分 ($\triangle P_t$) を同一グラフ上に描くことも，モデルの妥当性を見るのに有効である。例えば，短期的な経済の変動を見るときには，それぞれの経済変数が前期に対して増加・上昇するのか，あるいは減少・下降するのかが関心の対象になる。このように，短期的な経済変動を正しく予測するかといった視点も，モデルの妥当性の証明になる。実績増加分と事後予測増加分の系列図を描いたり，実績増加分と事後予測増加分を，それぞれ横座標と縦座標にしてグラフ上にプロットしたりして，モデルの予測能力を直観することができる。

(7) モデルの現実妥当性を見るのに，モデル内の経済変数の実績増加分と事後予測増加分を比較することが有効である。この場合，妥当性の数量的指標の1つが不一致係数である。不一致係数は，

$$\frac{\sum(\triangle A_t - \triangle P_t)^2}{\sum \triangle A_t^2}$$

と定義される。不一致係数の値がゼロに近い値である程，モデルが現実経済の短期的な変動をうまく跡づけていると言える。

## 9.3　経済構造の把握

モデル体系のテストによって，推定した経済モデルが，現実の経済を十分跡づけるもので，現実妥当性の点で合格と判断されると，モデルを用いて経済構造の分析が可能になる。この節では，モデルを用いて，現実がどのような経済構造かを知る手だてを説明する。

### 推定係数から構造を知る

経済構造を把握する最初の手だては，構造方程式の計測から得られる構造パ

ラメタの値である。例えば，先に例示したモデルにおける消費関数の場合，推定された可処分所得にかかる係数の値 $b$ が，限界消費性向を意味している。つまり，可処分所得が１兆円増大すると，消費水準が $b$ 兆円の増加をもたらす。経済全体でそのような消費行動がなされていると言える。

同様に，輸入関数から，限界輸入性向の値は，推定された国民所得にかかる係数の値 $m$ である。国民所得が１兆円増大すると，輸入が $m$ 兆円の増加をもたらす。経済全体でそのような輸入に対する反応があると言える。

他方，輸入の所得弾力性 $\eta$ は，$\eta=\dfrac{\frac{dM}{M}}{\frac{dY}{Y}}=\dfrac{dM}{dY}\cdot\dfrac{Y}{M}=m\dfrac{Y}{M}$ である。ここで，$m$ は輸入関数の計測から，その値は分かっている。例えば，国民所得 $Y$ の標本平均と，輸入額 $M$ の標本平均で，上式を評価して，輸入の所得弾力性を知ることができる。あるいは，標本期間中の $\dfrac{Y}{M}$ の平均の値で，上式を評価することもできる。もちろん，標本期間中，輸入の所得弾力性が変化していると考えるならば，各期の国民所得 $Y$ の値，輸入額 $M$ の値で，上式を評価しなければならない。一方，標本期間中，輸入の所得弾力性が一定であると考えられる場合，輸入関数を，線形ではなく，対数線形で定式化すべきであろう。つまり，$\log(M)=n'+m'\log(Y)$ と，輸入関数を定義すべきであろう。この場合，輸入の所得弾力性 $\eta$ は，$\eta=\dfrac{\frac{dM}{M}}{\frac{dY}{Y}}=\dfrac{d\log(M)}{d\log(Y)}=m'$ になる。したがって，輸入の所得弾力性は，定式化された輸入関数において，所得 $(Y)$ にかかる限界係数の値そのものになる。また，この場合の限界輸入性向は，$\dfrac{dM}{dY}=m'\dfrac{Y}{M}$ から導出できる。標本期間中，限界輸入性向が変化していると考えられる。

## 乗数分析

次に，現実がどのような経済構造なのかを知る手だてとして，乗数効果分析と呼ばれている方法を説明しよう。

一般に，乗数効果分析によって，モデルの外生変数の変化が，内生変数にどのような変化をもたらすかを知ることができる。

先の例示モデルにおいて，外生変数である輸出 $E$ の変化が経済体系内の諸変数 $Y$，$C$，$M$，… などにどのような変化を及ぼすかを見る。

例えば，輸出 $E$ の実績値を10%増加させた系列を作り，この系列を前提に，最終テストを行なう。このような実験から国民所得の計算値の系列を，$\tilde{y}_t$ と書こう。他方，輸出 $E$ の実績値を前提に行なった最終テストにおける国民所得の計算値の系列を $\hat{y}_t$ と書こう。2つの系列，

$$\tilde{y}_1,\ \tilde{y}_2,\ \tilde{y}_3,\ \cdots,\ \tilde{y}_t,\ \cdots;\quad \hat{y}_1,\ \hat{y}_2,\ \hat{y}_3,\ \cdots,\ \hat{y}_t,\ \cdots$$

の違いは，輸出 $E$ の実績値を10%増加させたか，あるいは実績値のままであるかの違いに依存している。したがって，輸出 $E$ の10%増加が国民所得を $(\tilde{y}_t-\hat{y}_t)$ だけ増加させると理解できる。あるいは，輸出 $E$ の10%増加が，国民所得の $100\cdot\dfrac{(\tilde{y}_t-\hat{y}_t)}{\hat{y}_t}$ %の増加をもたらすと言える。他の外生変数の変化についても，同様な分析ができる。

上の例では，輸出 $E$ の10%増加が経済体系に及ぼす実験を行なうとした。これは換言すると，輸出の増加 $\triangle E_t$ に対して，国民所得の増加 $(\tilde{y}_t-\hat{y}_t)$ がもたらされると把握できる。このとき，$\dfrac{\tilde{y}_1-\hat{y}}{\triangle E_1}$，$\dfrac{\tilde{y}_2-\hat{y}_2}{\triangle E_2}$，$\dfrac{\tilde{y}_3-\hat{y}_3}{\triangle E_3}$，…，$\dfrac{\tilde{y}_t-\hat{y}_t}{\triangle E_t}$，… が輸出の増加による乗数効果を表わしている。上例の場合，継続的に輸出の増加による実験を行なうので，特に，この乗数を累積乗数という。

上例のように，継続的に輸出の増加による効果を見るのではなく，1回限りの，輸出の増加がもたらす効果を見ることもある。この場合は，特定の関心ある時点で，外生変数にその実績値と異なる値を与えて，最終テストを行なう。そうして，実績値系列による最終テスト結果と比較するのである。このような実験から得られる乗数を，衝撃乗数という。

## 9.4　政策シミュレーションと事前予測

前節では，乗数効果分析によって，モデルの外生変数の変化が，内生変数それぞれに及ぼす変効果を，どのように計測するかを説明した。この乗数効果分析は，経済構造を理解する方法だけではなく，政策実験（政策シミュレーション）の方法としても利用することができる。

### 政策変数と非政策変数

一般に，外生変数の中には，経済的側面から，政策変数と非政策変数とに区別することができる。先に例示したモデルの場合，外生変数は政府支出 $G$ と輸出 $E$ である。2つのうち，政府支出 $G$ は，その大きさを政府がコントロールすることができる変数であるとしてよい。このような観点から，政府支出 $G$ は政策変数であると言える。輸出 $E$ は諸外国の国内生産物に対する需要であるから，その大きさについては，国内のいかなる経済主体もコントロールできない変数と言える。その意味で，輸出 $E$ は非政策変数である。もっとも例示モデル体系をさらに拡張して，世界経済の動きをも取り込んだ中では，輸出 $E$ は政策変数にできるかもしれない。

### 乗数効果分析による政策実験

政策実験の1つの方法は，外生変数のうちでも，特に政策変数を取りあげて，乗数効果分析を行なうことである。例えば，政府支出 $G$ の実績値を10%増加させた系列を作り，この系列を前提に，最終テストを行なう。このような実験から国民所得の計算値の系列を，$\tilde{y}_t$ とし，他方，政府支出 $G$ の実績値を前提に行なった最終テストにおける国民所得の計算値の系列を $\hat{y}_t$ とする。2つの系列の違いは，政府支出 $G$ の実績値を10%増加させたか，あるいは実績値のままであるかの違いを表わしている。つまり，政府支出 $G$ の10%増加は国民所得を $(\tilde{y}_t-\hat{y}_t)$ だけ増加させると理解できる。あるいは，政府支出 $G$ の10%

増加が，国民所得の $100\cdot\dfrac{(\tilde{y}_t-\hat{y}_t)}{\hat{y}_t}$ %の増加をもたらすと言える。

上述の効果分析とは別に，例えば，政府支出 $G$ の1兆円増加がもたらす効果を実験することもしばしばある。

この場合，政府支出の増加 $\triangle G_t=1$ に対して，国民所得の増加 $(\tilde{y}_t-\hat{y}_t)$ がもたらされると把握できる。このとき，$\left[\dfrac{\tilde{y}_1-\hat{y}_1}{\triangle G_1},\ \dfrac{\tilde{y}_2-\hat{y}_2}{\triangle G_2},\ \dfrac{\tilde{y}_3-\hat{y}_3}{\triangle G_3},\ \cdots,\ \dfrac{\tilde{y}_t-\hat{y}_t}{\triangle G_t},\ \cdots\right]$ が政府支出の増加による乗数効果を表わしている。このような乗数効果分析から政府支出を増加させたときの政策効果を知ることができる。

### 構造パラメタの違いによる政策実験

政策実験の他の方法は，構造パラメタの変化を考慮することである。例示のモデルの場合，租税関数 $T=q+tT$ において，限界税率 $t$ を例えば，1％ポイント減少させるのである。すなわち今，限界税率が0.06と計測されているとしよう。したがって，限界税率を0.06として最終テストを行なっているはずである。そしてこれとは別に，限界税率を0.05として，最終テストを行なう。そうして，限界税率が0.06のときの最終テスト結果と限界税率を0.05のときの最終テスト結果とを比較するのである。この比較検討から限界税率の1％ポイント減少させたときの効果を知ることができる。標本期間中の一定の税制度のもとに，限界税率が0.06と計測されているのである。したがって，税制度の変更が，租税関数の限界税率を1％ポイント下げるものであると仮定できるならば，2つの最終テスト結果の比較は，税制度の変更という政策の効果を評価することになる。

モデル体系における政策変数は1つであるとは限らない。1つのモデル体系はいくつかの政策変数をもっているものである。また，制度の変更がもたらす構造パラメタの変化も1つだけに限らない。したがって，いくつかの政策変数を組み合わせて，あるいは構造パラメタの変化を取り入れて，最終テストを行なうことによって，政策実験をすることができる。

### 事前予測

この節の最後に事前予測の方法を述べておこう。

先の節で，最終テストや全体テストの方法を述べた。最終テストや全体テストは，標本期間内で，モデルの解と現実の値とを比較する。いわば，経済の実績が明らかになってしまってから，それを跡づけているのである。その意味から，先の節で述べた最終テストなどは，事後予測とも言われる。これに対して，標本期間を超えて，最終テストや全体テストを行なうとき，そのような実験を事前予測と言う。つまり，経済諸変数の実績値がいまだ得られていない時点での予測である。このとき，外生変数をどのような値にするかが問題である。

外生変数は，モデル体系の中では決定できない変数である。分析者は，考慮の外においたものである。しかしながら，事前予測をする場合，外生変数の値を与えなければ，予測値を導出できない。そこで，外生変数の値を与えて予測の実験をする場合，外生変数の値を与える方法は恣意的にならざるを得ない。例えば，予測期間の前期の５％増しの値を与える，あるいは，外生変数の統計的な傾向線を計算して，それを予測期間に延長するといった方法が採られる。外生変数によっては，予測期間の前期の値がそのまま持続すると想定することもある。したがって，ここで銘記しておかなければならないことは，経済学における予測というのは，常に条件付きの予測であるということである。外生変数の値が変われば，当然，モデル体系内のすべての内生変数の値も異なる。分析者が与えた一連の外生変数の値を前提に，予測の結果を評価すべきなのである。その観点から，いかなる事前予測も，条件付き予測である。

# 第 Ⅲ 部

# より発展的な展開

# 第10章　行列とベクトル

## 10.1　行列とベクトル

数値を長方形に並べたものを，行列という。行列の横の並びを行，縦の並びを列という。行数が $m$ であって，列数が $n$ の行列を $m\times n$ 行列という。行列の上から第 $j$ 番目の行にあって，左から第 $k$ 番目の列に位置する数値を，行列の $(j,\ k)$ 要素（$jk$ 要素とも書く）という。それを，例えば $a_{jk}$ と表す。下付添え字は，行番号，列番号の順に表示する。

一般に，$n\times 1$ 行列または $1\times m$ 行列をベクトルといい，前者を列ベクトル，後者を行ベクトルという。特に断りがない限り，ベクトルは通常，列ベクトルである。

$m\times n$ 行列 $\boldsymbol{A}$，$p\times q$ 行列 $\boldsymbol{B}$，$n$ 次ベクトル $\boldsymbol{x}$ を具体的に表わすと，次の通りである。

$$\boldsymbol{A}=\begin{pmatrix} a_{11} & a_{12} & a_{13} & \cdots & a_{1n} \\ a_{21} & a_{22} & a_{23} & \cdots & a_{2n} \\ a_{31} & a_{32} & a_{33} & \cdots & a_{3n} \\ \vdots & \vdots & \vdots & \cdots & \vdots \\ a_{m1} & a_{m2} & a_{m3} & \cdots & a_{mn} \end{pmatrix},\ \boldsymbol{B}=\begin{pmatrix} b_{11} & b_{12} & \cdots & b_{1q} \\ b_{21} & b_{22} & \cdots & b_{2q} \\ b_{31} & b_{32} & \cdots & b_{3q} \\ \vdots & \vdots & \cdots & \vdots \\ \vdots & \vdots & \cdots & \vdots \\ b_{p1} & b_{p2} & \cdots & b_{pq} \end{pmatrix},\ \boldsymbol{x}=\begin{pmatrix} x_1 \\ x_2 \\ x_3 \\ \vdots \\ x_n \end{pmatrix}$$

### 行列の転置，スカラー倍

(1) 行列 $\boldsymbol{A}$ の転置行列を $\boldsymbol{A}'$ と表わし，$\boldsymbol{A}'=\begin{pmatrix} a_{11} & a_{21} & a_{31} & \cdots & a_{m1} \\ a_{12} & a_{22} & a_{32} & \cdots & a_{m2} \\ a_{13} & a_{23} & a_{33} & \cdots & a_{m3} \\ \vdots & \vdots & \vdots & \cdots & \vdots \\ a_{1n} & a_{2n} & a_{3n} & \cdots & a_{mn} \end{pmatrix}$ である。

つまり，行列 $\boldsymbol{A}$ の第 $j$ 行を第 $j$ 列にする行列が，転置行列 $\boldsymbol{A}'$ なのである。言いかえれば，行列 $\boldsymbol{A}$ の転置行列 $\boldsymbol{A}'$ は，行列 $\boldsymbol{A}$ の第 $k$ 列を第 $k$ 行にする行列である。したがって，行列 $\boldsymbol{A}$ の次数が $m\times n$ であれば，$\boldsymbol{A}'$ の次数は $n\times m$ になる。

(2) 列ベクトル $\boldsymbol{x}$ の転置 $\boldsymbol{x}'$ は，行ベクトルを表す。つまり，上述の列ベクトル $\boldsymbol{x}$ に対して，$\boldsymbol{x}'=(x_1\ x_2\ x_3\cdots x_n)$ である。

(3) 行列やベクトルに対して，1次元の数値をスカラーという。行列 $\boldsymbol{A}$ とスカラー $\alpha$ との積を，行列 $\boldsymbol{A}$ のスカラー $\alpha$ 倍ともいい，$\alpha\boldsymbol{A}=\boldsymbol{C}$ とすると，$\boldsymbol{C}$ の $(j,\ k)$ 要素 $c_{jk}$ は，$c_{jk}=\alpha a_{jk}$ である。

### 等式，加法，減法

$m=p$，$n=q$ のときにのみ，つまり $\boldsymbol{A}$，$\boldsymbol{B}$ の次数が等しいときのみ，等式，加法，減法が可能である。

(1) $\boldsymbol{A}=\boldsymbol{B}\iff$ すべての $j$，$k$ について $a_{jk}=b_{jk}$

(2) $\boldsymbol{A}+\boldsymbol{B}=\boldsymbol{C}\implies m\times n$ 行列 $\boldsymbol{C}$ の $(j,\ k)$ 要素 $c_{jk}$ は，$c_{jk}=a_{jk}+b_{jk}$

(3) $\boldsymbol{A}-\boldsymbol{B}=\boldsymbol{C}\implies m\times$ 行列 $\boldsymbol{C}$ の $(j,\ k)$ 要素 $c_{jk}$ は，$c_{jk}=a_{jk}-b_{jk}$

### 乗法とトレース

$n=p$ のときにのみ，つまり $m\times n$ 行列 $\boldsymbol{A}$ の列数と $p\times q$ 行列 $\boldsymbol{B}$ の行数が等しいときのみ，$\boldsymbol{AB}$ の乗法が可能である。$\boldsymbol{AB}=\boldsymbol{C}$ とすれば，$\boldsymbol{C}$ は，$m\times q$ 行列になる。

(1) $\boldsymbol{AB}=\boldsymbol{C}\implies m\times q$ 行列 $\boldsymbol{C}$ の $(j,\ k)$ 要素 $c_{jk}$ は，

$$c_{jk}=\sum_{i=1}^{n}a_{ji}b_{ik}=a_{j1}b_{1k}+a_{j2}b_{2k}+\cdots+a_{jn}b_{nk}$$

と定義される。積 $\boldsymbol{AB}$ の $(j,\ k)$ 要素は，$\boldsymbol{A}$ の第 $j$ 行と $\boldsymbol{B}$ の第 $k$ 列との内積である*。

＊次数の等しい2つのベクトルの内積は，対応する要素の積を，総和した値である。

(2) 乗法が仮に可能であっても，一般に，$\boldsymbol{AB}\neq\boldsymbol{BA}$ である。

(3) $\boldsymbol{AB}$ が計算可能であるとき，$(\boldsymbol{AB})'=\boldsymbol{B}'\boldsymbol{A}'$ が成り立つ。

[証明] $\boldsymbol{AB}$ の $ij$ 要素は，$\sum_k a_{ik}b_{kj}$ である。したがって，これは，転置行列 $(\boldsymbol{AB})'$ の $(j,\ i)$ 要素である。他方，$\boldsymbol{B}'$ の $(j,\ k)$ 要素は $b_{kj}$ であり，$\boldsymbol{A}'$ の $(k,\ i)$ 要素は $a_{ik}$ であるから，$\boldsymbol{B}'\boldsymbol{A}'$ の $(j,\ i)$ 要素は，$\sum b_{kj}a_{ik}=\sum a_{ik}b_{kj}$ になる。以上に示したことは，$(\boldsymbol{AB})'$ の $(j,\ i)$ 要素と $\boldsymbol{B}'\boldsymbol{A}'$ の $(j,\ i)$ 要素は等しいことである。ゆえに，$(\boldsymbol{AB})'=\boldsymbol{B}'\boldsymbol{A}'$ である。[終]

$n\times n$ 行列 $\boldsymbol{A}$ のトレースは，$tr\boldsymbol{A}$ と表し，$tr\boldsymbol{A}=\sum a_{kk}$ である。つまり，トレースは対角要素の総和を意味する。

(4) $\boldsymbol{AB}$ および $\boldsymbol{BA}$ が計算可能であるとき，$tr\boldsymbol{AB}=tr\boldsymbol{BA}$ である。

[証明] $tr\boldsymbol{AB}=tr\left[\sum_{k=1}^{n}a_{ik}b_{kj}\right]=\sum_{i=1}^{m}\sum_{k=1}^{n}a_{ik}b_{ki}$ である。

他方，$tr\boldsymbol{BA}=tr\left[\sum_{k=1}^{m}b_{ik}a_{kj}\right]=\sum_{j=1}^{n}\sum_{k=1}^{m}b_{jk}a_{kj}=\sum_{k=1}^{m}\sum_{j=1}^{n}a_{kj}b_{jk}$ である。したがって，$tr\boldsymbol{AB}=tr\boldsymbol{BA}$ である。[終]

### 特定の性質をもつ行列

(1) 行数と列数が等しい行列を正方行列という。つまり，$n=m$ のとき，$n\times n$ 行列 $\boldsymbol{A}$ は，正方行列である。特に，$n$ 次正方行列という。

(2) $n\times n$ 行列 $\boldsymbol{A}$ において，$a_{jk}=a_{kj}$ が成り立つとき，つまり，$\boldsymbol{A}'=\boldsymbol{A}$ であるとき，行列 $\boldsymbol{A}$ を対称行列という。要するに，対角線を対称軸にして，対応する各要素の値が等しい行列である。

(3) $n\times n$ 行列 $\boldsymbol{A}$ において，すべての $j\neq k$ に対して $a_{jk}=0$ が成り立つとき，行列 $\boldsymbol{A}$ を対角行列という。対角行列は，要するに，対角要素以外の要素がすべてゼロである。

(4) すべての対角要素が 1 である対角行列を単位行列と言い，行列 $\boldsymbol{I}$ で表す。単位行列の次数を明示するときは，$\boldsymbol{I}_n$ のように表す。つまり，$\boldsymbol{I}_n$ は $n\times n$ 次の単位行列である。$m\times n$ 行列 $\boldsymbol{A}$ について，$\boldsymbol{I}_n\boldsymbol{A}=\boldsymbol{A}=\boldsymbol{A}\boldsymbol{I}_n$ が成り立つ。

(5) 正方行列 $\boldsymbol{A}$ について，$\boldsymbol{A}=\boldsymbol{A}'$ および $\boldsymbol{A}=\boldsymbol{A}^2$ が成り立つとき，行列 $\boldsymbol{A}$ を巾

等（べきとう）行列という。

(6) 要素のすべてが1であるベクトル $\boldsymbol{e}$ を定義すると，$\boldsymbol{e}'\boldsymbol{x}=\boldsymbol{x}'\boldsymbol{e}=\sum x_k$ である。

(7) $\boldsymbol{n}\times\boldsymbol{n}$ 行列 $\boldsymbol{A}$ の逆行列を $\boldsymbol{A}^{-1}$ で表し，$\boldsymbol{A}^{-1}\boldsymbol{A}=\boldsymbol{A}\boldsymbol{A}^{-1}=\boldsymbol{I}$ が成り立つ。ただし，逆行列は，常に存在するとは限らない。逆行列に関して，$(\boldsymbol{AB})^{-1}=\boldsymbol{B}^{-1}\boldsymbol{A}^{-1}$ が成り立つ。

[証明] $(\boldsymbol{AB})^{-1}$ は，明らかに $(\boldsymbol{AB})$ の逆行列である。

ところで，$\boldsymbol{B}^{-1}\boldsymbol{A}^{-1}$ に前から $(\boldsymbol{AB})$ を掛けると，$(\boldsymbol{AB})\boldsymbol{B}^{-1}\boldsymbol{A}^{-1}=\boldsymbol{ABB}^{-1}\boldsymbol{A}^{-1}=\boldsymbol{AIA}^{-1}=\boldsymbol{AA}^{-1}=\boldsymbol{I}$ である。

また，$\boldsymbol{B}^{-1}\boldsymbol{A}^{-1}$ に後ろから $(\boldsymbol{AB})$ を掛けると，$\boldsymbol{B}^{-1}\boldsymbol{A}^{-1}(\boldsymbol{AB})=\boldsymbol{B}^{-1}\boldsymbol{A}^{-1}\boldsymbol{AB}=\boldsymbol{B}^{-1}\boldsymbol{IB}=\boldsymbol{B}^{-1}\boldsymbol{B}=\boldsymbol{I}$ である。したがって，$\boldsymbol{B}^{-1}\boldsymbol{A}^{-1}$ は行列 $(\boldsymbol{AB})$ の逆行列である。ゆえに，$(\boldsymbol{AB})^{-1}=\boldsymbol{B}^{-1}\boldsymbol{A}^{-1}$ である。[終]

(8) 転置行列の逆行列は，もとの行列の逆行列の転置になる。つまり，$(\boldsymbol{A}')^{-1}=(\boldsymbol{A}^{-1})'$ が成り立つ。この証明は省略する*。

＊後述する余因子行列によって逆行列を定義すれば，この命題は明らかである。

## 10.2　行 列 式

### $\boldsymbol{n}\times\boldsymbol{n}$ 行列の行列式

$n\times n$ 正方行列 $\boldsymbol{A}$ の行列式の値 $|\boldsymbol{A}|$ は，次の通り定義される。第1行から第 $n$ 行まで，各行それぞれから，1つずつ要素を取り出す。その際，どの行からも，またどの列からも取り出す要素は1つだけである。いま仮に，$a_{1j_1}\ a_{2j_2}\ a_{3j_3}\cdots a_{nj_n}$ が取り出されたとしよう。

取り出した $n$ 個の要素の列番号の並び $\{j_1\ j_2\ j_3\cdots j_n\}$ が，偶順列であればプラス符号，奇順列であればマイナス符号を意味する符号関数 $sign(j_1\ j_2\ j_3\cdots j_n)$ を定義する。ここで，番号の並び $\{j_1\ j_2\ j_3\cdots j_n\}$ を，2つの番号の置き換えを何回か行って，基準の並び $\{1\ 2\ 3\cdots n\}$ にすることを考える。このとき，偶数回の置き換えによって基準の並びにできるとき，並び $\{j_1\ j_2\ j_3\cdots j_n\}$ を偶順列と言い，奇数回の置き換えで基準の並びにできるとき奇順列という。

上に述べた符号関数を乗じた $n$ 個の要素の積 $a_{1j_1}a_{2j_2}a_{3j_3}\cdots a_{nj_n}$ は，実は，全部で $n!$（$n$ の階乗，factoria）個できる。それら $n$ 個の符号付き要素の積に関する $n!$ 個の総和が行列式の値である。

したがって，$n\times n$ 正方行列 $\boldsymbol{A}=\begin{pmatrix} a_{11} & a_{12} & a_{13} & \cdots & a_{1n} \\ a_{21} & a_{22} & a_{23} & \cdots & a_{2n} \\ a_{31} & a_{32} & a_{33} & \cdots & a_{3n} \\ \vdots & \vdots & \vdots & \cdots & \vdots \\ a_{n1} & a_{n2} & a_{n3} & \cdots & a_{nn} \end{pmatrix}$ の行列式の値 $|\boldsymbol{A}|$ は，$|\boldsymbol{A}|=\sum sign(j_1\ j_2\ j_3\cdots j_n)\,a_{1j_1}a_{2j_2}a_{3j_3}\cdots a_{nj_n}$ と表現できる。

上述の行列式の定義と異なる観点から定義することもできる。上では，第1行目から第 $n$ 行目まで順々に要素を取り出し，$a_{1j_1}a_{2j_2}a_{3j_3}\cdots a_{nj_n}$ が得られたとした。これを列番号の順に並び替えて，いま仮に，$a_{k_11}a_{k_22}a_{k_33}\cdots a_{k_nn}$ になったとしよう。そうすると，取り出した $n$ 個の要素の積について，掛け算する値を並び替えただけであるから，

$$a_{1j_1}a_{2j_2}a_{3j_3}\cdots a_{nj_n}=a_{k_11}a_{k_22}a_{k_33}\cdots a_{k_nn}$$

である。また，2つの順列 $(j_1\ j_2\ j_3\cdots j_n)$ と $(k_1\ k_2\ k_3\cdots k_n)$ に関して，上述の説明から明らかなように，前者の並びを基準の並び $(1\ 2\cdots n)$ にする置き換えの回数と，後者の並びを基準の並びにする置き換えの回数は同じである。ゆえに，$sign(j_1\ j_2\ j_3\cdots j_n)=sign(k_1\ k_2\ k_3\cdots k_n)$ である。

したがって，先の行列式の定義と異なって，第1列目から第 $n$ 列目まで，順々に要素を取り出していく手順で，行列式の値 $|\boldsymbol{A}|$ を定義することができる。つまり，

$$|\boldsymbol{A}|=\sum sign(k_1\ k_2\ k_3\cdots k_n)\,a_{k_11}a_{k_22}a_{k_33}\cdots a_{k_nn}$$

と表現してよい。

**2×2 行列の行列式**

2×2 正方行列 $\boldsymbol{A}=\begin{pmatrix} a_{11} & a_{12} \\ a_{21} & a_{22} \end{pmatrix}$ の行列式の値は，$|\boldsymbol{A}|=\begin{vmatrix} a_{11} & a_{12} \\ a_{21} & a_{22} \end{vmatrix}=a_{11}a_{22}-a_{12}a_{21}$ である。

行列式の値の幾何学的な意味は，行列 $\boldsymbol{A}$ の 2 つの列を構成するベクトル $\begin{pmatrix} a_{11} \\ a_{21} \end{pmatrix}$ と $\begin{pmatrix} a_{12} \\ a_{22} \end{pmatrix}$ によって作られる平行四辺形の面積である。第 1 ベクトルに向かって第 2 ベクトルが左手にあればプラス，右手にあればマイナス符号がつく。

**3×3 行列の行列式**

3×3 正方行列 $\boldsymbol{A}=\begin{pmatrix} a_{11} & a_{12} & a_{13} \\ a_{21} & a_{22} & a_{23} \\ a_{31} & a_{32} & a_{33} \end{pmatrix}$ の行列式の値は，$|\boldsymbol{A}|=\begin{vmatrix} a_{11} & a_{12} & a_{13} \\ a_{21} & a_{22} & a_{23} \\ a_{31} & a_{32} & a_{33} \end{vmatrix}$ $=a_{11}a_{22}a_{33}+a_{12}a_{23}a_{31}+a_{13}a_{21}a_{32}-a_{11}a_{23}a_{31}-a_{12}a_{21}a_{33}-a_{13}a_{22}a_{31}$ である。

行列式の値の幾何学的な意味は，行列 $\boldsymbol{A}$ の 3 つの列を構成するベクトル $\begin{pmatrix} a_{11} \\ a_{21} \\ a_{31} \end{pmatrix}$，$\begin{pmatrix} a_{12} \\ a_{22} \\ a_{32} \end{pmatrix}$ と $\begin{pmatrix} a_{13} \\ a_{23} \\ a_{33} \end{pmatrix}$ によって作られる平行六面体の体積である。第 1 ベクトルの方から第 2 ベクトルの方へドライバー（ネジ回し）を回して，進む方向に第 3 ベクトルがあればプラス，そうでなければマイナス符号がつく。

**行列式の性質（その 1）**

行列式に関する性質で，きわめて基本的なものをあげておこう。

(1) 行と列とを入れ換えても行列式の値は変わらない。つまり，$|\boldsymbol{A}'|=|\boldsymbol{A}|$

$n\times n$ 行列の行列式の値について上述の 2 つの定義から明らかである。

(2) 任意の 2 つの行を入れ換えると，行列式の符号は代わる。また，列に関しても同様である。

［証明］いま，第 $p$ 行と第 $q$ 行を入れ換えた行列を $\boldsymbol{B}$ とすると，

$$|\boldsymbol{A}|=\sum sign(j_1j_2j_3\cdots j_p\cdots j_q\cdots j_n)\,a_{1j_1}a_{2j_2}a_{3j_3}\cdots a_{pj_p}\cdots a_{qj_q}\cdots a_{nj_n}$$

$$|\boldsymbol{B}|=\sum sign(j_1j_2j_3\cdots j_q\cdots j_p\cdots j_n)\,a_{1j_1}a_{2j_2}a_{3j_3}\cdots a_{qj_q}\cdots a_{pj_p}\cdots a_{nj_n}$$

$$=\sum -sign(j_1j_2j_3\cdots j_p\cdots j_q\cdots j_n)\,a_{1j_1}a_{2j_2}a_{3j_3}\cdots a_{pj_p}\cdots a_{qj_q}\cdots a_{nj_n}=-|\boldsymbol{A}|$$ ［終］

(3) 2つの行が等しい行列の行列式の値は0である。また，列に関しても同様である。

［証明］ 2つの行が等しい行列について，それら2つの行を入れ換えても等しい行列が得られる。ところが，上述の(2)より，$|\boldsymbol{A}|=-|\boldsymbol{A}|$である。ゆえに，$|\boldsymbol{A}|=0$ ［終］

(4) 行列の1つの行のすべての要素を$c$倍すれば，行列式の値も$c$倍になる。列に関しても同様である。

［証明］ いま，第$p$行のすべての要素を$c$倍した行列を$\boldsymbol{B}$とすると，

$$|\boldsymbol{A}|=\sum sign(j_1j_2j_3\cdots j_p\cdots j_n)\,a_{1j_1}a_{2j_2}a_{3j_3}\cdots a_{pj_p}\cdots a_{nj_n}$$

$$|\boldsymbol{B}|=\sum sign(j_1j_2j_3\cdots j_p\cdots j_n)\,a_{1j_1}a_{2j_2}a_{3j_3}\cdots ca_{pj_p}\cdots a_{nj_n}$$

$$=\sum c\cdot sign(j_1j_2j_3\cdots j_p\cdots j_n)\,a_{1j_1}a_{2j_2}a_{3j_3}\cdots a_{pj_p}\cdots a_{nj_n}=c|\boldsymbol{A}| \text{ ［終］}$$

(5) ある1列の各要素が2つの数値の和である行列の行列式は，それぞれの数値を当該列にもつ2つの行列の行列式の和に等しい。つまり，

$$\begin{vmatrix} a_{11} & a_{12} & \cdots & b_{1p}+c_{1p} & \cdots & a_{1n} \\ a_{21} & a_{22} & \cdots & b_{2p}+c_{2p} & \cdots & a_{2n} \\ \vdots & \vdots & \cdots & \vdots & \cdots & \vdots \\ a_{n1} & a_{n2} & \cdots & b_{np}+c_{np} & \cdots & a_{nn} \end{vmatrix} = \begin{vmatrix} a_{11} & a_{12} & \cdots & b_{1p} & \cdots & a_{1n} \\ a_{21} & a_{22} & \cdots & b_{2p} & \cdots & a_{2n} \\ \vdots & \vdots & \cdots & \vdots & \cdots & \vdots \\ a_{n1} & a_{n2} & \cdots & b_{np} & \cdots & a_{nn} \end{vmatrix} + \begin{vmatrix} a_{11} & a_{12} & \cdots & c_{1p} & \cdots & a_{1n} \\ a_{21} & a_{22} & \cdots & c_{2p} & \cdots & a_{2n} \\ \vdots & \vdots & \cdots & \vdots & \cdots & \vdots \\ a_{n1} & a_{n2} & \cdots & c_{np} & \cdots & a_{nn} \end{vmatrix}$$

［証明］ 上式の左辺$=\sum sign(j_1j_2j_3\cdots j_p\cdots j_n)\,a_{1j_1}a_{2j_2}a_{3j_3}\cdots(b_{pj_p}+c_{pj_p})\cdots a_{nj_n}$

$$=\sum sign(j_1j_2j_3\cdots j_p\cdots j_n)\,a_{1j_1}a_{2j_2}a_{3j_3}\cdots b_{pj_p}\cdots a_{nj_n}$$

$$+\sum sign(j_1j_2j_3\cdots j_p\cdots j_n)\,a_{1j_1}a_{2j_2}a_{3j_3}\cdots c_{pj_p}\cdots a_{nj_n}$$

＝上式の右辺 ［終］

(6) 行列の任意の行に定数$c$を乗じて他の行に加えても，行列式の値は変わらない。つまり，

$$
\begin{vmatrix}
a_{11} & a_{12} & \cdots & a_{1p}+ca_{1q} & \cdots & a_{1q} & \cdots & a_{1n} \\
a_{21} & a_{22} & \cdots & a_{2p}+ca_{2q} & \cdots & a_{2q} & \cdots & a_{2n} \\
\vdots & \vdots & \cdots & \vdots & \cdots & \vdots & \cdots & \vdots \\
a_{n1} & a_{n2} & \cdots & a_{np}+ca_{nq} & \cdots & a_{nq} & \cdots & a_{nn}
\end{vmatrix}
=
\begin{vmatrix}
a_{11} & a_{12} & \cdots & a_{1p} & \cdots & a_{1q} & \cdots & a_{1n} \\
a_{21} & a_{22} & \cdots & a_{2p} & \cdots & a_{2q} & \cdots & a_{2n} \\
\vdots & \vdots & \cdots & \vdots & \cdots & \vdots & \cdots & \vdots \\
a_{n1} & a_{n2} & \cdots & a_{np} & \cdots & a_{nq} & \cdots & a_{nn}
\end{vmatrix}
+
\begin{vmatrix}
a_{11} & a_{12} & \cdots & ca_{1q} & \cdots & a_{1q} & \cdots & a_{1n} \\
a_{21} & a_{22} & \cdots & ca_{2q} & \cdots & a_{2q} & \cdots & a_{2n} \\
\vdots & \vdots & \cdots & \vdots & \cdots & \vdots & \cdots & \vdots \\
a_{n1} & a_{n2} & \cdots & ca_{nq} & \cdots & a_{nq} & \cdots & a_{nn}
\end{vmatrix}
$$

[証明] 右辺第2項の行列式の第 $p$ 列共通のスカラー $c$ をくくり出せば，第 $p$ 列と第 $q$ 列の2列は等しい。したがって，この行列式の値は0である。

したがって，上式左辺は，
$$
\begin{vmatrix}
a_{11} & a_{12} & \cdots & a_{1p} & \cdots & a_{1q} & \cdots & a_{1n} \\
a_{21} & a_{22} & \cdots & a_{2p} & \cdots & a_{2q} & \cdots & a_{2n} \\
\vdots & \vdots & \cdots & \vdots & \cdots & \vdots & \vdots & \vdots \\
a_{n1} & a_{n2} & \cdots & a_{np} & \cdots & a_{nq} & \cdots & a_{nn}
\end{vmatrix}
$$
に等しい。

[終]

(7)
$$
\begin{vmatrix}
a_{11} & 0 & 0 & \cdots & 0 \\
a_{21} & a_{22} & a_{23} & \cdots & a_{2n} \\
a_{31} & a_{32} & a_{33} & \cdots & a_{3n} \\
\vdots & \vdots & \vdots & \cdots & \vdots \\
a_{n1} & a_{n2} & a_{n3} & \cdots & a_{nn}
\end{vmatrix}
= a_{11}
\begin{vmatrix}
a_{22} & a_{23} & \cdots & a_{2n} \\
a_{32} & a_{33} & \cdots & a_{3n} \\
\vdots & \vdots & \cdots & \vdots \\
a_{n2} & a_{n3} & \cdots & a_{nn}
\end{vmatrix}
$$

[証明] 左辺の行列式を $|\boldsymbol{A}|$ とし，右辺を $a_{11}|\boldsymbol{A}_{11}|$ と表わす。

$$
|\boldsymbol{A}| = \sum sign(j_1 j_2 j_3 \cdots j_n)\, a_{1j_1} a_{2j_2} a_{3j_3} \cdots a_{nj_n}
$$
$$
= \sum_{j_1=1} sign(j_1 j_2 j_3 \cdots j_n)\, a_{1j_1} a_{2j_2} a_{3j_3} \cdots a_{nj_n} + \sum_{j_1 \neq 1} sign(j_1 j_2 j_3 \cdots j_n)\, a_{1j_1} a_{2j_2} a_{3j_3} \cdots a_{nj_n}
$$

と表現できる。第2項において，$a_{1j_1}=0$，($j_1=2$，3，$\cdots$，$n$) であるから，結局，第2項はゼロである。

第1項 $= \sum sign(1\ j_2\ j_3 \cdots j_n)\, a_{11} a_{2j_2} a_{3j_3} \cdots a_{nj_n}$

$= a_{11} \sum sign(j_2\ j_3 \cdots j_n)\, a_{2j_2} a_{3j_3} \cdots a_{nj_n} = a_{11} |\boldsymbol{A}_{11}|$　　[終]

### 余因子と行列式の展開

いま，行列 $\boldsymbol{A}$ の行列式の値について，まず第 $i$ 行を第 1 行に移動して，以下の展開をする。

$$
|\boldsymbol{A}|=\begin{vmatrix} a_{11} & a_{12} & \cdots & a_{1n} \\ a_{21} & a_{22} & \cdots & a_{2n} \\ \vdots & \vdots & \vdots & \vdots \\ a_{n1} & a_{n2} & \cdots & a_{nn} \end{vmatrix}=(-1)^{i-1}\begin{vmatrix} a_{i1} & a_{i2} & \cdots & a_{in} \\ a_{21} & a_{22} & \cdots & a_{2n} \\ \vdots & \vdots & \vdots & \vdots \\ >i< & & & \\ a_{n1} & a_{n2} & \cdots & a_{nn} \end{vmatrix}
$$

$$
=(-1)^{i-1}\begin{vmatrix} a_{i1} & 0 & \cdots & 0 \\ a_{21} & a_{22} & \cdots & a_{2n} \\ \vdots & \vdots & \vdots & \vdots \\ >i< & & & \\ a_{n1} & a_{n2} & \cdots & a_{nn} \end{vmatrix}+(-1)^{i-1}\begin{vmatrix} 0 & a_{i2} & \cdots & 0 \\ a_{21} & a_{22} & \cdots & a_{2n} \\ \vdots & \vdots & \vdots & \vdots \\ >i< & & & \\ a_{n1} & a_{n2} & \cdots & a_{nn} \end{vmatrix}+\cdots
$$

$$
+(-1)^{i-1}\begin{vmatrix} 0 & 0 & \cdots & a_{in} \\ a_{21} & a_{22} & \cdots & a_{2n} \\ \vdots & \vdots & \vdots & \vdots \\ >i< & & & \\ a_{n1} & a_{n2} & \cdots & a_{nn} \end{vmatrix}
$$

$$
=(-1)^{i-1}\begin{vmatrix} a_{i1} & 0 & \cdots & 0 \\ a_{21} & a_{22} & \cdots & a_{2n} \\ \vdots & \vdots & \vdots & \vdots \\ >i< & & & \\ a_{n1} & a_{n2} & \cdots & a_{nn} \end{vmatrix}+(-1)^{i}\begin{vmatrix} a_{i2} & 0 & \cdots & 0 \\ a_{22} & a_{21} & \cdots & a_{2n} \\ \vdots & \vdots & \vdots & \vdots \\ >i< & & & \\ a_{n2} & a_{n1} & \cdots & a_{nn} \end{vmatrix}+\cdots
$$

$$
+(-1)^{i+n-2}\begin{vmatrix} a_{in} & 0 & \cdots & 0 \\ a_{2n} & a_{21} & \cdots & a_{2n-1} \\ \vdots & \vdots & \vdots & \vdots \\ >i< & & & \\ a_{nn} & a_{n1} & \cdots & a_{nn-1} \end{vmatrix}
$$

$$
=(-1)^{i+1}a_{i1}|\boldsymbol{A}_{i1}|+(-1)^{i+2}a_{i2}|\boldsymbol{A}_{i2}|+\cdots+(-1)^{i+n}a_{in}|\boldsymbol{A}_{in}|
$$

上式において，$|\boldsymbol{A}_{ik}|$ は，もとの行列 $\boldsymbol{A}$ の第 $i$ 行と第 $k$ 列を除いてできる $(n-1)$ 次正方行列の行列式の値である。通常，行列 $\boldsymbol{A}$ の第 $ik$ 要素 $a_{ik}$ の余因

子 $A_{ik}$ は，$A_{ik}=(-1)^{i+k}|\boldsymbol{A}_{ik}|$ と定義される。したがって，上に示したことは，次のように表すことができる。

$$|\boldsymbol{A}|=a_{i1}A_{i1}+a_{i2}A_{i2}+\cdots+a_{in}A_{in}$$

上に示した表現を，一般に，第 $i$ 行による行列式の余因子展開という。他方，$i\neq j$ に対して，$a_{j1}A_{i1}+a_{j2}A_{i2}+\cdots+a_{jn}A_{in}$ は，行列 $\boldsymbol{A}$ の第 $i$ 行が行列 $\boldsymbol{A}$ の第 $j$ 行の要素から成り立つ行列の余因子展開と見ることができる。そうすると，2つの行が等しい行列の行列式である。したがって，行列式の性質(3)より，その値はゼロである。したがって，上に示した事柄2つを合わせて，次のように述べることができる。

$$a_{j1}A_{i1}+a_{j2}A_{i2}+\cdots+a_{jn}A_{in}=\delta_{ij}|\boldsymbol{A}|$$

ここで，$\delta_{ij}$ はクロネッカーのデルタと称して，$i=j$ なら $\delta_{ij}=1$，$i\neq j$ なら $\delta_{ij}=0$ を意味する。

行列式の性質（その2）

(8) 上三角行列，下三角行列，対角行列の行列式の値は対角要素の積である。つまり，$|\boldsymbol{A}|=\prod a_{kk}=a_{11}a_{22}\cdots a_{nn}$ である。

[証明] 下三角行列や対角行列 $|\boldsymbol{A}|$ の場合，まず，第1行による余因子展開をすれば，先の(7)に示したように，$|\boldsymbol{A}|=a_{11}|\boldsymbol{A}_{11}|$ を得る。次に，$|\boldsymbol{A}_{11}|$ の第1行による余因子展開をすれば，同様にして，$|\boldsymbol{A}_{11}|=a_{22}|(\boldsymbol{A}_{11})_{11}|$ が得られる。つまり，$|\boldsymbol{A}|=a_{11}|\boldsymbol{A}_{11}|=a_{11}a_{22}|(\boldsymbol{A}_{11})_{11}|$ である。以下同様に，次数を下げる繰り返しを行うと，$|\boldsymbol{A}|=a_{11}\ a_{22}\ a_{33}\cdots a_{nn}$ が導ける。[終]

(9) $\begin{vmatrix}\boldsymbol{A} & \boldsymbol{O}\\ \boldsymbol{C} & \boldsymbol{B}\end{vmatrix}=|\boldsymbol{A}|\cdot|\boldsymbol{B}|$　　$\begin{vmatrix}\boldsymbol{A} & \boldsymbol{C}\\ \boldsymbol{O} & \boldsymbol{B}\end{vmatrix}=|\boldsymbol{A}|\cdot|\boldsymbol{B}|$

[証明] いま，$|\boldsymbol{D}|=\begin{vmatrix}\boldsymbol{A} & \boldsymbol{O}\\ \boldsymbol{C} & \boldsymbol{B}\end{vmatrix}$ とし，$\boldsymbol{A}$ の次数を $r\times r$ であるとする。$r=1$

のとき，先述の行列式に関わる性質(7)より，上式は成立する。

次に，$\boldsymbol{A}$ の次数が $(r-1)\times(r-1)$ のとき上式が成立すると仮定する。そうすると，$\boldsymbol{A}$ の次数が $r\times r$ のときに上式が成立することを示す。

$|\boldsymbol{D}|$ の第 1 行による余因子展開をすれば，$|\boldsymbol{D}|=(-1)^{1+1}a_{11}|\boldsymbol{D}_{11}|+(-1)^{1+2}a_{12}|\boldsymbol{D}_{12}|+\cdots+(-1)^{1+s}a_{1s}|\boldsymbol{D}_{1s}|$ である。ここで，$\boldsymbol{D}$ の第 1 行において $s$ 列以降の要素はゼロである。また，$|\boldsymbol{D}_{1j}|$ において，$\boldsymbol{A}$ の次数は $(r-1)\times(r-1)$ であるから，帰納法の仮定から，$|\boldsymbol{D}_{1j}|=|\boldsymbol{A}_{1j}||\boldsymbol{B}|$ が成り立つ。したがって，$|\boldsymbol{D}|=(-1)^{1+1}a_{11}|\boldsymbol{A}_{11}||\boldsymbol{B}|+(-1)^{1+2}a_{12}|\boldsymbol{A}_{12}||\boldsymbol{B}|+\cdots+(-1)^{1+s}a_{1s}|\boldsymbol{A}_{1s}||\boldsymbol{B}|=[(-1)^{1+1}a_{11}|\boldsymbol{A}_{11}|+(-1)^{1+2}a_{12}|\boldsymbol{A}_{12}|+\cdots+(-1)^{1+s}a_{1s}|\boldsymbol{A}_{1s}|]|\boldsymbol{B}|$ が導ける。[…] 内は，行列式 $|\boldsymbol{A}|$ の第 1 行による余因子展開である。ゆえに，$|\boldsymbol{D}|=|\boldsymbol{A}||\boldsymbol{B}|$ が成り立つ。[終]

(10) $n\times n$ 正方行列 $\boldsymbol{A}$，$\boldsymbol{B}$ について，$|\boldsymbol{AB}|=|\boldsymbol{A}||\boldsymbol{B}|$

[証明] 先の行列式の性質(9)より，$\begin{pmatrix}\boldsymbol{A} & \boldsymbol{O}\\ \boldsymbol{C} & \boldsymbol{B}\end{pmatrix}=|\boldsymbol{A}|\cdot|\boldsymbol{B}|$ である。この式において，$\boldsymbol{C}=-\boldsymbol{I}$ として，以下の展開をする。

$$|\boldsymbol{A}|\cdot|\boldsymbol{B}|=\begin{vmatrix} a_{11} & a_{12} & \cdots & a_{1n} & & & & \\ a_{21} & a_{22} & \cdots & a_{2n} & & & 0 & \\ & & \cdots & & & & & \\ a_{n1} & a_{n2} & \cdots & a_{nn} & & & & \\ -1 & & & & b_{11} & b_{12} & \cdots & b_{1n} \\ & -1 & & 0 & b_{21} & b_{22} & \cdots & b_{2n} \\ 0 & & & & & & \cdots & \\ & & & -1 & b_{n1} & b_{n2} & \cdots & b_{nn} \end{vmatrix}$$

第 1 列に $b_{11}$ をかけ，第 2 列に $b_{21}$ をかけ，…，第 $n$ 列に $b_{n1}$ をかけて，第 $(n+1)$ 列に加えると，上の行列式は，$c_{i1}=\sum a_{ik}b_{k1}$ として，次のように書ける。

$$|\boldsymbol{A}|\cdot|\boldsymbol{B}|=\begin{vmatrix} a_{11} & a_{12} & \cdots & a_{1n} & c_{11} & & & \\ a_{21} & a_{22} & \cdots & a_{2n} & c_{21} & & 0 & \\ & & \cdots & & & & & \\ a_{n1} & a_{n2} & \cdots & a_{nn} & c_{n1} & & & \\ -1 & & & & 0 & b_{12} & \cdots & b_{1n} \\ & -1 & & 0 & 0 & b_{22} & \cdots & b_{2n} \\ 0 & & & & & & \cdots & \\ & & & -1 & 0 & b_{n2} & \cdots & b_{nn} \end{vmatrix}$$

次に，第1列に $b_{12}$ をかけ，第2列に $b_{22}$ をかけ，…，第 $n$ 列に $b_{n2}$ をかけて，第 $(n+2)$ 列に加えると，上の行列式は，$c_{i2}=\sum a_{ik}b_{k2}$ として，次のように書ける。

$$|\boldsymbol{A}|\cdot|\boldsymbol{B}|=\begin{vmatrix} a_{11} & a_{12} & \cdots & a_{1n} & c_{11} & c_{12} & & \\ a_{21} & a_{22} & \cdots & a_{2n} & c_{21} & c_{22} & 0 & \\ & & \cdots & & & & & \\ a_{n1} & a_{n2} & \cdots & a_{nn} & c_{n1} & c_{n2} & & \\ -1 & & & & 0 & 0 & \cdots & b_{1n} \\ & -1 & & 0 & 0 & 0 & \cdots & b_{2n} \\ 0 & & & & & & \cdots & \\ & & & -1 & 0 & 0 & \cdots & b_{nn} \end{vmatrix}$$

以上のように，第1列に $b_{1j}$ をかけ，第2列に $b_{2j}$ をかけ，…，第 $n$ 列に $b_{nj}$ をかけて，第 $(n+j)$ 列に加える操作を順々に行う。そうすると，最後には，上の行列式は，$c_{ij}=\sum a_{ik}b_{kj}$ として，次のように書ける。

$$|\boldsymbol{A}|\cdot|\boldsymbol{B}|=\begin{vmatrix} a_{11} & a_{12} & \cdots & a_{1n} & c_{11} & c_{12} & \cdots & c_{1n} \\ a_{21} & a_{22} & \cdots & a_{2n} & c_{21} & c_{22} & \cdots & c_{2n} \\ & & \cdots & & \vdots & \vdots & & \vdots \\ a_{n1} & a_{n2} & \cdots & a_{nn} & c_{n1} & c_{n2} & \cdots & c_{nn} \\ -1 & & & & 0 & 0 & \cdots & 0 \\ & -1 & & 0 & 0 & 0 & \cdots & 0 \\ 0 & & & & & & \cdots & \\ & & & -1 & 0 & 0 & \cdots & 0 \end{vmatrix}$$

ここに，行列 $\boldsymbol{C}$ は，行列 $\boldsymbol{A}$，行列 $\boldsymbol{B}$ の積に他ならない。したがって，$|\boldsymbol{A}|\cdot|\boldsymbol{B}|=\begin{vmatrix}\boldsymbol{A} & \boldsymbol{O}\\ -\boldsymbol{I} & \boldsymbol{B}\end{vmatrix}=\begin{vmatrix}\boldsymbol{A} & \boldsymbol{AB}\\ -\boldsymbol{I} & \boldsymbol{O}\end{vmatrix}=(-1)^{2n}\begin{vmatrix}\boldsymbol{AB} & \boldsymbol{A}\\ \boldsymbol{O} & \boldsymbol{I}\end{vmatrix}=|\boldsymbol{AB}|$ を示すことができた。[終]

## 余因子行列と逆行列

行列 $\boldsymbol{A}$ に対して，余因子 $A_{ij}$ を次に示すように並べた行列を，$adj(\boldsymbol{A})$ と表し，一般に，これを余因子行列という。

$$adj(\boldsymbol{A})=\begin{pmatrix} A_{11} & A_{21} & A_{31} & \cdots & A_{n1}\\ A_{12} & A_{22} & A_{32} & \cdots & A_{n2}\\ A_{13} & A_{23} & A_{33} & \cdots & A_{n3}\\ \vdots & \vdots & \vdots & \vdots & \vdots\\ A_{1n} & A_{2n} & A_{3n} & \cdots & A_{nn} \end{pmatrix}$$

次に，行列 $\boldsymbol{A}$ と余因子行列 $adj(\boldsymbol{A})$ との積を計算してみると，先に示した行列式の展開に関する性質を利用して，次式が導ける。

$$\boldsymbol{A}\times adj(\boldsymbol{A})=\begin{pmatrix} a_{11} & a_{12} & a_{13} & \cdots & a_{1n}\\ a_{12} & a_{22} & a_{23} & \cdots & a_{2n}\\ a_{13} & a_{32} & a_{33} & \cdots & a_{3n}\\ \vdots & \vdots & \vdots & \vdots & \vdots\\ a_{1n} & a_{n2} & a_{n3} & \cdots & a_{nn} \end{pmatrix}\begin{pmatrix} A_{11} & A_{21} & A_{31} & \cdots & A_{n1}\\ A_{12} & A_{22} & A_{32} & \cdots & A_{n2}\\ A_{13} & A_{23} & A_{33} & \cdots & A_{n3}\\ \vdots & \vdots & \vdots & \vdots & \vdots\\ A_{1n} & A_{2n} & A_{3n} & \cdots & A_{nn} \end{pmatrix}$$

$$=\begin{pmatrix} |A| & 0 & 0 & \cdots & 0\\ 0 & |A| & 0 & \cdots & 0\\ 0 & 0 & |A| & \cdots & 0\\ \vdots & \vdots & \vdots & \vdots & \vdots\\ 0 & 0 & 0 & \cdots & |A| \end{pmatrix}$$

上に示したことから明らかになるように，行列 $\boldsymbol{A}$ の逆行列 $\boldsymbol{A}^{-1}$ は，余因子行列 $adj(\boldsymbol{A})$ を利用して，

$$\boldsymbol{A}^{-1}=\frac{1}{|\boldsymbol{A}|}adj(\boldsymbol{A})=\frac{1}{|\boldsymbol{A}|}\begin{pmatrix} A_{11} & A_{21} & A_{31} & \cdots & A_{n1} \\ A_{12} & A_{22} & A_{32} & \cdots & A_{n2} \\ A_{13} & A_{23} & A_{33} & \cdots & A_{n3} \\ \vdots & \vdots & \vdots & \vdots & \vdots \\ A_{1n} & A_{2n} & A_{3n} & \cdots & A_{nn} \end{pmatrix}$$

とできるのである。

### 連立方程式の解：クラメールの公式

連立方程式$\begin{pmatrix} a_{11} & a_{12} & a_{13} \\ a_{21} & a_{22} & a_{23} \\ a_{31} & a_{32} & a_{33} \end{pmatrix}\begin{pmatrix} x_1 \\ x_2 \\ x_3 \end{pmatrix}=\begin{pmatrix} b_1 \\ b_2 \\ b_3 \end{pmatrix}$の解は，次の通りである。

$$\boldsymbol{x}_1=\frac{\begin{vmatrix} b_1 & a_{12} & a_{13} \\ b_2 & a_{22} & a_{23} \\ b_3 & a_{32} & a_{33} \end{vmatrix}}{\begin{vmatrix} a_{11} & a_{12} & a_{13} \\ a_{21} & a_{22} & a_{23} \\ a_{31} & a_{32} & a_{33} \end{vmatrix}},\quad \boldsymbol{x}_2=\frac{\begin{vmatrix} a_{11} & b_1 & a_{13} \\ a_{21} & b_2 & a_{23} \\ a_{31} & b_3 & a_{33} \end{vmatrix}}{\begin{vmatrix} a_{11} & a_{12} & a_{13} \\ a_{21} & a_{22} & a_{23} \\ a_{31} & a_{32} & a_{33} \end{vmatrix}},\quad \boldsymbol{x}_3=\frac{\begin{vmatrix} a_{11} & a_{12} & b_1 \\ a_{21} & a_{22} & b_2 \\ a_{31} & a_{32} & b_3 \end{vmatrix}}{\begin{vmatrix} a_{11} & a_{12} & a_{13} \\ a_{21} & a_{22} & a_{23} \\ a_{31} & a_{32} & a_{33} \end{vmatrix}}$$

[証明] 逆行列を用いて，

$$\begin{pmatrix} x_1 \\ x_2 \\ x_3 \end{pmatrix}=\begin{pmatrix} a_{11} & a_{12} & a_{13} \\ a_{21} & a_{22} & a_{23} \\ a_{31} & a_{32} & a_{33} \end{pmatrix}^{-1}\begin{pmatrix} b_1 \\ b_2 \\ b_3 \end{pmatrix}=\frac{1}{|\boldsymbol{A}|}\begin{pmatrix} A_{11} & A_{21} & A_{31} \\ A_{12} & A_{22} & A_{32} \\ A_{13} & A_{23} & A_{33} \end{pmatrix}\begin{pmatrix} b_1 \\ b_2 \\ b_3 \end{pmatrix}$$

$$=\frac{1}{|\boldsymbol{A}|}\begin{pmatrix} b_1A_{11}+b_2A_{21}+b_3A_{31} \\ b_1A_{12}+b_2A_{22}+b_3A_{32} \\ b_1A_{13}+b_2A_{23}+b_3A_{33} \end{pmatrix}$$

$$=\frac{1}{|\boldsymbol{A}|}\left(\begin{vmatrix} b_1 & a_{12} & a_{13} \\ b_2 & a_{22} & a_{23} \\ b_3 & a_{32} & a_{33} \end{vmatrix}\begin{vmatrix} a_{11} & b_1 & a_{13} \\ a_{21} & b_2 & a_{23} \\ a_{31} & b_3 & a_{33} \end{vmatrix}\begin{vmatrix} a_{11} & a_{12} & b_1 \\ a_{21} & a_{22} & b_2 \\ a_{31} & a_{32} & a_{33} \end{vmatrix}\right)'$$ [終]

## 10.3　固 有 値

### 行列の階数（ランク）

$m \times n$ 次行列 $\boldsymbol{A}$ の $r$ 次の小行列式のうち 0 でないものがあって，$(r+1)$ 次の小行列式のすべてが 0 であるとき，$r$ を行列 $\boldsymbol{A}$ の階数あるいはランクといい，$\rho(\boldsymbol{A})$ と表記する。つまり，$\rho(\boldsymbol{A})=r$ である。

上に述べた行列の階数の定義から，$\rho(\boldsymbol{A}) \leqq min(m,\ n)$ は明らかである。また，

(1) 行列の行または列の順序を変えても，あるいは行列を転置しても行列の階数は変化しない。つまり，$\rho(\boldsymbol{A}')=\rho(\boldsymbol{A})$

(2) 行列のある行または列の各要素に 0 でない一定の数をかけても行列の階数は変化しない。といった性質も，行列式の性質などから明らかである。

(3) 行列のある列に一定の数をかけてそれを他の列に加えても行列の階数は変化しない。行についても同様である。

[証明] たとえば，$\rho(\boldsymbol{A})=r$ の行列 $\boldsymbol{A}=[a_{jk}]$ の第 2 列に $b$ をかけて第 1 列に加えてできる行列を $\boldsymbol{A}_1$ とする。このとき，$\boldsymbol{A}_1$ の $(r+1)$ 次の小行列 $\boldsymbol{D}$ が，$\boldsymbol{A}$ の第 1 列を含まないとき，$\boldsymbol{D}$ は行列 $\boldsymbol{A}$ の $(r+1)$ 次の小行列に等しくなるから $|\boldsymbol{D}|=0$ である。

$\boldsymbol{A}_1$ の $(r+1)$ 次の小行列 $\boldsymbol{D}$ が，第 1 列と第 2 列を同時に含むときは，行列式の性質(6)より，$\boldsymbol{D}$ の行列式の値は行列 $\boldsymbol{A}$ の $(r+1)$ 次の小行列式に等しくなるから $|\boldsymbol{D}|=0$ である。

$\boldsymbol{A}_1$の $(r+1)$ 次の小行列 $\boldsymbol{D}$ が $\boldsymbol{A}_1$ の第 1 列を含み第 2 列は含まないとき，$\boldsymbol{D}_1$ は第 1 列を含み第 2 列を含まない，そして $\boldsymbol{D}_2$ は第 1 列は含まないが第 2 列を含む，それぞれ行列 $\boldsymbol{A}$ の $(r+1)$ 次の小行列とすると，$|\boldsymbol{D}|=|\boldsymbol{D}_1|+b|\boldsymbol{D}_2|$ と書ける。したがって，$|\boldsymbol{D}|=0$ である。ゆえに，$\rho(\boldsymbol{A}_1) \leqq \rho(\boldsymbol{A})$ である。

一方，$\boldsymbol{A}_1$ の第 2 列に $-b$ をかけて第 1 列に加えると，$\boldsymbol{A}$ となるから，$\rho(\boldsymbol{A}) \leqq \rho(\boldsymbol{A}_1)$ である。したがって，$\rho(\boldsymbol{A}_1)=\rho(\boldsymbol{A})$ である。[終]

上述の階数についての性質(3)を繰り返し応用すると，

(4) 行列の任意個の列にそれぞれ一定の数をかけて他の列に加えても，階数は変化しない。行についても同様である。

さらに，上述の(4)より，

(5) $m \times n$ 次行列 $\boldsymbol{A}$，$n \times q$ 次行列 $\boldsymbol{B}$ に関して，$\rho(\boldsymbol{AB}) \leqq min(\rho(\boldsymbol{A}), \rho(\boldsymbol{B}))$ および，

(6) 行列の任意個の列にそれぞれ一定の数をかけてそれらの和を，新たに一つの列として付け加えても行列の階数は変わらない。あるいはある一つの列が，他のいくつかの列にそれぞれ一定の数をかけて，それらの和であるとき，その列を取り除いても階数は変わらない。行についても同様である。といった性質を導くことができる。

### 一次従属・一次独立

いま，$n$ 個のベクトル $\boldsymbol{a}_1$，$\boldsymbol{a}_2$，…，$\boldsymbol{a}_n$ について，任意のスカラー $c_1$，$c_2$，…，$c_n$ に対して，

$$c_1\boldsymbol{a}_1 + c_2\boldsymbol{a}_2 + \cdots + c_n\boldsymbol{a}_n$$

を，$n$ 個のベクトル $\boldsymbol{a}_1$，$\boldsymbol{a}_2$，…，$\boldsymbol{a}_n$ の一次結合という。ところで，

$$c_1\boldsymbol{a}_1 + c_2\boldsymbol{a}_2 + \cdots + c_n\boldsymbol{a}_n = \boldsymbol{0}$$

を満たし，少なくとも1つはゼロでない $c_1$，$c_2$，…，$c_n$ が存在するとき，$n$ 個のベクトル $\boldsymbol{a}_1$，$\boldsymbol{a}_2$，…，$\boldsymbol{a}_n$ は，一次従属であるという。他方，一次従属でないとき一次独立という。つまり，上式を満たすのは，$c_1 = c_2 = \cdots = c_n = 0$ に限るとき，$n$ 個のベクトル $\boldsymbol{a}_1$，$\boldsymbol{a}_2$，…，$\boldsymbol{a}_n$ は，一次独立であるという*。

＊$m \times n$ 次行列 $\boldsymbol{A}$ の各列を $\boldsymbol{a}_1$，$\boldsymbol{a}_2$，…，$\boldsymbol{a}_n$ とするとき，これらの $n$ 個のベクトルのうち，1次独立な最大個数が，行列 $\boldsymbol{A}$ の階数 $\rho(\boldsymbol{A})$ である。

一次独立や一次従属に関連して，重要な事実を掲げておこう。

$n$ 次正方行列 $\boldsymbol{A}$ の第 $j$ 列をベクトル $\boldsymbol{a}_j$ と書けば，$\boldsymbol{a}_1$，$\boldsymbol{a}_2$，…，$\boldsymbol{a}_n$ が一次従属であるとき，$|\boldsymbol{A}| = 0$ である。

［証明］$\boldsymbol{A}=[\boldsymbol{a}_1,\ \boldsymbol{a}_2,\ \cdots,\ \boldsymbol{a}_n]$ であり，$n$ 個の列ベクトルが一次従属であるとき，$\boldsymbol{Ac}=\boldsymbol{0}$, $\boldsymbol{c}\neq\boldsymbol{0}$ を満たす列ベクトル $\boldsymbol{c}$ が存在する。いま，$|\boldsymbol{A}|\neq 0$ であるとすると，逆行列 $\boldsymbol{A}^{-1}$ が存在する。そうすると，$\boldsymbol{Ac}=\boldsymbol{0}$ の前から逆行列 $\boldsymbol{A}^{-1}$ をかけると，$\boldsymbol{A}^{-1}\boldsymbol{Ac}=\boldsymbol{c}=\boldsymbol{0}$ が得られる。これは，$\boldsymbol{c}\neq\boldsymbol{0}$ と矛盾する。したがって，$|\boldsymbol{A}|=0$ である。［終］

## 固有値と固有ベクトル

行列 $\boldsymbol{A}$ を $n$ 次正方行列として，

$$\boldsymbol{Ax}=\lambda\boldsymbol{x}$$

を満たすスカラー $\lambda$ およびゼロベクトル $\boldsymbol{0}$ ではないベクトル $\boldsymbol{x}$ が存在するとき，$\lambda$ を行列 $\boldsymbol{A}$ の固有値，$\boldsymbol{x}$ を固有ベクトルという。

上式より，$(\boldsymbol{A}-\lambda\boldsymbol{I})\boldsymbol{x}=\boldsymbol{0}$ が得られる。これを満たす $\boldsymbol{0}$ ではないベクトル $\boldsymbol{x}$ が存在するとき，$(\boldsymbol{A}-\lambda\boldsymbol{I})$ の $n$ 個の列ベクトルは，一次従属である。したがって，先に述べた一次従属に関する事実より，上式を満たす $\boldsymbol{0}$ ではないベクトル $\boldsymbol{x}$ が存在するための必要十分条件は，$|\boldsymbol{A}-\lambda\boldsymbol{I}|=0$ である。

次に，固有値に関連する基本的な性質をあげておこう。

(1) 対角行列 $\boldsymbol{D}$ の固有値は，対角要素である。

［証明］$|\boldsymbol{D}-\lambda\boldsymbol{I}|=(d_{11}-\lambda)(d_{22}-\lambda)\cdots(d_{nn}-\lambda)=0$ より明らか。［終］

(2) 行列 $\boldsymbol{A}$ の固有値を $\lambda$ とする。いま，$p$ を正の整数とすると，$\lambda^p$ は行列 $\boldsymbol{A}^p$ の固有値である。また，行列 $\boldsymbol{A}$ の逆行列 $\boldsymbol{A}^{-1}$ が存在するとき，$\lambda^{-p}$ は行列 $(\boldsymbol{A}^{-1})^p=\boldsymbol{A}^{-p}$ の固有値である。

［証明］$\boldsymbol{Ax}=\lambda\boldsymbol{x}$ の前から $\boldsymbol{A}$ をかけると，$\boldsymbol{A}^2\boldsymbol{x}=\lambda\boldsymbol{Ax}=\lambda^2\boldsymbol{x}$ ゆえに，$\lambda^2$ は行列 $\boldsymbol{A}^2$ の固有値である。同様のことを順に繰り返して，$\lambda^p$ は行列 $\boldsymbol{A}^p$ の固有値であることが分かる。また，$\boldsymbol{Ax}=\lambda\boldsymbol{x}$ の前から $\boldsymbol{A}^{-1}$ をかけると，$\boldsymbol{x}=\lambda\boldsymbol{A}^{-1}\boldsymbol{x}$ である。これより，$\dfrac{1}{\lambda}\boldsymbol{x}=\boldsymbol{A}^{-1}\boldsymbol{x}$ ゆえに，$\lambda^{-1}$ は行列 $\boldsymbol{A}^{-1}$ の固有値である。これと先に示したことより，$\lambda^{-p}$ は行列 $(\boldsymbol{A}^{-1})^p=\boldsymbol{A}^{-p}$ の固有値で

ある。[終]

(3) 対称行列において，異なる固有値に対応する固有ベクトルは，互いに直交している。

[証明] いま，$\lambda \neq \mu$ として，$\boldsymbol{Ax}=\lambda\boldsymbol{x}$ および $\boldsymbol{Ay}=\mu\boldsymbol{y}$ とする。前者について前から $\boldsymbol{y}'$ をかけて，$\boldsymbol{y}'\boldsymbol{Ax}=\lambda\boldsymbol{y}'\boldsymbol{x}$……(i)が得られる。後者の転置をとり，$\boldsymbol{A}=\boldsymbol{A}'$ に注意して，$\boldsymbol{y}'\boldsymbol{A}'=\boldsymbol{y}'\boldsymbol{A}=\mu\boldsymbol{y}'$ が得られる。この式の後ろから $\boldsymbol{x}$ をかけると，$\boldsymbol{y}'\boldsymbol{Ax}=\mu\boldsymbol{y}'\boldsymbol{x}$……(ii)である。(i)，(ii)より，$\lambda\boldsymbol{y}'\boldsymbol{x}-\mu\boldsymbol{y}'\boldsymbol{x}=(\lambda-\mu)\boldsymbol{y}'\boldsymbol{x}=0$　$\lambda \neq \mu$ より，$\boldsymbol{y}'\boldsymbol{x}=0$ ゆえに，異なる固有値に対応する固有ベクトルは，互いに直交する。[終]

(4) 行列 $\boldsymbol{A}$ を $n$ 次の正方行列とし，行列 $\boldsymbol{P}$ を逆行列の存在する行列とするとき，行列 $\boldsymbol{B}=\boldsymbol{PAP}^{-1}$の固有値，トレースおよびランクは，$\boldsymbol{A}$ のそれぞれに等しい。

[証明] $|\boldsymbol{B}-\lambda\boldsymbol{I}|=0$ より，$|\boldsymbol{PAP}^{-1}-\lambda\boldsymbol{PP}^{-1}|=|\boldsymbol{P}[\boldsymbol{A}-\lambda\boldsymbol{I}]\boldsymbol{P}^{-1}|=|\boldsymbol{P}|\cdot|\boldsymbol{A}-\lambda\boldsymbol{I}|\cdot|\boldsymbol{P}^{-1}|=0$ である。行列 $\boldsymbol{P}$ は逆行列が存在するから，$|\boldsymbol{P}|\neq 0$ ゆえに，$|\boldsymbol{A}-\lambda\boldsymbol{I}|=0$ したがって，行列 $\boldsymbol{B}$ の固有値は，行列 $\boldsymbol{A}$ の固有値でもある。また，$tr(\boldsymbol{B})=tr(\boldsymbol{PAP}^{-1})=tr(\boldsymbol{APP}^{-1})=tr(\boldsymbol{A})$ ゆえに，行列 $\boldsymbol{B}$ と $\boldsymbol{A}$ のトレースは等しい。[終]

(5) 行列 $\boldsymbol{A}$ を $n$ 次の対称行列とし，$\boldsymbol{\Lambda}$ を対角行列とするとき，

$$\boldsymbol{\Lambda}=\boldsymbol{P}'\boldsymbol{AP}$$

を満たす直交行列 $\boldsymbol{P}$ が存在する。また，このとき，直交行列 $\boldsymbol{P}$ によって行列 $\boldsymbol{A}$ は対角化されたと言う。さらに，対角行列 $\boldsymbol{\Lambda}$ の対角要素は，行列 $\boldsymbol{A}$ の固有値であり，ゼロでない固有値の数が行列 $\boldsymbol{A}$ のランクである。

[証明] $\lambda_1$，$\lambda_2$，$\lambda_3$，… を行列 $\boldsymbol{A}$ の固有値とし，$\boldsymbol{p}_1$，$\boldsymbol{p}_2$，$\boldsymbol{p}_3$，… を固有ベクトルとする。そうすると，

$$\boldsymbol{A}(\boldsymbol{p}_1\ \boldsymbol{p}_2\ \boldsymbol{p}_3\cdots)=(\boldsymbol{p}_1\ \boldsymbol{p}_2\ \boldsymbol{p}_3\cdots)\begin{pmatrix}\lambda_1 & 0 & 0 & \cdots\\ 0 & \lambda_2 & 0 & \cdots\\ 0 & 0 & \lambda_3 & \cdots\\ \vdots & \vdots & \vdots & \end{pmatrix}$$

と表現できる。個有値の定義から明らかなように，個有ベクトルの一定倍もまた個有ベクトルになるから，上述の個有ベクトルすべてを，それらベクトルの要素の2乗和が1となるように選ぶ。つまり，$\boldsymbol{p}_j'\boldsymbol{p}_j=1$ とできる。上述の個有値に関する性質(3)より，対称行列の異なる個有値に対する個有ベクトルは直交するから，$\boldsymbol{p}_j'\boldsymbol{p}_k=0$ である。したがって，行列 $\boldsymbol{P}$ を $\boldsymbol{P}=(\boldsymbol{p}_1\ \boldsymbol{p}_2\ \boldsymbol{p}_3\cdots)$ とすると，$\boldsymbol{AP}=\boldsymbol{P\Lambda}$，$\boldsymbol{P}'\boldsymbol{P}=\boldsymbol{I}$ である。前者の式について前から $\boldsymbol{P}'$ をかけると，$\boldsymbol{\Lambda}=\boldsymbol{P}'\boldsymbol{AP}$ が導ける。[終]

(6) べき等行列の固有値は，すべて0，または1である。

[証明] 行列 $\boldsymbol{A}$ はべき等行列であるとする。そうすると，$\boldsymbol{A}=\boldsymbol{A}'=\boldsymbol{A}^2$ である。いま，$\lambda$ を $\boldsymbol{A}$ の固有値とすると，$\boldsymbol{A}^2\boldsymbol{x}=\lambda\boldsymbol{x}$ より，$\boldsymbol{A}^2\boldsymbol{x}=\boldsymbol{AAx}=\lambda\boldsymbol{Ax}=\lambda^2\boldsymbol{x}=\lambda\boldsymbol{x}$ である。ゆえに，$(\lambda^2-\lambda)\boldsymbol{x}=\boldsymbol{0}$　ここで，$\boldsymbol{x}\neq\boldsymbol{0}$ であるから，$(\lambda^2-\lambda)=\lambda(\lambda-1)=0$　$\therefore$　$\lambda=0,\ 1$ [終]

## 10.4　変数ベクトルの関数の微分

$n$ 個の変数を，$n$ 次元のベクトル $\boldsymbol{x}$ で表し，その $n$ 次元の変数ベクトルの関数 $s=f(\boldsymbol{x})$ を考える。ここで，$s$ は1次元の数値である。関数の微分に関連して，定義と命題を述べておこう。

(1) $s=f(\boldsymbol{x})$ のとき，$\dfrac{\partial f}{\partial \boldsymbol{x}}=\begin{pmatrix}\dfrac{\partial f}{\partial x_1}\\ \dfrac{\partial f}{\partial x_2}\\ \dfrac{\partial f}{\partial x_3}\\ \vdots\\ \dfrac{\partial f}{\partial x_n}\end{pmatrix}$ と定義する。ここで，$\boldsymbol{x}=\begin{pmatrix}x_1\\ x_2\\ x_3\\ \vdots\\ x_n\end{pmatrix}$ である。

(2)　2次微分の行列は，$\dfrac{\partial^2 f}{\partial \boldsymbol{x}\partial \boldsymbol{x}'}=\begin{pmatrix} \dfrac{\partial^2 f}{\partial {x_1}^2} & \dfrac{\partial^2 f}{\partial x_1\partial x_2} & \cdots & \dfrac{\partial^2 f}{\partial x_1\partial x_n} \\ \dfrac{\partial^2 f}{\partial x_2\partial x_1} & \dfrac{\partial^2 f}{\partial {x_2}^2} & \cdots & \dfrac{\partial^2 f}{\partial x_2\partial x_n} \\ \vdots & \vdots & \cdots & \vdots \\ \dfrac{\partial^2 f}{\partial x_n\partial x_1} & \dfrac{\partial^2 f}{\partial x_n\partial x_2} & \cdots & \dfrac{\partial^2 f}{\partial {x_n}^2} \end{pmatrix}$ と定義する。

(3)　$s=\boldsymbol{a}'\boldsymbol{x}=\boldsymbol{x}'\boldsymbol{a}$ のとき，$\dfrac{\partial s}{\partial \boldsymbol{x}}=\boldsymbol{a}$，$\dfrac{\partial s}{\partial \boldsymbol{x}'}=\boldsymbol{a}'$

(4)　$s=\boldsymbol{x}'\boldsymbol{A}\boldsymbol{x}=(\boldsymbol{A}'\boldsymbol{x})'\boldsymbol{x}$ のとき，$\dfrac{\partial s}{\partial \boldsymbol{x}}=\boldsymbol{A}\boldsymbol{x}+(\boldsymbol{A}'\boldsymbol{x})=\boldsymbol{A}\boldsymbol{x}+\boldsymbol{A}'\boldsymbol{x}=(\boldsymbol{A}+\boldsymbol{A}')x$

ここで，行列 $\boldsymbol{A}$ が対称行列であるとき，$\boldsymbol{A}'=\boldsymbol{A}$ だから，$\dfrac{\partial s}{\partial \boldsymbol{x}}=\dfrac{\partial \boldsymbol{x}'\boldsymbol{A}\boldsymbol{x}}{\partial \boldsymbol{x}}=2\boldsymbol{A}\boldsymbol{x}$ である。

# 第11章　多次元確率変数

## 11.1　多次元確率変数のベクトル表示

### $n$ 次元確率変数の平均（期待値）と分散

$n$ 個の確率変数 $X_j(j=1,\ 2,\ 3,\ \cdots,\ n)$ において，ある一つの変数 $X_j$ の平均（＝期待値）$E(X_j)$ や分散 $V(X_j)$，および2つの変数 $X_j$，$X_k$ の共分散 $Cov(X_j,\ X_k)$ は，次の通り定義される*。

＊以下の定式化では，$n$ 個の確率変数の結合密度関数 $f(x_1,\ x_2,\ \cdots,\ x_n)$ と変数 $X_j$ の周辺密度関数 $f(x_j)$ について，文脈から判断できるので，いずれも $f$ を使っている。

$$E(X_j)=\int_{-\infty}^{\infty}\int_{-\infty}^{\infty}\cdots\int_{-\infty}^{\infty}x_jf(x_1,\ x_2,\ \cdots,\ x_n)\,dx_1dx_2\cdots dx_n$$

$$=\int_{-\infty}^{\infty}x_jf(x_j)\,dx_j=\mu_j$$

$$V(X_j)=\int_{-\infty}^{\infty}\int_{-\infty}^{\infty}\cdots\int_{-\infty}^{\infty}(x_j-\mu_j)^2f(x_1,\ x_2,\ \cdots,\ x_n)\,dx_1dx_2\cdots dx_n$$

$$=\int_{-\infty}^{\infty}(x_j-\mu_j)^2f(x_j)\,dx_j=\sigma_j^2$$

$$Cov(X_j,\ X_k)=\int_{-\infty}^{\infty}\int_{-\infty}^{\infty}\cdots\int_{-\infty}^{\infty}(x_j-\mu_j)(x_k-\mu_k)f(x_1,\ x_2,\ \cdots,\ x_n)\,dx_1dx_2\cdots dx_n$$

$$=\int_{-\infty}^{\infty}\int_{-\infty}^{\infty}(x_j-\mu_j)(x_k-\mu_k)f(x_j,\ x_k)\,dx_jdx_k=\sigma_{jk}$$

とする。

いま，これを行列ベクトル表示するため，

$$\boldsymbol{x}=\begin{pmatrix} X_1 \\ X_2 \\ X_3 \\ \vdots \\ X_n \end{pmatrix},\quad \boldsymbol{\mu}=\begin{pmatrix} \mu_1 \\ \mu_2 \\ \mu_3 \\ \vdots \\ \mu_n \end{pmatrix},\quad \boldsymbol{\Sigma}=\begin{pmatrix} \sigma_{11} & \sigma_{12} & \sigma_{13} & \cdots & \sigma_{1n} \\ \sigma_{21} & \sigma_{22} & \sigma_{23} & \cdots & \sigma_{2n} \\ \sigma_{31} & \sigma_{32} & \sigma_{33} & \cdots & \sigma_{3n} \\ \vdots & \vdots & \vdots & \cdots & \vdots \\ \sigma_{n1} & \sigma_{n2} & \sigma_{n3} & \cdots & \sigma_{nn} \end{pmatrix}$$

と定義すると,

$$\begin{aligned} E(\boldsymbol{x}) &= [E(X_j)] = \boldsymbol{\mu} \\ V(\boldsymbol{x}) &= E[(\boldsymbol{x}-\boldsymbol{\mu})(\boldsymbol{x}-\boldsymbol{\mu})'] \\ &= [E(X_j-\mu_j)(X_k-\mu_k)] = \boldsymbol{\Sigma} \end{aligned}$$

と表現できる。ここで，分散・共分散行列 $\boldsymbol{\Sigma}$ は対称行列である。

$n$ 個の確率変数 $X_j$ が，互いに独立ならば，$Cov(X_j,\ X_k)=\sigma_{jk}=0$ である。したがって，分散・共分散行列 $\boldsymbol{\Sigma}$ は対角行列になる。

また，$n$ 個の確率変数 $X_j$ が，互いに独立に同一分布に従うならば，分散・共分散行列 $\boldsymbol{\Sigma}=\sigma^2\boldsymbol{I}_n$ である。ここで，$\sigma^2$ はスカラーで，同一分布の分散の値である。

### 平均値・分散の演算に関する性質

(11.1)　$E(\boldsymbol{x})=\boldsymbol{\mu},\ V(\boldsymbol{x})=\boldsymbol{\Sigma} \Longrightarrow E(\boldsymbol{Ax}+\boldsymbol{b})=\boldsymbol{A\mu}+\boldsymbol{b},$

$$V(\boldsymbol{Ax}+\boldsymbol{b})=\boldsymbol{A\Sigma A}'$$

［証明］ $E(\boldsymbol{Ax}+\boldsymbol{b})=[E(\sum_k a_{jk}X_k+b_j)]=[\sum_k a_{jk}E(X_k)+b_j]$

$$=[\textstyle\sum_k a_{jk}\mu_k+b_j]=\boldsymbol{A\mu}+\boldsymbol{b}$$

$$\begin{aligned} V(\boldsymbol{Ax}+\boldsymbol{b}) &= E[\boldsymbol{Ax}+\boldsymbol{b}-(\boldsymbol{A\mu}+\boldsymbol{b})][\boldsymbol{Ax}+\boldsymbol{b}-(\boldsymbol{A\mu}+\boldsymbol{b})]' \\ &= E[\boldsymbol{A}(\boldsymbol{x}-\boldsymbol{\mu})(\boldsymbol{x}-\boldsymbol{\mu})'\boldsymbol{A}'] = \boldsymbol{A}E[(\boldsymbol{x}-\boldsymbol{\mu})(\boldsymbol{x}-\boldsymbol{\mu})']\boldsymbol{A}' \\ &= \boldsymbol{A\Sigma A}' \end{aligned}$$
［終］

### 積率母関数と分布のパラメタ

確率密度関数が $f(x)$ で表わされる1次元の確率変数 $X$ の積率母関数 $M_X(\theta)$

は，次の通り定義される。ここで，変数 $\theta$ は，母関数を定義する独立変数である。

(11.2)
$$M_X(\theta)=E(e^{\theta x})=\int_{-\infty}^{\infty}e^{\theta x}f(x)\,dx$$
$$=\int_{-\infty}^{\infty}\left[1+\frac{\theta x}{1!}+\frac{(\theta x)^2}{2!}+\frac{(\theta x)^3}{3!}+\cdots\right]f(x)\,dx$$

上に定義した積率母関数は，確率変数の分布に関するパラメタと密接に関係している。例えば，確率変数の平均値や分散といった分布を特徴づけるパラメタを積率母関数から求めることができるのである。

上に定義した積率母関数から，次の関係式が得られる。

$$\frac{dM_X(\theta)}{d\theta}=M_X'(\theta)=\int_{-\infty}^{\infty}\left[x+\frac{\theta x^2}{1!}+\frac{\theta^2x^3}{2!}+\frac{\theta^3x^4}{3!}+\cdots\right]f(x)\,dx$$
$$\frac{d^2M_X(\theta)}{d\theta^2}=M_X''(\theta)=\int_{-\infty}^{\infty}\left[x^2+\frac{\theta x^3}{1!}+\frac{\theta^2x^4}{2!}+\cdots\right]f(x)\,dx$$

上に得られた関係式から，次式が成り立つことが分かる。

(11.3)
$$\frac{dM_X(\theta)}{d\theta}\Big|_{\theta=0}=M_X'(0)=\int_{-\infty}^{\infty}xf(x)\,dx=E(X)$$
$$\frac{d^2M_X(\theta)}{d\theta^2}\Big|_{\theta=0}=M_X''(0)=\int_{-\infty}^{\infty}x^2f(x)\,dx=E(X^2)$$

つまり，積率母関数の1次微分を $\theta=0$ で評価すれば，それが確率変数の原点周りの1次積率，つまり平均値であり，積率母関数の2次微分を $\theta=0$ で評価すれば，それが確率変数の原点周りの2次積率になるのである。したがって，2次積率から平均値の2乗を引けば，分散が得られる*。

* 一般的に，分散 $=\int(x-\mu)^2f(x)\,dx=\int x^2f(x)\,dx-\mu^2$ が成り立つことは容易に示せる。

**$n$ 次元確率変数の積率母関数**

次に，確率密度関数が $f(\boldsymbol{x})$ で表される $n$ 次元の確率変数 $\boldsymbol{X}=(X_1\ X_2\ \cdots\ X_n)'$ の積率母関数 $M_X(\boldsymbol{\theta})$ は，次の通り定義される。ここで，変数 $\boldsymbol{\theta}=(\theta_1\ \theta_2\ \cdots\ \theta_n)'$ である。

$$(11.4)\qquad M_X(\boldsymbol{\theta})=E(e^{\boldsymbol{\theta}'\boldsymbol{x}})=\int_{-\infty}^{\infty}\int_{-\infty}^{\infty}\cdots\int_{-\infty}^{\infty}e^{\boldsymbol{\theta}'\boldsymbol{x}}f(\boldsymbol{x})\,dx_1dx_2\cdots dx_n$$

次節で取りあげる説明のために，$n=2$ のケースを述べておこう。つまり，確率密度関数が $f(x,\ y)$ で表される2次元の確率変数 $(X\ Y)'$ の積率母関数 $M_{XY}(\theta_1,\ \theta_2)$ を示しておく。積率母関数は，

$$\begin{aligned}M_{XY}(\theta_1,\ \theta_2)&=E(e^{\theta_1x+\theta_2y})=\int_{-\infty}^{\infty}\int_{-\infty}^{\infty}e^{\theta_1x+\theta_2y}f(x,\ y)\,dxdy\\&=\int_{-\infty}^{\infty}\int_{-\infty}^{\infty}\left[1+\frac{\theta_1x}{1!}+\frac{(\theta_1x)^2}{2!}+\frac{(\theta_1x)^3}{3!}+\cdots\right]\\&\qquad\times\left[1+\frac{\theta_2y}{1!}+\frac{(\theta_2y)^2}{2!}+\frac{(\theta_2y)^3}{3!}+\cdots\right]f(x,\ y)\,dxdy\end{aligned}$$

である。

先に示した1次元確率変数の場合と同様にして，上式から次の関係式が得られる。

$$(11.5)\qquad \frac{\partial M_{XY}(\theta_1,\ \theta_2)}{\partial\theta_1\partial\theta_2}\Big|_{\theta_1=\theta_2=0}=\int_{-\infty}^{\infty}\int_{-\infty}^{\infty}xyf(x,\ y)\,dxdy$$

したがって，2つの確率変数 $X,\ Y$ の共分散 $Cov(X,\ Y)$ は，

$$\begin{aligned}(11.6)\qquad Cov(X,\ Y)&=\int_{-\infty}^{\infty}\int_{-\infty}^{\infty}(x-\mu_X)(y-\mu_Y)f(x,\ y)\,dxdy\\&=\int_{-\infty}^{\infty}\int_{-\infty}^{\infty}xyf(x,\ y)\,dxdy-\mu_X\mu_Y\\&=\frac{\partial M_{XY}(0,\ 0)}{\partial\theta_1\partial\theta_2}-\mu_X\mu_Y\end{aligned}$$

である。

## 11.2　$\boldsymbol{n}$ 次元正規分布

### $\boldsymbol{n}$ 次元正規分布の結合密度関数

$n$ 次元正規分布の結合密度関数は，次の式で表わされる。

$$(11.7)\quad f(x_1, x_2, \cdots, x_n)=f(\boldsymbol{x}) = (2\pi)^{-\frac{n}{2}}|\boldsymbol{\Sigma}|^{-\frac{1}{2}}\exp\left\{-\frac{1}{2}(\boldsymbol{x}-\mu)'\boldsymbol{\Sigma}^{-1}(\boldsymbol{x}-\mu)\right\}$$

$$-\infty<x_j<\infty \qquad j=1, 2, \cdots, n$$

上式で示された $n$ 次元正規分布の結合密度関数を，$n$ 変数すべての全領域 $-\infty<x_j<\infty$ にわたって，積分すれば1になること，つまり，

$$\int_{-\infty}^{\infty}\int_{-\infty}^{\infty}\cdots\int_{-\infty}^{\infty}f(x_1, x_2, \cdots, x_n)\,dx_1dx_2\cdots dx_n=1$$

を示しておこう。

$n$ 次列ベクトル $\boldsymbol{y}$ を，$\boldsymbol{y}=\boldsymbol{x}-\mu$ と定義すると，変換のヤコビアンは $J=\left|\dfrac{\partial \boldsymbol{x}}{\partial \boldsymbol{y}}\right|=|\boldsymbol{I}_n|=1$ である*。したがって，

$$\int_{-\infty}^{\infty}\int_{-\infty}^{\infty}\cdots\int_{-\infty}^{\infty}\exp\left\{-\frac{1}{2}(\boldsymbol{x}-\mu)'\boldsymbol{\Sigma}^{-1}(\boldsymbol{x}-\mu)\right\}dx_1dx_2\cdots dx_n$$

$$=\int_{-\infty}^{\infty}\int_{-\infty}^{\infty}\cdots\int_{-\infty}^{\infty}\exp\left\{-\frac{1}{2}\boldsymbol{y}'\boldsymbol{\Sigma}^{-1}\boldsymbol{y}\right\}dy_1dy_2\cdots dy_n$$

* $I=\int\int\cdots\int_{D_x} f(x_1, x_2, \cdots, x_n)\,dx_1dx_2\cdots dx_n$ において，$x_1, x_2, \cdots, x_n$ の関数 $y_1, y_2, \cdots, y_n$ への変換を考えるとき，これらの逆関数 $x_j=g_j(y_1, y_2, \cdots, y_n)$，[$j=1, 2, \cdots, n$] が一意であれば，$I=\int\int\cdots\int_{D_y} f(g_1, g_2, \cdots, g_n)\,J dy_1dy_2\cdots dy_n$ である。ここで，$J$ は変換のヤコビアンと言い，行列式の値

$$\begin{vmatrix} \dfrac{\partial x_1}{\partial y_1} & \dfrac{\partial x_2}{\partial y_1} & \cdots & \dfrac{\partial x_n}{\partial y_1} \\ \dfrac{\partial x_1}{\partial y_2} & \dfrac{\partial x_2}{\partial y_2} & \cdots & \dfrac{\partial x_n}{\partial y_2} \\ \vdots & \vdots & \vdots & \vdots \\ \dfrac{\partial x_1}{\partial y_n} & \dfrac{\partial x_2}{\partial y_n} & \cdots & \dfrac{\partial x_n}{\partial y_n} \end{vmatrix}$$

である。また積分領域 $D_x$ は，変換によって領域 $D_y$ に変換されたとしている。

ここで，行列 $\boldsymbol{\Sigma}$ は対称行列であるから，$\boldsymbol{\Sigma}^{-1}$ も対称行列である。したがって，$\boldsymbol{P}'\boldsymbol{\Sigma}^{-1}\boldsymbol{P}=\boldsymbol{D}$ となる直交行列 $\boldsymbol{P}$ が存在する。行列 $\boldsymbol{D}$ は $\boldsymbol{\Sigma}^{-1}$ の固有値を対角要素にもつ対角行列である。

次に，$n$ 次列ベクトル $\boldsymbol{z}$ を，$\boldsymbol{y}=\boldsymbol{P}\boldsymbol{z}$ を満たすよう定義する。このとき，変換のヤコビアンは，$J=\left|\dfrac{\partial \boldsymbol{y}}{\partial \boldsymbol{z}}\right|=|\boldsymbol{P}|=1$ である。したがって，

$$\int_{-\infty}^{\infty}\int_{-\infty}^{\infty}\cdots\int_{-\infty}^{\infty}\exp\left\{-\frac{1}{2}\boldsymbol{y}'\boldsymbol{\Sigma}^{-1}\boldsymbol{y}\right\}dy_1dy_2\cdots dy_n$$

$$=\int_{-\infty}^{\infty}\int_{-\infty}^{\infty}\cdots\int_{-\infty}^{\infty}\exp\left\{-\frac{1}{2}\boldsymbol{z}'\boldsymbol{P}'\boldsymbol{\Sigma}^{-1}\boldsymbol{P}\boldsymbol{z}\right\}dz_1dz_2\cdots dz_n$$

$$=\int_{-\infty}^{\infty}\int_{-\infty}^{\infty}\cdots\int_{-\infty}^{\infty}\exp\left\{-\frac{1}{2}\boldsymbol{z}'\boldsymbol{D}\boldsymbol{z}\right\}dz_1dz_2\cdots dz_n$$

$$=\int_{-\infty}^{\infty}\int_{-\infty}^{\infty}\cdots\int_{-\infty}^{\infty}\exp\left\{-\frac{1}{2}\sum_{j=1}^{n}d_{jj}z_j{}^2\right\}dz_1dz_2\cdots dz_n$$

$$=\prod_{j=1}^{n}\int_{-\infty}^{\infty}\exp\left\{-\frac{1}{2}d_{jj}z_j{}^2\right\}dz_j=\prod_{j=1}^{n}\sqrt{\frac{2\pi}{d_{jj}}}=(2\pi)^{\frac{n}{2}}\left(\prod_{j=1}^{n}d_{jj}\right)^{-\frac{1}{2}}$$

$$=(2\pi)^{\frac{n}{2}}|\boldsymbol{\Sigma}^{-1}|^{-\frac{1}{2}}=(2\pi)^{\frac{n}{2}}|\boldsymbol{\Sigma}|^{\frac{1}{2}}$$

ところで，上式の展開の中で，$\displaystyle\int_{-\infty}^{\infty}\exp\left\{-\frac{1}{2}d_{jj}z_j{}^2\right\}dz_j=\sqrt{\frac{2\pi}{d_{jj}}}$ が成立するとしている。そこで，ここでは，$d_{jj}=\beta$，$z_j=t$ として，$\displaystyle\int_{-\infty}^{\infty}e^{-\beta\frac{t^2}{2}}dt=\sqrt{\frac{2\pi}{\beta}}$ を証明しておこう。

定数$\beta>0$として，$2I=\int_{-\infty}^{\infty}e^{-\beta\frac{t^2}{2}}dt=2\int_{0}^{\infty}e^{-\beta\frac{t^2}{2}}dt$とすると，

$$I^2=\int_0^{\infty}e^{-\beta\frac{x^2}{2}}dx\int_0^{\infty}e^{-\beta\frac{y^2}{2}}dy=\int_0^{\infty}\int_0^{\infty}e^{-\beta\frac{x^2+y^2}{2}}dxdy$$

これを極座標に変換すると，

$$I^2=\int_0^{\frac{\pi}{2}}\int_0^{\infty}e^{-\beta\frac{r^2}{2}}rdrd\theta=\int_0^{\frac{\pi}{2}}\frac{1}{\beta}\left[-e^{-\beta\frac{r^2}{2}}\right]_0^{\infty}d\theta$$

$$=\int_0^{\frac{\pi}{2}}\frac{1}{\beta}[0-(-1)]d\theta=\frac{\pi}{2\beta}$$

である。ゆえに，

$$2I=\int_{-\infty}^{\infty}e^{-\beta\frac{t^2}{2}}dt=\sqrt{\frac{2\pi}{\beta}}$$

以上に示したことより，$n$次元確率変数の結合密度関数をすべての変数の全領域にわたって積分すると，

$$\int_{-\infty}^{\infty}\int_{-\infty}^{\infty}\cdots\int_{-\infty}^{\infty}f(x_1,\ x_2,\ \cdots,\ x_n)dx_1dx_2\cdots dx_n=1$$

であることが証明できた。

**$n$次元正規分布における周辺密度関数**

$n$次元正規分布の確率密度関数は，次の通りであった。

$$f(x_1,\ x_2,\ \cdots,\ x_n)=f(\boldsymbol{x})$$

$$=(2\pi)^{-\frac{\pi}{2}}|\boldsymbol{\Sigma}|^{-\frac{1}{2}}\exp\left\{-\frac{1}{2}(\boldsymbol{x}-\mu)'\boldsymbol{\Sigma}^{-1}(\boldsymbol{x}-\mu)\right\}$$

この$n$次元正規分布の確率密度関数について，

$$\int_{-\infty}^{\infty}\int_{-\infty}^{\infty}\cdots\int_{-\infty}^{\infty}f(x_1,\ x_2,\ \cdots,\ x_r,\ x_{r+1},\ \cdots,\ x_n)\,dx_{r+1}dx_{r+2}\cdots dx_{r+k}$$

は，$r$ 次元周辺分布の確率密度関数である。そこで，以下では，この周辺分布の確率密度関数が，$r$ 次元正規分布の確率密度関数であることを示しておこう。

$n$ 次元正規分布の確率変数を，次のように $r$ 次と $k$ 次元に分割する。

$$\boldsymbol{x}-\mu=\begin{pmatrix}\boldsymbol{x}_1-\mu_1\\ \boldsymbol{x}_2-\mu_2\end{pmatrix},\quad \boldsymbol{\Sigma}^{-1}=\boldsymbol{S}=\begin{pmatrix}\mathbf{S}_{11}\mathbf{S}_{12}\\ \mathbf{S}_{21}\mathbf{S}_{22}\end{pmatrix}$$

そうすると，$n$ 次元正規分布の密度関数における指数部分は，次のように展開できる。

$$\begin{aligned}(\boldsymbol{x}-\mu)'\boldsymbol{\Sigma}^{-1}(\boldsymbol{x}-\mu)&=((\boldsymbol{x}_1-\mu_1)'(\boldsymbol{x}_2-\mu_2)')\begin{pmatrix}\mathbf{S}_{11}\mathbf{S}_{12}\\ \mathbf{S}_{21}\mathbf{S}_{22}\end{pmatrix}\begin{pmatrix}\boldsymbol{x}_1-\mu_1\\ \boldsymbol{x}_2-\mu_2\end{pmatrix}\\ &=(\boldsymbol{x}_1-\mu_1)'\mathbf{S}_{11}(\boldsymbol{x}_1-\mu_1)+(\boldsymbol{x}_1-\mu_1)'\mathbf{S}_{12}(\boldsymbol{x}_2-\mu_2)\\ &\qquad+(\boldsymbol{x}_2-\mu_2)'\mathbf{S}_{21}(\boldsymbol{x}_1-\mu_1)+(\boldsymbol{x}_2-\mu_2)'\mathbf{S}_{22}(\boldsymbol{x}_2-\mu_2)\end{aligned}$$

ところで，

$$\begin{aligned}&(\boldsymbol{x}-\mu)'\boldsymbol{\Sigma}^{-1}(\boldsymbol{x}-\mu)\\ &=(\boldsymbol{x}_1-\mu_1)'[\mathbf{S}_{11}-\mathbf{S}_{12}\mathbf{S}_{22}^{-1}\mathbf{S}_{21}](\boldsymbol{x}_1-\mu_1)\\ &\qquad+[(\boldsymbol{x}_2-\mu_2)+\mathbf{S}_{22}^{-1}\mathbf{S}_{21}(\boldsymbol{x}_1-\mu_1)]'\mathbf{S}_{22}[(\boldsymbol{x}_2-\mu_2)+\mathbf{S}_{22}^{-1}\mathbf{S}_{21}(\boldsymbol{x}_1-\mu_1)]\end{aligned}$$

であるから，$r$ 次元ベクトル $\boldsymbol{x}_1$ の周辺密度関数 $g(\boldsymbol{x}_1)$ は，次の通りである。

$$\begin{aligned}g(\boldsymbol{x}_1)&=(2\pi)^{-\frac{n}{2}}|\boldsymbol{\Sigma}|^{-\frac{1}{2}}\exp\left\{-\frac{1}{2}(\boldsymbol{x}_1-\mu_1)'[\mathbf{S}_{11}-\mathbf{S}_{12}\mathbf{S}_{22}^{-1}\mathbf{S}_{21}](\boldsymbol{x}_1-\mu_1)\right\}\\ &\quad\times\int_{-\infty}^{\infty}\cdots\int_{-\infty}^{\infty}\exp\left\{-\frac{1}{2}[(\boldsymbol{x}_2-\mu_2)+\mathbf{S}_{22}^{-1}\mathbf{S}_{21}(\boldsymbol{x}_1-\mu_1)]'\right.\\ &\qquad\left.\mathbf{S}_{22}[(\boldsymbol{x}_2-\mu_2)+\mathbf{S}_{22}^{-1}\mathbf{S}_{21}(\boldsymbol{x}_1-\mu_1)]\right\}dx_{r+1}dx_{r+2}\cdots dx_{r+k}\end{aligned}$$

上式の積分部分において，$\boldsymbol{c}=-\mu_2+\mathbf{S}_{22}^{-1}\mathbf{S}_{21}(\boldsymbol{x}_1-\mu_1)$ は，積分変数に無関係な

定数である。したがって，上式の積分部分 $S$ は，

$$S=\int_{-\infty}^{\infty}\cdots\int_{-\infty}^{\infty}\exp\left\{-\frac{1}{2}[(\boldsymbol{x}_2-\boldsymbol{c})'\boldsymbol{S}_{22}(\boldsymbol{x}_2-\boldsymbol{c})]\right\}dx_{r+1}dx_{r+2}\cdots dx_{r+k}$$
$$=(2\pi)^{\frac{n-r}{2}}|\boldsymbol{S}_{22}|^{-\frac{1}{2}}$$

である。以上に示したことから，$\boldsymbol{x}_1$ の周辺密度関数 $g(\boldsymbol{x}_1)$ は，

(11.8)
$$g(\boldsymbol{x}_1)=(2\pi)^{-\frac{r}{2}}|\boldsymbol{\Sigma}|^{-\frac{1}{2}}|\boldsymbol{S}_{22}|^{-\frac{1}{2}}\times\exp\left\{-\frac{1}{2}(\boldsymbol{x}_1-\boldsymbol{\mu}_1)'[\boldsymbol{S}_{11}-\boldsymbol{S}_{12}\boldsymbol{S}_{22}^{-1}\boldsymbol{S}_{21}](\boldsymbol{x}_1-\boldsymbol{\mu}_1)\right\}$$

である。

他方，$|\boldsymbol{\Sigma}^{-1}|=|\boldsymbol{S}|=|\boldsymbol{S}_{22}||\boldsymbol{S}_{11}-\boldsymbol{S}_{12}\boldsymbol{S}_{22}^{-1}\boldsymbol{S}_{21}|$ を示すことができるので，結局，

$$g(\boldsymbol{x}_1)=(2\pi)^{-\frac{r}{2}}|\boldsymbol{S}_{11}-\boldsymbol{S}_{12}\boldsymbol{S}_{22}^{-1}\boldsymbol{S}_{21}|^{-\frac{1}{2}}\times\exp\left\{-\frac{1}{2}(\boldsymbol{x}_1-\boldsymbol{\mu}_1)'[\boldsymbol{S}_{11}-\boldsymbol{S}_{12}\boldsymbol{S}_{22}^{-1}\boldsymbol{S}_{21}](\boldsymbol{x}_1-\boldsymbol{\mu}_1)\right\}$$

が得られる。したがって，

(11.9)
$$g(\boldsymbol{x}_1)=(2\pi)^{-\frac{r}{2}}|\boldsymbol{\Sigma}_{11}|^{-\frac{1}{2}}\exp\left\{-\frac{1}{2}(\boldsymbol{x}_1-\boldsymbol{\mu}_1)'\boldsymbol{\Sigma}_{11}^{-1}(\boldsymbol{x}_1-\boldsymbol{\mu}_1)\right\}$$

である。さて，ここで，上述した $|\boldsymbol{S}|=|\boldsymbol{S}_{22}||\boldsymbol{S}_{11}-\boldsymbol{S}_{12}\boldsymbol{S}_{22}^{-1}\boldsymbol{S}_{21}|$ を示しておこう。いま，$\begin{vmatrix}\boldsymbol{I} & \boldsymbol{O}\\ -\boldsymbol{S}_{22}^{-1}\boldsymbol{S}_{21} & \boldsymbol{S}_{22}^{-1}\end{vmatrix}=|\boldsymbol{I}||\boldsymbol{S}_{22}^{-1}|=|\boldsymbol{S}_{22}^{-1}|$ に注意して，

$$|\boldsymbol{S}|=|\boldsymbol{S}_{22}||\boldsymbol{S}_{22}^{-1}||\boldsymbol{S}|=|\boldsymbol{S}_{22}||\boldsymbol{S}||\boldsymbol{S}_{22}^{-1}|$$
$$=|\boldsymbol{S}_{22}|\begin{vmatrix}\boldsymbol{S}_{11} & \boldsymbol{S}_{12}\\ \boldsymbol{S}_{21} & \boldsymbol{S}_{22}\end{vmatrix}\begin{vmatrix}\boldsymbol{I} & \boldsymbol{O}\\ -\boldsymbol{S}_{22}^{-1}\boldsymbol{S}_{21} & \boldsymbol{S}_{22}^{-1}\end{vmatrix}$$
$$=|\boldsymbol{S}_{22}|\begin{vmatrix}\boldsymbol{S}_{11}-\boldsymbol{S}_{12}\boldsymbol{S}_{22}^{-1}\boldsymbol{S}_{21} & \boldsymbol{S}_{12}\boldsymbol{S}_{22}^{-1}\\ \boldsymbol{O} & \boldsymbol{I}\end{vmatrix}=|\boldsymbol{S}_{22}||\boldsymbol{S}_{11}-\boldsymbol{S}_{12}\boldsymbol{S}_{22}^{-1}\boldsymbol{S}_{21}|$$

が成り立つ。

次に，$\boldsymbol{S}_{11}-\boldsymbol{S}_{12}\boldsymbol{S}_{22}^{-1}\boldsymbol{S}_{21}=\boldsymbol{\Sigma}_{11}^{-1}$ を示しておこう。

上述の議論の中で，$\boldsymbol{\Sigma}=\begin{pmatrix}\boldsymbol{\Sigma}_{11}\boldsymbol{\Sigma}_{12}\\ \boldsymbol{\Sigma}_{21}\boldsymbol{\Sigma}_{22}\end{pmatrix}$ および $\boldsymbol{\Sigma}^{-1}=\begin{pmatrix}\boldsymbol{S}_{11} & \boldsymbol{S}_{12}\\ \boldsymbol{S}_{21} & \boldsymbol{S}_{22}\end{pmatrix}$ としている。

これより $\boldsymbol{I}=\begin{pmatrix}\boldsymbol{\Sigma}_{11} & \boldsymbol{\Sigma}_{12}\\ \boldsymbol{\Sigma}_{21} & \boldsymbol{\Sigma}_{22}\end{pmatrix}\begin{pmatrix}\boldsymbol{S}_{11} & \boldsymbol{S}_{12}\\ \boldsymbol{S}_{21} & \boldsymbol{S}_{22}\end{pmatrix}$ である。したがって，

$$\boldsymbol{\Sigma}_{11}\boldsymbol{S}_{11}+\boldsymbol{\Sigma}_{12}\boldsymbol{S}_{21}=\boldsymbol{I}, \qquad \boldsymbol{\Sigma}_{11}\boldsymbol{S}_{12}+\boldsymbol{\Sigma}_{12}\boldsymbol{S}_{22}=\boldsymbol{O}$$

が成り立つ。

上の第2式より，$\boldsymbol{\Sigma}_{11}\boldsymbol{S}_{12}=-\boldsymbol{\Sigma}_{12}\boldsymbol{S}_{22}$ が得られ，さらに，$\boldsymbol{\Sigma}_{11}^{-1}\boldsymbol{\Sigma}_{12}=-\boldsymbol{S}_{12}\boldsymbol{S}_{22}^{-1}$ が成り立つ。この式を，上の第1式より得られる，$\boldsymbol{S}_{11}+\boldsymbol{\Sigma}_{11}^{-1}\boldsymbol{\Sigma}_{12}\boldsymbol{S}_{21}=\boldsymbol{\Sigma}_{11}^{-1}$ に代入する。そうすると，$\boldsymbol{S}_{11}-\boldsymbol{S}_{12}\boldsymbol{S}_{22}^{-1}\boldsymbol{S}_{21}=\boldsymbol{\Sigma}_{11}^{-1}$ を導くことができる。

### 正規分布の積率母関数

まず，1次元の正規分布の積率母関数を求め，それによって，平均＝期待値と分散を求めておこう。先に，$n$ 次元正規分布の確率密度関数を示したが，$n=1$ とすれば，1次元正規分布の確率密度関数が得られる。$x_1=x$，$\mu_1=\mu$，$\boldsymbol{\Sigma}=(\sigma_{11})$，$\boldsymbol{\Sigma}^{-1}=\dfrac{1}{\sigma_{11}}$ として，密度関数を具体的に表わすと，

$$(11.10)\qquad g(x)=(2\pi)^{-\frac{1}{2}}\sigma_{11}^{-\frac{1}{2}}exp\left[-\frac{1}{2}(x-\mu)\frac{1}{\sigma_{11}}(x-\mu)\right]$$
$$=\frac{1}{\sqrt{2\pi\sigma_{11}}}exp\left[-\frac{1}{2\sigma_{11}}(x-\mu)^2\right]$$

になる。

さて，1次元正規分布の積率母関数は，

$$M_X(\theta)=\int exp^{\theta x}g(x)\,dx$$
$$=\frac{1}{\sqrt{2\pi\sigma_{11}}}\int exp\left[-\frac{1}{2\sigma_{11}}(x-\mu)^2+\theta x\right]dx$$

$$=\frac{1}{\sqrt{2\pi\sigma_{11}}}\int exp\left[-\frac{1}{2\sigma_{11}}\left\{(x-\mu-\sigma_{11}\theta)^2+\mu\theta+\frac{\sigma_{11}}{2}\theta^2\right\}\right]dx$$

$$=exp\left[\mu\theta+\frac{\sigma_{11}}{2}\theta^2\right]\times\frac{1}{\sqrt{2\pi\sigma_{11}}}\int exp\left[-\frac{1}{2\sigma_{11}}(x-\mu-\sigma_{11}\theta)^2\right]dx$$

$$=exp\left[\mu\theta+\frac{\sigma_{11}}{2}\theta^2\right]$$

ここで，最終式の×以降は，1次元正規分布の密度関数の積分だから，その値は1である。

上に求めた積率母関数から，1次微分と2次微分を求め，それぞれ $\theta=0$ で評価すると，

$$\frac{dM_X(\theta)}{d\theta}=(\mu+\sigma_{11}\theta)\,exp\left[\mu\theta+\frac{\sigma_{11}}{2}\theta^2\right]\qquad \text{これより，}$$

$$\frac{dM_X(\theta)}{d\theta}\Big|_{\theta=0}=\mu$$

$$\frac{d^2M_X(\theta)}{d\theta^2}=\sigma_{11}M_X(\theta)+(\mu+\sigma_{11}\theta)^2M_X(\theta)\qquad \text{これより，}$$

$$\frac{d^2M_X(\theta)}{d\theta^2}\Big|_{\theta=0}=\sigma_{11}+\mu^2$$

である。以上に示したことで，1次元正規分布の平均＝期待値が $\mu$ であり，分散は2次の積率から平均値の2乗を引くことで，$\sigma_{11}$ になることが証明できた。

### 2次元正規分布の確率密度関数

ここでは，2次元正規分布の積率母関数を求め，2つの変数 $(X,\ Y)$ の共分散を確率密度関数のパラメタから導いておこう。

先に示した $n$ 次元正規分布の確率密度関数において $n=2$ として，

$$\rho=\frac{\sigma_{12}}{\sqrt{\sigma_{11}}\sqrt{\sigma_{22}}}\quad \text{とおくと，}$$

$$|\mathbf{\Sigma}|=\sigma_{11}\sigma_{22}-\sigma_{12}{}^{2}=\sigma_{11}\sigma_{22}(1-\rho^{2}),\quad \mathbf{\Sigma}^{-1}=\frac{1}{\sigma_{11}\sigma_{22}(1-\rho^{2})}\begin{pmatrix}\sigma_{22} & -\sigma_{12}\\ -\sigma_{21} & \sigma_{11}\end{pmatrix}$$

である。ただし，$a_{12}=a_{21}$ である。

さらに，$x_1=x$，$x_2=y$ とおいて，２次元の密度関数を具体的に表わすと次の通りである。

$$\begin{aligned}f(x,\ y)&=(2\pi)^{-1}[\sigma_{11}\sigma_{22}(1-\rho^{2})]^{-\frac{1}{2}}\\ &\times exp\left[-\frac{1}{2\sigma_{11}\sigma_{22}(1-\rho^{2})}\{\sigma_{22}(x-\mu_1)^{2}-2\sigma_{12}(x-\mu_1)(y-\mu_2)+\sigma_{11}(y-\mu_2)^{2}\}\right]\\ &=(2\pi)^{-1}[\sigma_{11}\sigma_{22}(1-\rho^{2})]^{-\frac{1}{2}}\\ &\times exp\left[-\frac{1}{2(1-\rho^{2})}\left\{\frac{(x-\mu_1)^{2}}{\sigma_{11}}-2\rho\frac{(x-\mu)}{\sqrt{\sigma_{11}}}\cdot\frac{(y-\mu_2)}{\sqrt{\sigma_{22}}}+\frac{(y-\mu_2)^{2}}{\sigma_{22}}\right\}\right]\end{aligned}$$

### ２次元正規分布の積率母関数

次に，２次元正規分布の積率母関数 $M_{XY}(\theta_1,\ \theta_2)$ を求める。積率母関数の定義に従って，次の通りである。

$$M_{XY}(\theta_1,\ \theta_2)=\int\int exp[\theta_1 x+\theta_2 y]f(x,\ y)\,dxdy$$

上式において，$u=\dfrac{(x-\mu)}{\sqrt{\sigma_{11}}}$，$v=\dfrac{(y-\mu_2)}{\sqrt{\sigma_{22}}}$ と変数変換すると，

$$\begin{aligned}M_{XY}(\theta_1,\ \theta_2)&=\int\int exp[\theta_1(\sqrt{\sigma_{11}}\,u+\mu_1)+\theta_2(\sqrt{\sigma_{22}}\,v+\mu_2)]\\ &\times\frac{1}{2\pi\sqrt{1-\rho^{2}}}\cdot exp\left[-\frac{1}{2(1-\rho^{2})}(u^{2}-2\rho uv+v^{2})\right]dudv\end{aligned}$$

になる。

さらに，$s=\dfrac{u-\rho v-(1-\rho^{2})\theta_1\sqrt{\sigma_{11}}}{\sqrt{1-\rho^{2}}}$ および $t=v-\rho\theta_1\sqrt{\sigma_{11}}-\theta_2\sqrt{\sigma_{22}}$ と変

数変換すると，

$$M_{XY}(\theta_1,\ \theta_2)=exp\left[\theta_1\mu_1+\theta_2\mu_2+\frac{1}{2}(\theta_1{}^2\sigma_{11}+2\rho\theta_1\theta_2\sqrt{\sigma_{11}}\sqrt{\sigma_{22}}+\theta_2{}^2\sigma_{22})\right]$$

$$\int\frac{1}{\sqrt{2\pi}}exp\left[-\frac{s^2}{2}\right]ds\int\frac{1}{\sqrt{2\pi}}exp\left[-\frac{t^2}{2}\right]dt$$

$$=exp\left[\theta_1\mu_1+\theta_2\mu_2+\frac{1}{2}(\theta_1{}^2\sigma_{11}+2\rho\theta_1\theta_2\sqrt{\sigma_{11}}\sqrt{\sigma_{22}}+\theta_2{}^2\sigma_{22})\right]$$

第２式において，積分の値は，それぞれ１である。

以上のことから，

$$\frac{\partial^2 M_{XY}(\theta_1,\ \theta_2)}{\partial\theta_1\partial\theta_2}\Big|_{\theta_1=\theta_2=0}=\rho\sqrt{\sigma_{11}}\sqrt{\sigma_{22}}M_{XY}+(\mu_1+\sigma_{11}\theta_1+\rho\theta_2\sqrt{\sigma_{11}}\sqrt{\sigma_{22}})$$

$$\times(\mu_2+\rho\theta_1\sqrt{\sigma_{11}}\sqrt{\sigma_{22}}+\theta_2\sigma_{22})M_{XY}\Big|_{\theta_1=\theta_2=0}$$

$$=\rho\sqrt{\sigma_{11}}\sqrt{\sigma_{22}}+\mu_1\mu_2$$

ゆえに，

$$Cov(X,\ Y)=\frac{\partial^2 M_{XY}(0,\ 0)}{\partial\theta_1\partial\theta_2}-\mu_X\mu_Y=\rho\sqrt{\sigma_{11}}\sqrt{\sigma_{22}}+\mu_1\mu_2-\mu_1\mu_2$$

$$=\rho\sqrt{\sigma_{11}}\sqrt{\sigma_{22}}=\sigma_{12}$$

**正規確率変数の１次結合の分布**

$n$ 次元確率変数 $\boldsymbol{x}$ が，$\boldsymbol{x}\sim N(\boldsymbol{\mu},\ \boldsymbol{\Sigma})$ のとき，$\boldsymbol{Ax}+\boldsymbol{b}\sim N(\boldsymbol{A\mu}+\boldsymbol{b},\ \boldsymbol{A\Sigma A'})$ である。

［証明］$\boldsymbol{y}=\boldsymbol{Ax}+\boldsymbol{b}$ とすると，$\boldsymbol{x}=\boldsymbol{A}^{-1}(\boldsymbol{y}-\boldsymbol{b})$ である。したがって，変換のヤコビアン $J=\left|\frac{\partial\boldsymbol{x}}{\partial\boldsymbol{y}}\right|=|\boldsymbol{A}^{-1}|=|\boldsymbol{A}^{-1}|=|\boldsymbol{A}'|^{-\frac{1}{2}}|\boldsymbol{A}|^{-\frac{1}{2}}$ である。さて，$\boldsymbol{x}$ の密度関数は，$f(\boldsymbol{x})=(2\pi)^{-\frac{n}{2}}|\boldsymbol{\Sigma}|^{-\frac{1}{2}}\exp\left\{-\frac{1}{2}(\boldsymbol{x}-\boldsymbol{\mu})'\boldsymbol{\Sigma}^{-1}(\boldsymbol{x}-\boldsymbol{\mu})\right\}$ だから，$\boldsymbol{y}$ の密度関数は，

$$f(\boldsymbol{y})=(2\pi)^{-\frac{n}{2}}|\boldsymbol{\Sigma}|^{-\frac{1}{2}}|\boldsymbol{A}^{-1}|\exp\left\{-\frac{1}{2}[\boldsymbol{A}^{-1}(\boldsymbol{y}-\boldsymbol{b})-\mu]'\boldsymbol{\Sigma}^{-1}[\boldsymbol{A}^{-1}(\boldsymbol{y}-\boldsymbol{b})-\mu]\right\}$$

$$=(2\pi)^{-\frac{n}{2}}|\boldsymbol{A}'|^{-\frac{1}{2}}|\boldsymbol{\Sigma}|^{-\frac{1}{2}}|\boldsymbol{A}|^{-\frac{1}{2}}\exp\left\{-\frac{1}{2}[\boldsymbol{y}-\boldsymbol{A}\mu-\boldsymbol{b}]'(\boldsymbol{A}')^{-1}\boldsymbol{\Sigma}^{-1}\boldsymbol{A}^{-1}[\boldsymbol{y}-\boldsymbol{A}\mu-\boldsymbol{b}]\right\}$$

$$=(2\pi)^{-\frac{n}{2}}|\boldsymbol{A\Sigma A}'|^{-\frac{1}{2}}\exp\left\{-\frac{1}{2}[\boldsymbol{y}-\boldsymbol{A}\mu-\boldsymbol{b}]'(\boldsymbol{A\Sigma A}')^{-1}[\boldsymbol{y}-\boldsymbol{A}\mu-\boldsymbol{b}]\right\}$$

［終］

**$n$次元正規分布と$\chi^2$分布**

$n$次元の正規分布から$\chi^2$分布が定義される。つまり，

$$\boldsymbol{x}\sim N(\boldsymbol{0},\ \boldsymbol{I})\quad\Longrightarrow\quad \boldsymbol{x}'\boldsymbol{x}\sim\chi^2(n)$$

次に，$\chi^2$分布に関するいくつかの命題をあげておこう。

1．$\boldsymbol{x}\sim N(\boldsymbol{0},\ \sigma^2\boldsymbol{I})\quad\Longrightarrow\quad \frac{1}{\sigma}\boldsymbol{x}\sim N(\boldsymbol{0},\ \boldsymbol{I})\quad\Longrightarrow\quad \frac{1}{\sigma^2}\boldsymbol{x}'\boldsymbol{x}\sim\chi^2(n)$

2．$\boldsymbol{x}\sim N(\mu,\ \sigma^2\boldsymbol{I}_n)\quad\Longrightarrow\quad \frac{\boldsymbol{x}-\mu}{\sigma}\sim N(\boldsymbol{0},\ \boldsymbol{I}_n)\quad\Longrightarrow\quad \frac{(\boldsymbol{x}-\mu)'(\boldsymbol{x}-\mu)}{\sigma^2}\sim\chi^2(n)$

3．$\boldsymbol{x}\sim N(\boldsymbol{0},\ \boldsymbol{\Sigma})\quad\Longrightarrow\quad \boldsymbol{x}'\boldsymbol{\Sigma}^{-1}\boldsymbol{x}\sim\chi^2(n)$

［証明］$\boldsymbol{\Sigma}=\boldsymbol{PP}'$が成り立つ$n\times n$正則行列$\boldsymbol{P}$が存在する。したがって，$\boldsymbol{P}^{-1}\boldsymbol{\Sigma}(\boldsymbol{P}')^{-1}=\boldsymbol{P}^{-1}\boldsymbol{PP}'(\boldsymbol{P}')^{-1}=\boldsymbol{I}\cdot\boldsymbol{I}=\boldsymbol{I}$が成り立つ。ここで，$\boldsymbol{y}=\boldsymbol{P}^{-1}\boldsymbol{x}$を定義すると，$\boldsymbol{y}=\boldsymbol{P}^{-1}\boldsymbol{x}\sim N(\boldsymbol{0},\ \boldsymbol{P}^{-1}\boldsymbol{\Sigma}(\boldsymbol{P}^{-1})')=N(\boldsymbol{0},\ \boldsymbol{P}^{-1}\boldsymbol{\Sigma}(\boldsymbol{P}')^{-1})=N(\boldsymbol{0},\ \boldsymbol{I})$である。したがって，$\boldsymbol{y}'\boldsymbol{y}\sim\chi^2(n)$。他方，$\boldsymbol{y}'\boldsymbol{y}=(\boldsymbol{P}^{-1}\boldsymbol{x})'(\boldsymbol{P}^{-1}\boldsymbol{x})=\boldsymbol{x}'(\boldsymbol{P}^{-1})'\boldsymbol{P}^{-1}\boldsymbol{x}=\boldsymbol{x}'(\boldsymbol{P}')^{-1}\boldsymbol{P}^{-1}\boldsymbol{x}=\boldsymbol{x}'(\boldsymbol{PP}')^{-1}\boldsymbol{x}=\boldsymbol{x}'\boldsymbol{\Sigma}^{-1}\boldsymbol{x}$である。ゆえに，$\boldsymbol{x}'\boldsymbol{\Sigma}^{-1}\boldsymbol{x}\sim\chi^2(n)$［終］

4．$\boldsymbol{x}\sim N(\boldsymbol{0},\ \boldsymbol{I})\quad\Longrightarrow\quad \boldsymbol{x}'\boldsymbol{A}\boldsymbol{x}\sim\chi^2(r)$　ここで，$\boldsymbol{A}$は，$rank(\boldsymbol{A})=r<n$を満たす$n\times n$の巾等行列。

［証明］$\boldsymbol{Q}'\boldsymbol{AQ}=\boldsymbol{\Lambda}=\begin{bmatrix}\boldsymbol{I}_r & \boldsymbol{0}\\ \boldsymbol{0} & \boldsymbol{0}\end{bmatrix}$を満たす正規直交行列$\boldsymbol{Q}$が存在する。したがって，$\boldsymbol{Q}'\boldsymbol{Q}=\boldsymbol{QQ}'=\boldsymbol{I}$である。いま，$\boldsymbol{y}=\boldsymbol{Q}'\boldsymbol{x}$と定義すると，$\boldsymbol{y}=\boldsymbol{Q}'\boldsymbol{x}\sim$

$N(\mathbf{0},\ \boldsymbol{Q}'\boldsymbol{I}\boldsymbol{Q})=N(\mathbf{0},\ \boldsymbol{I})$ である。また，$\boldsymbol{x}=\boldsymbol{Q}\boldsymbol{y}$ であるから，$\boldsymbol{x}'\boldsymbol{A}\boldsymbol{x}=(\boldsymbol{Q}\boldsymbol{y})'\boldsymbol{A}\boldsymbol{Q}\boldsymbol{y}=\boldsymbol{y}'\boldsymbol{Q}'\boldsymbol{A}\boldsymbol{Q}\boldsymbol{y}=\boldsymbol{y}'\begin{bmatrix}\boldsymbol{I}_r & \mathbf{0}\\ \mathbf{0} & \mathbf{0}\end{bmatrix}\boldsymbol{y}=Y_1^2+Y_2^2+Y_3^2+\cdots+Y_r^2\sim\chi^2(r)$ ［終］

## 11.3　説明変数が $\boldsymbol{k}$ 個の回帰方程式

次に，変量 $Y$ と $k$ 個の説明変量 $X_1,\ X_2,\ \cdots,\ X_k$ の間に線形の関係があると想定されるとき，

$$Y_t=\beta_1X_{t1}+\beta_2X_{t2}+\cdots+\beta kX_t+u_t \quad u_t\sim N(0,\ \sigma^2) \quad t=1,\ 2,\ \cdots,\ n$$

で計量経済モデルが表現される。これを行列・ベクトル表示すれば，

$$\boldsymbol{y}=\boldsymbol{X}\boldsymbol{\beta}+\boldsymbol{u} \quad \boldsymbol{u}\sim N(\mathbf{0},\ \sigma^2\boldsymbol{I}_n) \tag{11.11}$$

である。ここで，$\boldsymbol{y}$ は $n\times 1$ の被説明変数ベクトル，$\boldsymbol{X}$ は $n\times k$ の説明変数行列，$\boldsymbol{\beta}$ は $k\times 1$ の回帰係数ベクトル，$\boldsymbol{u}$ は $n\times 1$ の撹乱項を表わす確率変数ベクトルである。これらの行列・ベクトルを具体的に書くと，

$$\boldsymbol{y}=\begin{bmatrix} y_1\\ y_2\\ \vdots\\ \vdots\\ y_n\end{bmatrix},\quad \boldsymbol{X}=\begin{bmatrix} X_{11} & X_{12} & \cdots & X_{1k}\\ X_{21} & X_{22} & \cdots & X_{2k}\\ \vdots & \vdots & \cdots & \vdots\\ \vdots & \vdots & \cdots & \vdots\\ X_{n1} & X_{n2} & \cdots & X_{nk}\end{bmatrix},\quad \boldsymbol{\beta}=\begin{bmatrix}\beta_1\\ \beta_2\\ \vdots\\ \beta_k\end{bmatrix},\quad \boldsymbol{u}=\begin{bmatrix}u_1\\ u_2\\ \vdots\\ \vdots\\ u_n\end{bmatrix}$$

上の表現で，変数 $X_1$ を，常に値1をとる変数とすれば，つまり，$X_{t1}=1$（$t=1,\ 2,\ 3,\ \cdots,\ n$）とすると，係数 $\beta_1$ が，つまり回帰係数ベクトル $\boldsymbol{\beta}$ の第1要素が，いわゆる定数項になる。この場合，行列 $\boldsymbol{X}$ を具体的に示すと，

$$\boldsymbol{X}=\begin{bmatrix} 1 & X_{12} & \cdots & X_{1k}\\ 1 & X_{22} & \cdots & X_{2k}\\ \vdots & \vdots & \cdots & \vdots\\ 1 & X_{n2} & \cdots & X_{nk}\end{bmatrix}$$

である。

さて，推定すべき回帰係数ベクトル $\boldsymbol{\beta}$ の最小２乗法は，誤差の２乗和 $s=(\boldsymbol{y}-\boldsymbol{X\beta})'(\boldsymbol{y}-\boldsymbol{X\beta})$ を最小にするよう $\boldsymbol{\beta}$ を決定する。そこで，誤差の２乗和

$$s=\boldsymbol{y}'\boldsymbol{y}-\boldsymbol{y}'\boldsymbol{X\beta}-(\boldsymbol{X\beta})'\boldsymbol{y}+(\boldsymbol{X\beta})'\boldsymbol{X\beta}=\boldsymbol{y}'\boldsymbol{y}-2\boldsymbol{y}'\boldsymbol{X\beta}+\boldsymbol{\beta}'\boldsymbol{X}'\boldsymbol{X\beta}$$
$$[\because\quad \boldsymbol{y}'\boldsymbol{X\beta}=(\boldsymbol{y}'\boldsymbol{X\beta})'=(\boldsymbol{X\beta})'\boldsymbol{y}]$$

を $\boldsymbol{\beta}$ で偏微分してゼロとおくと，

$$\frac{\partial s}{\partial \boldsymbol{\beta}}=-2(\boldsymbol{y}'\boldsymbol{X})'+\{(\boldsymbol{X}'\boldsymbol{X})'+\boldsymbol{X}'\boldsymbol{X}\}\boldsymbol{\beta}=-2\boldsymbol{X}'\boldsymbol{y}+2\boldsymbol{X}'\boldsymbol{X\beta}=\boldsymbol{0}$$

である。さらに，２次の偏微分は，

$$\frac{\partial^2 s}{\partial \boldsymbol{\beta}\partial \boldsymbol{\beta}'}=2\boldsymbol{X}'\boldsymbol{X}$$

であり，$\boldsymbol{X}'\boldsymbol{X}$ は非負定符号行列*であるから，１次偏微分をゼロにする $\boldsymbol{\beta}$ は，誤差の２乗和 $s$ を極小にする。したがって，誤差の２乗和 $(s)$ を最小にする $\boldsymbol{\beta}$ を $\widehat{\boldsymbol{\beta}}$ と書くと，求める係数 $\widehat{\boldsymbol{\beta}}$ を導く正規方程式は

(11.12)　$\boldsymbol{X}'\boldsymbol{X}\widehat{\boldsymbol{\beta}}=\boldsymbol{X}'\boldsymbol{y}$

である。

説明変数の積和行列 $\boldsymbol{X}'\boldsymbol{X}$ の逆行列 $(\boldsymbol{X}'\boldsymbol{X})^{-1}$ が存在すると，OLS 推定量 $\widehat{\boldsymbol{\beta}}$ は，

(11.13)　$\widehat{\boldsymbol{\beta}}=(\boldsymbol{X}'\boldsymbol{X})^{-1}\boldsymbol{X}'\boldsymbol{y}$

である。

＊任意の $\boldsymbol{x}$ について $\boldsymbol{x}'\boldsymbol{A}\boldsymbol{x}\geq 0$ となる行列 $\boldsymbol{A}$ を非負定符号行列という。ここで，$\boldsymbol{X}'\boldsymbol{X}$ が非負定符号行列であることは簡単に示せる。

回帰方程式上の被説明変数の値をベクトル $\widehat{\boldsymbol{y}}$ で表わし，撹乱項の推定値ベクトルを $\widehat{\boldsymbol{u}}$ で表わすと，

(11.14)　$\widehat{\boldsymbol{y}}=\boldsymbol{X}\widehat{\boldsymbol{\beta}}=\boldsymbol{X}(\boldsymbol{X}'\boldsymbol{X})^{-1}\boldsymbol{X}'\boldsymbol{y}$

(11.15)　$\widehat{\boldsymbol{u}}=\boldsymbol{y}-\widehat{\boldsymbol{y}}=\boldsymbol{y}-\boldsymbol{X}(\boldsymbol{X}'\boldsymbol{X})^{-1}\boldsymbol{X}'\boldsymbol{y}=[\boldsymbol{I}_n-\boldsymbol{X}(\boldsymbol{X}'\boldsymbol{X})^{-1}\boldsymbol{X}']\boldsymbol{y}$

である。

さらに撹乱項の推定値ベクトルを用いて，撹乱項の分散 $\sigma^2$ の推定値 $\widehat{\sigma}^2$ は，

(11.16)　$\widehat{\sigma}^2=\dfrac{\widehat{\boldsymbol{u}}'\widehat{\boldsymbol{u}}}{n-k}$

である。

OLS 推定量の統計的性質(1)

先に示した OLS 推定量について，

$$\widehat{\boldsymbol{\beta}}=(\boldsymbol{X}'\boldsymbol{X})^{-1}\boldsymbol{X}'\boldsymbol{y}=(\boldsymbol{X}'\boldsymbol{X})^{-1}\boldsymbol{X}'(\boldsymbol{X}\boldsymbol{\beta}+\boldsymbol{u})=(\boldsymbol{X}'\boldsymbol{X})^{-1}(\boldsymbol{X}'\boldsymbol{X}\boldsymbol{\beta}+\boldsymbol{X}'\boldsymbol{u})$$
$$=\boldsymbol{\beta}+(\boldsymbol{X}'\boldsymbol{X})^{-1}\boldsymbol{X}'\boldsymbol{u}$$

ゆえに，$\widehat{\boldsymbol{\beta}}-\boldsymbol{\beta}=(\boldsymbol{X}'\boldsymbol{X})^{-1}\boldsymbol{X}'\boldsymbol{u}$ である。さらに，

$$\widehat{\boldsymbol{u}}=\boldsymbol{y}-\widehat{\boldsymbol{y}}=\boldsymbol{y}-\boldsymbol{X}(\boldsymbol{X}'\boldsymbol{X})^{-1}\boldsymbol{X}'\boldsymbol{y}=[\boldsymbol{I}-\boldsymbol{X}(\boldsymbol{X}'\boldsymbol{X})^{-1}\boldsymbol{X}']\boldsymbol{y}$$
$$=[\boldsymbol{I}-\boldsymbol{X}(\boldsymbol{X}'\boldsymbol{X})^{-1}\boldsymbol{X}'][\boldsymbol{X}\boldsymbol{\beta}+\boldsymbol{u}]$$
$$=[\boldsymbol{I}-\boldsymbol{X}(\boldsymbol{X}'\boldsymbol{X})^{-1}\boldsymbol{X}']\boldsymbol{u}=\boldsymbol{M}\boldsymbol{u}\quad \text{ここで，}\boldsymbol{M}=\boldsymbol{I}-\boldsymbol{X}(\boldsymbol{X}'\boldsymbol{X})^{-1}\boldsymbol{X}'$$

が導ける。これらを利用して，OLS 推定量の統計的性質を明らかにしておこう。

まず，撹乱項ベクトル $\boldsymbol{u}$ に関して，$E(\boldsymbol{u})=\boldsymbol{0}$，　$V(\boldsymbol{u})=E(\boldsymbol{u}\boldsymbol{u}')=\sigma^2\boldsymbol{I}$ を前提する場合を取りあげよう。つまり，撹乱項の期待値と分散だけを仮定した場合，OLS 推定量の統計的性質は，次の通りである。

$$E[\widehat{\boldsymbol{\beta}}]=E[\boldsymbol{\beta}+(\boldsymbol{X}'\boldsymbol{X})^{-1}\boldsymbol{X}'\boldsymbol{u}]=\boldsymbol{\beta}+(\boldsymbol{X}'\boldsymbol{X})^{-1}\boldsymbol{X}'E[\boldsymbol{u}]=\boldsymbol{\beta}$$
$$V[\widehat{\boldsymbol{\beta}}]=E[(\widehat{\boldsymbol{\beta}}-\boldsymbol{\beta})(\widehat{\boldsymbol{\beta}}-\boldsymbol{\beta})']=E[(\boldsymbol{X}'\boldsymbol{X})^{-1}\boldsymbol{X}'\boldsymbol{u}\boldsymbol{u}'\boldsymbol{X}(\boldsymbol{X}'\boldsymbol{X})^{-1}]$$

$$=(\boldsymbol{X}'\boldsymbol{X})^{-1}\boldsymbol{X}'E[\boldsymbol{u}\boldsymbol{u}']\boldsymbol{X}(\boldsymbol{X}'\boldsymbol{X})^{-1}=(\boldsymbol{X}'\boldsymbol{X})^{-1}\boldsymbol{X}'\sigma^2\boldsymbol{I}\boldsymbol{X}(\boldsymbol{X}'\boldsymbol{X})^{-1}$$

$$=\sigma^2(\boldsymbol{X}'\boldsymbol{X})^{-1}\boldsymbol{X}'\boldsymbol{X}(\boldsymbol{X}'\boldsymbol{X})^{-1}=\sigma^2(\boldsymbol{X}'\boldsymbol{X})^{-1}$$

$$E[\widehat{\boldsymbol{u}}]=E[\boldsymbol{M}\boldsymbol{u}]=\boldsymbol{M}E[\boldsymbol{u}]=\boldsymbol{0}$$

$$V[\widehat{\boldsymbol{u}}]=E[\widehat{\boldsymbol{u}}\widehat{\boldsymbol{u}}']=E[\boldsymbol{M}\boldsymbol{u}\boldsymbol{u}'\boldsymbol{M}']=\boldsymbol{M}E[\boldsymbol{u}\boldsymbol{u}']\boldsymbol{M}'$$

$$=\sigma^2\boldsymbol{M}\boldsymbol{I}\boldsymbol{M}'=\sigma^2\boldsymbol{M}$$　ここで，$\boldsymbol{M}=\boldsymbol{M}'=\boldsymbol{M}^2$ である。

$$Cov(\widehat{\boldsymbol{\beta}},\ \widehat{\boldsymbol{u}})=E[(\widehat{\boldsymbol{\beta}}-\boldsymbol{\beta})\widehat{\boldsymbol{u}}']$$

$$=(\boldsymbol{X}'\boldsymbol{X})^{-1}\boldsymbol{X}\boldsymbol{u}(\boldsymbol{M}\boldsymbol{u})'=(\boldsymbol{X}'\boldsymbol{X})^{-1}\boldsymbol{X}\boldsymbol{u}\boldsymbol{u}'[\boldsymbol{I}-\boldsymbol{X}(\boldsymbol{X}'\boldsymbol{X})^{-1}\boldsymbol{X}']$$

$$=\sigma^2(\boldsymbol{X}'\boldsymbol{X})^{-1}\boldsymbol{X}'\boldsymbol{I}[\boldsymbol{I}-\boldsymbol{X}(\boldsymbol{X}'\boldsymbol{X})^{-1}\boldsymbol{X}']=\sigma^2\boldsymbol{O}=\boldsymbol{O}$$

$$E[\widehat{\boldsymbol{u}}'\widehat{\boldsymbol{u}}]=tr(V[\widehat{\boldsymbol{u}}])=tr(\sigma^2\boldsymbol{M})=\sigma^2 tr(\boldsymbol{M})=\sigma^2 tr[\boldsymbol{I}-\boldsymbol{X}(\boldsymbol{X}'\boldsymbol{X})^{-1}\boldsymbol{X}']$$

$$=\sigma^2[n-tr[(\boldsymbol{X}'\boldsymbol{X})^{-1}\boldsymbol{X}'\boldsymbol{X}]=(n-k)\sigma^2$$

以上に示したことから，回帰係数ベクトル $\boldsymbol{\beta}$ の OLS 推定量 $\widehat{\boldsymbol{\beta}}$ は不偏推定量になっていることが分かる。また，$E[\widehat{\boldsymbol{u}}'\widehat{\boldsymbol{u}}]=(n-k)\sigma^2$ より，$\widehat{\sigma}^2=\dfrac{\widehat{\boldsymbol{u}}'\widehat{\boldsymbol{u}}}{n-k}$ は攪乱項の分散 $\sigma^2$ の不偏推定量になっていることも理解される。

### 最良線型不偏推定量

次に，回帰係数ベクトル $\boldsymbol{\beta}$ の OLS 推定量 $\widehat{\boldsymbol{\beta}}$ は，最良線型不偏推定量であること，つまり，変量 $\boldsymbol{y}$ の線型結合からなる不偏推定量の中で，最小分散の推定量であることを示しておく。

いま，任意の線形不偏推定量を $\boldsymbol{A}\boldsymbol{y}$ として，これが不偏性を有するためには，

$$E(\boldsymbol{A}\boldsymbol{y})=E[\boldsymbol{A}\boldsymbol{X}\boldsymbol{\beta}+\boldsymbol{u})]=\boldsymbol{A}\boldsymbol{X}\boldsymbol{\beta}+\boldsymbol{A}E(\boldsymbol{u})=\boldsymbol{A}\boldsymbol{X}\boldsymbol{\beta} \qquad \because \quad E(\boldsymbol{u})=\boldsymbol{0}$$

より，$E(\boldsymbol{A}\boldsymbol{y})=\boldsymbol{\beta}$ となるべきだから，$\boldsymbol{A}\boldsymbol{X}=\boldsymbol{I}$ でなければならない。このとき，

$$\boldsymbol{A}\boldsymbol{y}-\boldsymbol{\beta}=\boldsymbol{A}(\boldsymbol{X}\boldsymbol{\beta}+\boldsymbol{u})-\boldsymbol{\beta}=(\boldsymbol{A}\boldsymbol{X}-\boldsymbol{I})\boldsymbol{\beta}+\boldsymbol{A}\boldsymbol{u}=\boldsymbol{A}\boldsymbol{u}$$

を利用して，推定量 $\boldsymbol{A}\boldsymbol{y}$ の分散は，次のように展開できる。

$$V(\boldsymbol{Ay})=E[(\boldsymbol{Ay}-\boldsymbol{\beta})(\boldsymbol{Ay}-\boldsymbol{\beta})']=E[\boldsymbol{Auu'A'}]=\sigma^2\boldsymbol{AA'}$$
$$=\sigma^2(\boldsymbol{A}-(\boldsymbol{X'X})^{-1}\boldsymbol{X'})(\boldsymbol{A}-(\boldsymbol{X'X})^{-1}\boldsymbol{X'})'+\sigma^2(\boldsymbol{X'X})^{-1}\geqq\sigma^2(\boldsymbol{X'X})^{-1}$$
$$=V(\widehat{\boldsymbol{\beta}})$$

上式において，実際に計算することによって，

$$(\boldsymbol{A}-(\boldsymbol{X'X})^{-1}\boldsymbol{X'})(\boldsymbol{A}-\boldsymbol{X'X})^{-1}\boldsymbol{X'})'=\boldsymbol{AA'}-(\boldsymbol{X'X})^{-1}$$

が確かめられるので，これを利用している。さて，上に示した不等式において，等号が成立するのは，$\boldsymbol{A}=(\boldsymbol{X'X})^{-1}\boldsymbol{X'}$ のとき，すなわち，$\boldsymbol{Ay}=\widehat{\boldsymbol{\beta}}$ のときである。

以上で，回帰係数ベクトル $\boldsymbol{\beta}$ の OLS 推定量 $\widehat{\boldsymbol{\beta}}$ は，最良線型不変推定量であること，つまり，変量 $\boldsymbol{y}$ の線型結合からなる不偏推定量の中で，最小分散をもつことが証明された。

### OLS 推定量の統計的性質(2)

さて，上に示した OLS 推定量の統計的性質に関しては，攪乱項の期待値と分散に関する仮定だけを利用しており，分布について，その正規性を前提にはしていない。つまり，回帰係数などの点推定に関しては，攪乱項が正規分布であるとの前提は必要でない。しかし，区間推定や仮説検定の議論を進めるには，攪乱項が正規分布すると前提しなければならない。

攪乱項ベクトル $\boldsymbol{u}$ が，説明変数行列 $\boldsymbol{X}$ と統計的に独立に，正規分布に従うとき，つまり，$\boldsymbol{u}\sim N(\boldsymbol{0},\ \sigma^2\boldsymbol{I})$ が仮定されると，回帰係数ベクトルの OLS 推定量など，区間推定や仮説検定の統計的推論が可能になる性質を導くことができる。

まず，$\boldsymbol{u}\sim N(\boldsymbol{0},\ \sigma^2\boldsymbol{I}_n)$ より，$\boldsymbol{u}$ の密度関数は，

$$f(\boldsymbol{u})=(2\pi\sigma^2)^{-\frac{n}{2}}\exp\left[-\frac{1}{2\sigma^2}\boldsymbol{u'u}\right]$$

である。計量経済モデル $\boldsymbol{y}=\boldsymbol{X\beta}+\boldsymbol{u}$ より，変換行列式 $\left|\dfrac{\partial\boldsymbol{u}}{\partial\boldsymbol{y}}\right|=1$ であるから，

$\boldsymbol{y}$ の密度関数は，

$$f(\boldsymbol{y})=(2\pi\sigma^2)^{-\frac{n}{2}}\exp\left[-\frac{1}{2\sigma^2}(\boldsymbol{y}-\boldsymbol{X\beta})'(\boldsymbol{y}-\boldsymbol{X\beta})\right]$$

である。したがって，$\boldsymbol{y}\sim N(\boldsymbol{X\beta},\ \sigma^2\boldsymbol{I}_n)$ が得られる。

次に，$k\times n$ 行列 $\boldsymbol{D}_1$ を $\boldsymbol{D}_1=(\boldsymbol{X}'\boldsymbol{X})^{-1}\boldsymbol{X}'$ とし，さらに，$(n-k)\times n$ 行列 $\boldsymbol{D}_2$ を，$\boldsymbol{D}=\begin{bmatrix}\boldsymbol{D}_1\\ \boldsymbol{D}_2\end{bmatrix}$ のランクが $n$ となるように選び，

$$\boldsymbol{b}=\boldsymbol{Dy}=\begin{bmatrix}\widehat{\boldsymbol{\beta}}\\ \boldsymbol{b}_2\end{bmatrix}$$

となる $\boldsymbol{b}$ および $(n-k)$ 次ベクトル $\boldsymbol{b}_2$ を定義する。上述の行列 $\boldsymbol{D}$ の定義から，$\boldsymbol{D}^{-1}\boldsymbol{b}=\boldsymbol{y}$ であり，これより変換行列式は，$\left|\frac{\partial\boldsymbol{y}}{\partial\boldsymbol{b}}\right|=|\boldsymbol{D}^{-1}|=|\boldsymbol{D}|^{-1}$ である。したがって，$\boldsymbol{y}$ の密度関数より，次の通り $\boldsymbol{b}$ の密度関数が導ける。

$$\begin{aligned}f(\boldsymbol{b})&=(2\pi\sigma^2)^{-\frac{n}{2}}|\boldsymbol{D}|^{-1}\exp\left[-\frac{1}{2\sigma^2}(\boldsymbol{D}^{-1}\boldsymbol{b}-\boldsymbol{X\beta})'(\boldsymbol{D}^{-1}\boldsymbol{b}-\boldsymbol{X\beta})\right]\\&=(2\pi)^{-\frac{n}{2}}|\sigma^2\boldsymbol{DD}'|^{-\frac{1}{2}}\exp\left[-\frac{1}{2\sigma^2}(\boldsymbol{b}-\boldsymbol{DX\beta})'(\boldsymbol{DD}')^{-1}(\boldsymbol{b}-\boldsymbol{DX\beta})\right]\end{aligned}$$

上式の意味することは，$\boldsymbol{b}\sim N(\boldsymbol{DX\beta},\ \sigma^2\boldsymbol{DD}')$ である。

さて，OLS 推定量 $\widehat{\boldsymbol{\beta}}$ の密度関数は，$\boldsymbol{b}$ の定義から明らかなように，$\boldsymbol{b}$ の周辺密度関数である。さらに，行列 $\boldsymbol{D}$ の定義より，$\boldsymbol{DD}'=\begin{bmatrix}\boldsymbol{D}_1\boldsymbol{D}_1' & \boldsymbol{D}_1\boldsymbol{D}_2'\\ \boldsymbol{D}_2\boldsymbol{D}_1' & \boldsymbol{D}_2\boldsymbol{D}_2'\end{bmatrix}$，$\boldsymbol{DX\beta}=\begin{bmatrix}\boldsymbol{D}_1\boldsymbol{X\beta}\\ \boldsymbol{D}_2\boldsymbol{X\beta}\end{bmatrix}$ である。これらに注意して，

(11.17)
$$\begin{aligned}\boldsymbol{\beta}&\sim N(\boldsymbol{D}_1\boldsymbol{X\beta},\ \sigma^2\boldsymbol{D}_1\boldsymbol{D}_1')\\&=N((\boldsymbol{X}'\boldsymbol{X})^{-1}\boldsymbol{X}'\boldsymbol{X\beta},\ \sigma^2(\boldsymbol{X}'\boldsymbol{X})^{-1}\boldsymbol{X}'((\boldsymbol{X}'\boldsymbol{X})^{-1}\boldsymbol{X}')')\\&=N(\boldsymbol{\beta},\ \sigma^2(\boldsymbol{X}'\boldsymbol{X})^{-1}\boldsymbol{X}'\boldsymbol{X}(\boldsymbol{X}'\boldsymbol{X})^{-1})\end{aligned}$$

$$=N(\boldsymbol{\beta},\ \sigma^2(\boldsymbol{X}'\boldsymbol{X})^{-1})$$

を導くことができる。

ところで，先に示した行列 $\boldsymbol{M}$ の性質より，

$$\boldsymbol{S}=\boldsymbol{T}'\boldsymbol{M}\boldsymbol{T}=\begin{bmatrix}\boldsymbol{O} & \boldsymbol{O}\\ \boldsymbol{O} & \boldsymbol{I}_{n-k}\end{bmatrix}$$

を満たす直交行列 $\boldsymbol{T}$ が存在する。他方，$\boldsymbol{u}\sim N(\boldsymbol{0},\ \sigma^2\boldsymbol{I})$ より，

$$\boldsymbol{T}'\boldsymbol{u}=\begin{bmatrix}\boldsymbol{u}_1\\ \boldsymbol{u}_2\end{bmatrix}\sim N(\boldsymbol{T}\boldsymbol{0},\ \sigma^2\boldsymbol{T}'\boldsymbol{T})=N(\boldsymbol{0},\ \sigma^2\boldsymbol{I})$$

が得られる。ここで，$\boldsymbol{u}_1$，$\boldsymbol{u}_2$ はそれぞれ $k$ 次ベクトル，$(n-k)$ 次ベクトルである。そうして上述の定義から，

$$\boldsymbol{u}_1\sim N(\boldsymbol{0},\ \sigma^2\boldsymbol{I}_k),\ \ \boldsymbol{u}_2\sim N(\boldsymbol{0},\ \sigma^2\boldsymbol{I}_{n-k})$$

が明らかである。以上のことから，

$$\begin{aligned}\widehat{\boldsymbol{u}}'\widehat{\boldsymbol{u}}&=\boldsymbol{u}'\boldsymbol{M}\boldsymbol{u}=\boldsymbol{u}'\boldsymbol{T}\boldsymbol{T}'\boldsymbol{M}\boldsymbol{T}\boldsymbol{T}'\boldsymbol{u}=\boldsymbol{u}'\boldsymbol{T}\boldsymbol{S}\boldsymbol{T}'\boldsymbol{u}=(\boldsymbol{T}'\boldsymbol{u})'\boldsymbol{S}\boldsymbol{T}'\boldsymbol{u}\\&=[\boldsymbol{u}_1'\quad \boldsymbol{u}_2']\begin{bmatrix}\boldsymbol{O} & \boldsymbol{O}\\ \boldsymbol{O} & \boldsymbol{I}_{n-k}\end{bmatrix}\begin{bmatrix}\boldsymbol{u}_1\\ \boldsymbol{u}_2\end{bmatrix}=\boldsymbol{u}_2'\boldsymbol{u}_2\end{aligned}$$

が導ける。つまり，誤差の2乗和 $\widehat{\boldsymbol{u}}'\widehat{\boldsymbol{u}}$ は，標準正規分布する $(n-k)$ 個の確率変数の2乗和 $\boldsymbol{u}_2'\boldsymbol{u}_2$ で表わすことができるのである。したがって，次の命題が得られる。

$$\frac{\widehat{\boldsymbol{u}}'\widehat{\boldsymbol{u}}}{\sigma^2}=\frac{\boldsymbol{u}_2'\boldsymbol{u}_2}{\sigma^2}\sim\chi^2(n-k)$$

さて次に，実際に計算することによって，$\boldsymbol{D}_1\boldsymbol{M}=\boldsymbol{O}$ が得られ，これより，$\boldsymbol{D}_1\boldsymbol{M}\boldsymbol{T}=\boldsymbol{O}\boldsymbol{T}=\boldsymbol{O}$ が導かれる。

いま，$\boldsymbol{V}_1$ を $k\times k$ 次行列，$\boldsymbol{V}_2$ を $k\times(n-k)$ 次行列として，$\boldsymbol{D}_1\boldsymbol{T}=[\boldsymbol{V}_1\quad \boldsymbol{V}_2]$

とすると，

$$\boldsymbol{O}=\boldsymbol{D}_1\boldsymbol{M}\boldsymbol{T}=\boldsymbol{D}_1\boldsymbol{T}\boldsymbol{T}'\boldsymbol{M}\boldsymbol{T}=[\boldsymbol{V}_1 \quad V_2]\,\boldsymbol{S}=[\boldsymbol{O}_1 \quad V_2]$$

より明らかに，$\boldsymbol{V}_2=\boldsymbol{O}$ でなければならない。したがって，$\boldsymbol{D}_1\boldsymbol{T}=[\boldsymbol{V}_1 \quad \boldsymbol{O}]$ である。

他方，先に示したことを活用して，

$$\hat{\beta}-\beta=\boldsymbol{D}_1\boldsymbol{u}=\boldsymbol{D}_1\boldsymbol{T}\boldsymbol{T}'\boldsymbol{u}=[\boldsymbol{V}_1 \quad \boldsymbol{O}]\begin{bmatrix}\boldsymbol{u}_1\\ \boldsymbol{u}_2\end{bmatrix}=\boldsymbol{V}_1\boldsymbol{u}_1$$

が導ける。つまり，$\hat{\boldsymbol{\beta}}-\boldsymbol{\beta}$ は $\boldsymbol{u}_1$ だけに依存し，$\boldsymbol{u}_2$ だけに依存する $\hat{\boldsymbol{u}}'\hat{\boldsymbol{u}}$ とは統計的に独立である。したがって，次の命題が明らかになる。

「$\hat{\boldsymbol{\beta}}$ と $\hat{\boldsymbol{u}}$ は統計的に独立である。」

上に示したように，$\boldsymbol{D}_1=(\boldsymbol{X}'\boldsymbol{X})^{-1}\boldsymbol{X}'$ と $\hat{\beta}-\beta=\boldsymbol{D}_1\boldsymbol{u}$ より，実際に計算することから，

$$(\hat{\beta}-\beta)'(\boldsymbol{X}'\boldsymbol{X})(\hat{\beta}-\beta)=\boldsymbol{u}'\boldsymbol{L}\boldsymbol{u} \qquad \text{ここで，} \boldsymbol{L}=\boldsymbol{X}(\boldsymbol{X}'\boldsymbol{X})^{-1}\boldsymbol{X}'$$

が導ける。上述の行列に $\boldsymbol{L}$ ついて，容易に，$\boldsymbol{L}=\boldsymbol{L}'=\boldsymbol{L}^2$ を確かめることができる。行列 $\boldsymbol{L}$ についての性質より，$\hat{\boldsymbol{u}}'\hat{\boldsymbol{u}}$ の性質を導いたのと同様にして，

$$\frac{(\hat{\beta}-\beta)'(\boldsymbol{X}'\boldsymbol{X})(\hat{\beta}-\beta)}{\sigma^2}\sim\chi^2(k)$$

を導くことができる。

2変量の回帰方程式のケース

先に示したOLS推定量 $\hat{\boldsymbol{\beta}}$ の性質は，次の通りであった。

$$\hat{\beta}\sim N(\beta,\ \sigma^2(\boldsymbol{X}'\boldsymbol{X})^{-1})$$

ここに示した表現を，2変量の回帰方程式 $Y=\alpha+\beta X+u$ についての表現にすれば，

$$\begin{pmatrix}\hat{\alpha}\\ \hat{\beta}\end{pmatrix}\sim\left(N\begin{pmatrix}\alpha\\ \beta\end{pmatrix},\ \sigma^2(\boldsymbol{X'X})^{-1}\right)$$

になる。そうして，説明変数の積和行列は，$(\boldsymbol{X'X})=\begin{pmatrix}n & \sum X_j\\ \sum X_j & \sum X_j^2\end{pmatrix}=$

$\begin{pmatrix}n & n\bar{X}\\ n\bar{X} & \sum X_j^2\end{pmatrix}$ である。

したがって，$(\boldsymbol{X'X})^{-1}=\dfrac{1}{n\sum X_j^2-(n\bar{X})^2}\begin{pmatrix}\sum X_j^2 & -n\bar{X}\\ -n\bar{X} & n\end{pmatrix}=\dfrac{1}{\sum X_j^2-n\bar{X}^2}$

$\begin{pmatrix}\dfrac{1}{n}\sum X_j^2 & -\bar{X}\\ -\bar{X} & 1\end{pmatrix}=\dfrac{1}{\sum x_j^2}\begin{pmatrix}\dfrac{1}{n}\sum X_j^2 & -\bar{X}\\ -\bar{X} & 1\end{pmatrix}$ を導くことができる。

ここで，$\sum x_j^2=\sum(X_j-\bar{X})^2=\sum X_j^2-n\bar{X}^2$ である。

ゆえに，

$$\hat{\alpha}\sim N\left(\alpha,\ \sigma^2\frac{\sum X_j^2}{n\sum x_j^2}\right),\ \hat{\beta}\sim N\left(\beta,\ \sigma^2\frac{1}{\sum x_j^2}\right),\ Cov(\hat{\alpha},\ \hat{\beta})=\sigma^2\frac{-\bar{X}}{\sum x_j^2}$$

が成立する，つまり7.2節に示されたことが証明された。

**3変量の回帰方程式のケース**

次に，先に示したOLS推定量 $\hat{\boldsymbol{\beta}}$ の性質を，3変量の回帰方程式 $Y=\alpha+\beta X+\gamma Z+u$ についての表現にすれば，

$$\begin{pmatrix}\hat{\alpha}\\ \hat{\beta}\\ \hat{\gamma}\end{pmatrix}\sim N\left(\begin{pmatrix}\alpha\\ \beta\\ \gamma\end{pmatrix},\ \sigma^2(\boldsymbol{X'X})^{-1}\right)$$

になる。そうして，説明変数の積和行列は，

$$(\boldsymbol{X}'\boldsymbol{X})=\begin{pmatrix} n & \sum X_j & \sum Z_j \\ \sum X_j & \sum X_j^2 & \sum X_jZ_j \\ \sum Z_j & \sum Z_jX_j & \sum Z_j^2 \end{pmatrix}=\begin{pmatrix} n & n\bar{X} & n\bar{Z} \\ n\bar{X} & \sum X_j^2 & \sum X_jZ_j \\ n\bar{Z} & \sum Z_jX_j & \sum Z_j^2 \end{pmatrix}$$

である。

したがって，まず $|\boldsymbol{X}'\boldsymbol{X}|$ の行列式の値は，

$$|\boldsymbol{X}'\boldsymbol{X}|=n\sum X_j^2\sum Z_j^2+n^2\bar{X}\bar{Z}\sum X_jZ_j+n^2\bar{X}\bar{Z}\sum X_jZ_j$$
$$-n^2\bar{Z}^2\sum X_j^2-n^2\bar{X}^2\sum Z_j^2-n(\sum Z_jX_j)^2$$
$$=n(\sum X_j^2-n\bar{X}^2)(\sum Z_j^2-n\bar{Z}^2)-n(\sum X_jZ_j-n\bar{X}\bar{Z})^2=n(\sum x_j^2\sum z_j^2-(\sum x_jz_j)^2)$$

さて次に，例えば，係数の推定量 $\hat{\boldsymbol{\beta}}$ の分散を求めるため，$(\boldsymbol{X}'\boldsymbol{X})^{-1}$ の 2-2 要素を明示的に示すと，$\frac{1}{|\boldsymbol{X}'\boldsymbol{X}|}\begin{vmatrix} n & n\bar{Z} \\ n\bar{Z} & \sum Z_j^2 \end{vmatrix}$ である。そうして，$\begin{vmatrix} n & n\bar{Z} \\ n\bar{Z} & \sum Z_j^2 \end{vmatrix}$ $=n\sum Z_j^2-n^2\bar{Z}^2=n(\sum Z_j^2-n\bar{Z}^2)=n\sum z_j^2$ である。したがって，推定量 $\hat{\boldsymbol{\beta}}$ の分散は，$\sigma^2\frac{\sum z_j^2}{\sum x_j^2\sum z_j^2-(\sum x_jz_j)^2}$ になることが証明できる。

また，推定量 $\hat{\gamma}$ についても同様である。

係数の推定量 $\hat{\gamma}$ の分散を求めるため，$(\boldsymbol{X}'\boldsymbol{X})^{-1}$ の 3-3 要素を明示的に示すと，$\frac{1}{|\boldsymbol{X}'\boldsymbol{X}|}\begin{vmatrix} n & n\bar{X} \\ n\bar{X} & \sum X_j^2 \end{vmatrix}$ である。そうして，$\begin{vmatrix} n & n\bar{X} \\ n\bar{X} & \sum X_j^2 \end{vmatrix}=n\sum X_j^2-n^2\bar{X}^2=$ $n(\sum X_j^2-n\bar{X}^2)=n\sum x_j^2$ である。したがって，推定量 $\hat{\gamma}$ の分散は，$\sigma^2\frac{\sum x_j^2}{\sum x_j^2\sum z_j^2-(\sum x_jz_j)^2}$ である。

推定量 $\hat{\alpha}$ についても同様にして，7.5 節に示した通りであることが証明できる。

# 第12章　発展的な分析方法

## 12.1　一般化最小２乗法（Generalized Least Square）

### 系列相関の推定

この節では，第８章8.2節でも考察した構造方程式の攪乱項 $u_t$ に系列相関が存在するケースを取りあげ，これを例にして，一般化最小２乗法と呼ばれる推定法を説明しよう。

いま，変量 $Y$ と $k$ 個の説明変量 $X_1$，$X_2$，…，$X_k$ の間に線形の関係があると想定されるとき，

$$(12.1)\qquad Y_t=\beta_1X_{t1}+\beta_2X_{t2}+\cdots+\beta_kX_{tk}+u_t \qquad t=1,\ 2,\ \cdots,\ n$$

と計量経済モデルが表現される。そして，攪乱項については，次の式で定式化する。

$$u_t=\rho u_{t-1}+e_t \quad \text{ただし}\quad |\rho|<1,\ e_t\sim N(0,\ \sigma^2),\ Cov(e_t,\ e_s)=0$$

上の式に示した攪乱項の定式化から，

$$E(u_t)=0$$

$$V(u_t)=\frac{\sigma^2}{1-\rho^2}=\sigma_u^2 \qquad Cov(u_t,\ u_s)=\rho^{|t-s|}\sigma_u^2$$

になる。

上述の計量経済モデルを行列・ベクトル表示すれば，

$$(12.2)\qquad \boldsymbol{y}=\boldsymbol{X\beta}+\boldsymbol{u} \qquad \boldsymbol{u}\sim N(\boldsymbol{0},\ \sigma_u^2\boldsymbol{\Omega})$$

である。ここで，$\boldsymbol{y}$ は $n\times1$ の被説明変数ベクトル，$\boldsymbol{X}$ は $n\times k$ の説明変数行列，$\boldsymbol{\beta}$ は $k\times1$ の回帰係数ベクトル，$\boldsymbol{u}$ は $n\times1$ の攪乱項を表わす確率変数ベクトルである。そして，先の攪乱項の定式化から，攪乱項ベクトル $\boldsymbol{u}$ の分散共分散行列を $\sigma_u^2\boldsymbol{\Omega}$ で表わしている。

さて，攪乱項ベクトル $\boldsymbol{u}$ の分散共分散行列 $\boldsymbol{\Omega}$ に対して，

$$(12.3)\qquad \boldsymbol{\Omega}^{-1}=\boldsymbol{R}'\boldsymbol{R}$$

を満たす $\boldsymbol{R}$ を求めると，行列 $\boldsymbol{\Omega}$ および $\boldsymbol{R}$ は，次の通りである。

$$\boldsymbol{\Omega}=\begin{bmatrix} 1 & \rho & \rho^2 & \rho^3 & \cdots & \rho^{n-1} \\ \rho & 1 & \rho & \rho^2 & \cdots & \rho^{n-2} \\ \rho^2 & \rho & 1 & \rho & \cdots & \rho^{n-3} \\ \rho^3 & \rho^2 & \rho & 1 & \cdots & \rho^{n-4} \\ \cdot & \cdot & \cdot & \cdot & \cdots & \cdot \\ \cdot & \cdot & \cdot & \cdot & \cdots & \cdot \\ \rho^{n-1} & \rho^{n-2} & \rho^{n-3} & \rho^{n-4} & \cdots & 1 \end{bmatrix},\quad \boldsymbol{R}=\begin{bmatrix} 1-\rho^2 & 0 & 0 & \cdots & 0 & 0 \\ -\rho & 1 & 0 & \cdots & 0 & 0 \\ 0 & -\rho & 1 & \cdots & 0 & 0 \\ \cdot & \cdot & \cdot & \cdots & \cdot & \cdot \\ \cdot & \cdot & \cdot & \cdots & \cdot & \cdot \\ 0 & 0 & \cdot & \cdots & -\rho & 1 \end{bmatrix}$$

いま，行列 $\boldsymbol{R}$ を用いて，モデルを次のように変換する。

$$\boldsymbol{Ry}=\boldsymbol{RX\beta}+\boldsymbol{Ru}$$

そうすると，上に示した $\boldsymbol{R}$ について，$\boldsymbol{R\Omega R}'=\boldsymbol{R}(\boldsymbol{R}'\boldsymbol{R})^{-1}\boldsymbol{R}=\boldsymbol{RR}^{-1}(\boldsymbol{R}')^{-1}\boldsymbol{R}'=\boldsymbol{I}\cdot\boldsymbol{I}=\boldsymbol{I}$ より，変換したモデルの攪乱項ベクトル $\boldsymbol{Ru}$ について，

$$\boldsymbol{Ru}\sim N(\boldsymbol{0},\ \sigma_u^2\cdot\boldsymbol{R\Omega R}')=N(\boldsymbol{0},\ \sigma_u^2\cdot\boldsymbol{I})$$

である。したがって，変換したモデルに OLS を適用すると，推定係数ベクトルは，次の通り得られる。

$$(12.4)\qquad \tilde{\boldsymbol{\beta}}=(\boldsymbol{X}'\boldsymbol{\Omega X})^{-1}\boldsymbol{X}'\boldsymbol{\Omega y}$$

上の推定方法を，OLS に対して，一般化最小 2 乗推定法（GLS, Generalized Least Squares）という。

一般には，攪乱項の系列相関係数 $\rho$ の値は未知である。したがって，上に述べた一般化最小２乗法を活用するためには，まず，攪乱項 $u$ の系列相関係数 $\rho$ を推定しなければならない。

系列相関係数 $\rho$ を推定するには，まず，計量モデル：$\boldsymbol{y}=\boldsymbol{X\beta}+\boldsymbol{u}$ に OLS を適用して，残差ベクトル $\widehat{\boldsymbol{u}}$ を計測する。

そうして次に，攪乱項の系列相関係数 $\rho$ を，$\widehat{u}_t=\rho u_{t-1}+e_t$ ，($t=2$，3，…，$n$) に OLS を適用して，$\rho$ の推定値 $\widehat{\rho}$ を得る。つまり，$\widehat{\rho}=\dfrac{\sum_{t=2}^{n}\widehat{u}_t\widehat{u}_{t-1}}{\sum_{t=2}^{n}\widehat{u}_{t-1}^2}$ によって，$\rho$ の推定値 $\widehat{\rho}$ を推定するのである。

以上では攪乱項の系列相関の考察を例に，一般化最小２乗法を説明した。しかし，一般化最小２乗法を適用できるのは，系列相関のケースだけではない。攪乱項の分散が不均一であるケースや，標本が独立ではなく，したがって標本間の共分散が必ずしもゼロにならないケースなど，系列相関の他に，一般化最小２乗法を推定に利用できる可能性はある。

## 12.2　構造変化の検定方式

第８章8.4節において，回帰方程式に構造変化があるか否かを判断するチャウ検定を取りあげた。この節では，その議論を行列ベクトルを用いた定式化をして，検定に際して必要な統計学的な命題を明らかにしておこう。

### 12.2.1　チャウ検定

手元にある $n$ 個の標本に対して，構造変化が予想される時点で，標本を $n_1$ 個の標本グループと $n_2$ 個の標本グループの２つに分ける。このような分割に応じて，モデルを，

$$\boldsymbol{y}_1=\boldsymbol{X}_1\boldsymbol{\beta}_1+\boldsymbol{u}_1\sim N(\boldsymbol{X}_1\boldsymbol{\beta}_1,\ \sigma^2\boldsymbol{I})$$

$$y_2 = X_2\beta_2 + u_2 \sim N(X_2\beta_2,\ \sigma^2 I)$$

と定式化する。構造変化があるか否かを検定するための「チャウ検定」の帰無仮説は，$H_0 : \beta_1 = \beta_2$ である。

さて，今，$n$ 個の全標本に対して OLS を適用して得られる残差ベクトルを $\hat{u}$ と表わす。そして，分割してできた $n_1$ 個の標本グループに対して OLS を適用して得られる残差ベクトルを $\hat{u}_1$ で表わす。他方，$n_2$ 個の標本グループに対して OLS を適用して得られる残差ベクトルを $\hat{u}_2$ で表わす。そうして，

(12.5)
$$Q_T = \hat{u}'\hat{u}$$
$$Q_A = \hat{u}_1'\hat{u}_1 + \hat{u}_2'\hat{u}_2$$

と定義する。

さて，$Q_T$ および $Q_A$ は，次のように変形することができる。

$$Q_T = \hat{u}'\hat{u} = u'[I - X(X'X)^{-1}X']u$$
$$= u'\begin{bmatrix} I - X_1(X'X)^{-1}X_1' & -X_1(X'X)^{-1}X_2' \\ -X_2(X'X)^{-1}X_1' & I - X_2(X'X)^{-1}X_2' \end{bmatrix} u$$

$$Q_A = \hat{u}_1'\hat{u}_1 + \hat{u}_2'\hat{u}_2 = u'\begin{bmatrix} I - X_1(X_1'X_1)^{-1}X_1' & 0 \\ 0 & I - X_2(X_2'X_2)^{-1}X_2' \end{bmatrix} u = u'Au$$

さらに，上に変形した $Q_T$ および $Q_A$ を使って，

$$Q_B = Q_T - Q_A = u'Bu$$

を定義しておく。そうすると，上述の行列 $A$，$B$ は巾等行列になること，さらに，$Q_A$ と $Q_B$ は統計的に独立になることが確かめられる。

したがって，帰無仮説 $H_0 : \beta_1 = \beta_2$ のもとで，

$$\frac{Q_A}{\sigma^2} \sim \chi^2(n-2k) \qquad \frac{Q_B}{\sigma^2} \sim \chi^2(k)$$

である。したがって，帰無仮説 $H_0$：$\boldsymbol{\beta}_1=\boldsymbol{\beta}_2$ のもとで，

$$F=\frac{Q_B/k}{Q_A/(n-2k)}\sim F(k,\ n-2k) \tag{12.6}$$

が成り立つ。これを構造変化を判断する「チャウ検定」の検定統計量にすることは，すでに**8.4**節で述べている。

### 12.2.2　標本数が少ないケース

チャウ検定を行うとき，２つの標本グループのうち一方が，方程式を推定するには，標本数が不足する場合も充分あり得る。そういったケースを以下に説明しておこう。

まず，$n_1$ 個の標本 $(\boldsymbol{y}_1\ \boldsymbol{X}_1)$ は，$\boldsymbol{y}_1\sim N(\boldsymbol{X}_1\boldsymbol{\beta},\ \sigma^2\boldsymbol{I}_{n1})$ からの標本とする。標本数 $n_1$ は推定するには充分だから，OLS によって，係数および攪乱項の分散の推定値がそれぞれ $\hat{\boldsymbol{\beta}}=(\boldsymbol{X}_1'\boldsymbol{X}_1)^{-1}\boldsymbol{X}_1'\boldsymbol{y}_1$ と $\hat{\sigma}^2=\dfrac{\hat{\boldsymbol{u}}_1'\hat{\boldsymbol{u}}_1}{n_1-k}$ と得られる。

他方，もう一方の標本グループについて，$n_2$ 個の標本 $(\boldsymbol{y}_2\ \boldsymbol{X}_2)$ は，$H_0$：$y_2\sim N(\boldsymbol{X}_2\boldsymbol{\beta},\ \sigma^2\boldsymbol{I}_{n2})$ からの標本であるとの帰無仮説をおく。

さて，$\hat{\boldsymbol{\beta}}\sim N(\boldsymbol{\beta},\ \sigma^2(\boldsymbol{X}_1'\boldsymbol{X}_1)^{-1})$ より，$\hat{y}_2=\boldsymbol{X}_2\hat{\boldsymbol{\beta}}\sim N(\boldsymbol{X}_2\boldsymbol{\beta},\ \sigma^2\boldsymbol{X}_2(\boldsymbol{X}_1'\boldsymbol{X}_1)^{-1}\boldsymbol{X}_2')$ が得られる。

ところで，帰無仮説 $H_0$ が真であるとき，

$$\hat{\boldsymbol{u}}_2=\boldsymbol{y}_2-\hat{\boldsymbol{y}}_2\sim N(\boldsymbol{0},\ \sigma^2[\boldsymbol{I}+\boldsymbol{X}_2(\boldsymbol{X}_1'\boldsymbol{X}_1)^{-1}\boldsymbol{X}_2'])$$

が成り立つ。したがって，

$$\frac{1}{\sigma^2}\hat{\boldsymbol{u}}_2'[\boldsymbol{I}+\boldsymbol{X}_2(\boldsymbol{X}_1'\boldsymbol{X}_1)^{-1}\boldsymbol{X}_2']^{-1}\hat{\boldsymbol{u}}_2\sim\chi(n_2)$$

が成立する。

他方，$\dfrac{\hat{\boldsymbol{u}}_1'\hat{\boldsymbol{u}}_1}{\sigma^2}\sim\chi^2(n_1-k)$ が成り立っているから，結局，２つの $\chi^2$ 分布の

比より，

$$(12.7)\qquad \widehat{F}=\frac{\widehat{\boldsymbol{u}}_2'[\boldsymbol{I}+\boldsymbol{X}_2(\boldsymbol{X}_1'\boldsymbol{X}_1)^{-1}(\boldsymbol{X}_2)']^{-1}\widehat{\boldsymbol{u}}_2/n_2}{\widehat{\boldsymbol{u}}_1'\widehat{\boldsymbol{u}}_1/(n_1-k)}\sim F(n_2,\ n_1-k)$$

が得られる。

以上に示したように，2つの標本グループのうち，一方が標本数が少なくて構造方程式が推定できない場合であっても，やはり，$F$検定によって構造変化があるか否かを検定することができるのである[*]。

＊ここで説明した検定方式は，異常値の検出にも応用できる。つまり，第1グループの$n_1$個の標本によって，構造方程式を推定した後，第2グループの標本が同様の構造から生起したと考えて良いのか，あるいは異常値と判断すべきか，との検定に適用できる。こういった異常値の検出のときには，一つ一つの標本を個々に検討すべきであるから，実際には，$n_2=1$と考えるべきであろう。

## 12.3　バイアス推定

### 12.3.1　推定量の精度

説明変数間に多重共線性が存在するとき，最小2乗推定量の分散が大きくなり，推定値は不安定になるのは，すでに第8章**8.5**節で説明した。このような意味では，最小2乗推定の推定精度は悪いと言える。そこで最小2乗推定に代えて，リッジ推定を**8.5**節で提示した。リッジ推定によって安定的な推定結果が得られるからである。しかしながら実は，リッジ推定量は不偏性をもたない。つまり，偏りのある推定量なのである。ところが，偏りがあるとしても，その推定量の分散が小さければ，推定量として望ましいとできる考え方があり得る。

そうであれば，推定量の精度の尺度として，推定量の分散と推定量の偏り（バイアス，bias）の両者を取り入れなければならない。そこでまず，推定量の精度を表わす基準として，平均2乗誤差を説明しておこう。

一般に，$k$個の母パラメタのベクトル$\boldsymbol{\theta}$の推定量$\widehat{\boldsymbol{\theta}}$の平均2乗誤差行列は，

次式で定義される。

(12.8)　$MSE(\hat{\boldsymbol{\theta}})=E(\hat{\boldsymbol{\theta}}-\boldsymbol{\theta})(\hat{\boldsymbol{\theta}}-\boldsymbol{\theta})'=V(\hat{\boldsymbol{\theta}})+bias(\hat{\boldsymbol{\theta}})bias(\hat{\boldsymbol{\theta}})'$

ここで，$bias(\hat{\boldsymbol{\theta}})=E(\hat{\boldsymbol{\theta}})-\boldsymbol{\theta}$

個々のパラメタに関する平均２乗誤差は，平均２乗誤差行列の対角要素であって，それは，次式で定義される。

(12.9)　$MSE(\hat{\theta}_j)=V(\hat{\theta}_j)+bias(\hat{\theta}_j)^2 \qquad j=1,\ 2,\ \cdots,\ k$

ここで，$bias(\hat{\theta}_j)=E(\hat{\theta}_j)-\theta_j$

すべてのパラメタを視野においた全平均２乗誤差は次式で定義される。

(12.10)　$TMSE(\hat{\boldsymbol{\theta}})=tr[MSE(\hat{\boldsymbol{\theta}})]=trV(\hat{\boldsymbol{\theta}})+bias(\hat{\boldsymbol{\theta}})'bias(\hat{\boldsymbol{\theta}})$

最小２乗推定は不偏推定量であるから，偏りは０であり，その平均２乗誤差は分散に等しい。しかし説明変数間に多重共線性が存在するとき，分散が大きくなる。バイアス推定が有意味となるのは，偏りがあるとしても分散が充分小さく，平均２乗誤差の基準に照らして，最小２乗推定より評価が高いときなのである。

### 12.3.2　モデルの再定式化

計測すべき経済関係式を，これまで通り次式とする。

$$\boldsymbol{y}=\boldsymbol{X}\boldsymbol{\beta}+\boldsymbol{u},\quad \boldsymbol{u}\sim N(\boldsymbol{0},\ \sigma^2\boldsymbol{I}_n)$$

ここで，$\boldsymbol{y}$ は $n\times1$ の被説明変数ベクトル，$\boldsymbol{X}$ は $n\times k$ の説明変数行列，$\boldsymbol{\beta}$ は $k\times1$ の回帰係数ベクトル，$\boldsymbol{u}$ は $n\times1$ の攪乱項を表わす確率変数ベクトルである。

説明変数 $\boldsymbol{X}$ の間に完全な多重共線性がない場合，積和行列 $\boldsymbol{X}'\boldsymbol{X}$ は対称行列になるので，

(12.11)　$\boldsymbol{X'XP}=\boldsymbol{P\Lambda},\ \boldsymbol{P'P}=\boldsymbol{PP'}=\boldsymbol{I}$

を満たす正則行列 $\boldsymbol{P}$ が存在する。実は，行列 $\boldsymbol{P}$ の各列 $\boldsymbol{p}_{.j}$ は $\boldsymbol{X'X}$ の固有ベクトルであり，行列 $\boldsymbol{\Lambda}$ は対応する固有値 $\lambda_j$ を対角要素にもつ対角行列である。したがって，

$$\boldsymbol{X'Xp}_{.j}=\lambda_j\boldsymbol{p}_{.j}$$

が成り立つ。

説明変数間の多重共線性の問題を考えるため，計測する関係式を次のように変換する。

(12.12)　$y=\beta X+\boldsymbol{u}=\boldsymbol{XPP'}\beta+\boldsymbol{u}=\boldsymbol{Z}\alpha+\boldsymbol{u}$　ここで，$\boldsymbol{Z}=\boldsymbol{XP},\ \alpha=\boldsymbol{P'}\beta$

上述の変換した構造方程式に最小２乗推定を適用すると，

(12.13)　$(\boldsymbol{Z'Z})\hat{\boldsymbol{\alpha}}=\boldsymbol{\Lambda}\hat{\boldsymbol{\alpha}}=\boldsymbol{Z'y}$　　および　$\hat{\boldsymbol{\alpha}}=(\boldsymbol{Z'Z})^{-1}\boldsymbol{Z'y}=\boldsymbol{\Lambda}^{-1}\boldsymbol{Z'y}$

が得られ，推定量の性質について，

(12.14)　$E(\hat{\boldsymbol{\alpha}})=\boldsymbol{\alpha},\ V(\hat{\boldsymbol{\alpha}})=\boldsymbol{\Lambda}^{-1}$

が導ける。

他方，もとの構造方程式の推定量 $\hat{\boldsymbol{\beta}}$ については，$\boldsymbol{X'X}=\boldsymbol{P\Lambda P'}$ が得られるのを利用して，

(12.15)　$\hat{\boldsymbol{\beta}}=(\boldsymbol{X'X})^{-1}\boldsymbol{X'y}=(\boldsymbol{P\Lambda P'})^{-1}\boldsymbol{PP'X'y}=\boldsymbol{P\Lambda}^{-1}\boldsymbol{P'PP'X'y}$
$$=\boldsymbol{P\Lambda}^{-1}\boldsymbol{Z'y}=\boldsymbol{P}\hat{\boldsymbol{\alpha}}$$

である。上に定義した $\boldsymbol{\alpha}=\boldsymbol{P'\beta}$ より，母パラメタ間の関係 $\boldsymbol{\beta}=\boldsymbol{P\alpha}$ が明らかである。最小２乗推定に関しても，母パラメタ間の関係と同様な関係 $\hat{\boldsymbol{\beta}}=\boldsymbol{P}\hat{\boldsymbol{\alpha}}$ がある。

### 12.3.3　多重共線性の指標

対角行列 $\boldsymbol{\Lambda}$ の要素 $\lambda_j$（$j=1, 2, \cdots, k$）について，一般性を失うことなく，次の通りとする。

$$\lambda_1 \geqq \lambda_2 \geqq \lambda_3 \geqq \cdots \geqq \lambda_k$$

推定を不安定にする多重共線性は，最小固有値 $\lambda_k$ がゼロに近いときに生じる。理由は以下の通りである。先に示した $\boldsymbol{X}'\boldsymbol{X}\boldsymbol{p}_{.j}=\lambda_j\boldsymbol{p}_{.j}$ より，

$$\boldsymbol{p}'_{.j}\boldsymbol{X}'\boldsymbol{X}\boldsymbol{p}_{.j}=\boldsymbol{p}'_{.j}\lambda_j\boldsymbol{p}_{.j}=\lambda_j$$

が得られる。特に，最小固有値 $\lambda_k$ が，$\lambda_k \doteqdot 0$ であるとき，説明変数 $\boldsymbol{X}$ の一次結合 $\boldsymbol{X}\boldsymbol{p}_{.j}$ は，すべての要素の2乗和がゼロに近い値なのである。すべての要素の2乗和がゼロに近いと言うことは，要素すべてがゼロに近い値であるということになる。したがって，説明変数 $\boldsymbol{X}$ の一次結合 $\boldsymbol{X}\boldsymbol{p}_{.j}$ は，$\boldsymbol{X}\boldsymbol{p}_{.j}=\boldsymbol{z}_{.j}\doteqdot\boldsymbol{0}$（ゼロベクトル）と表現できる。つまり，説明変数の行列 $\boldsymbol{X}$ の各列は，ほとんど線型関係が存在するのである。

結局，説明変数 $\boldsymbol{X}$ の積和行列 $\boldsymbol{X}'\boldsymbol{X}$ の固有値がゼロに近い値のとき，説明変数間に多重共線性が存在するのである。換言すると，説明変数の積和行列 $\boldsymbol{X}'\boldsymbol{X}$ の最小固有値の大きさが多重共線性の指標になるのである。

## 12.4　リッジ回帰

先に再定式化した関係式におけるリッジ推定は，$\kappa$ を任意の正数として，次式で得られる。

$$(\boldsymbol{\Lambda}+\kappa\boldsymbol{I})\widehat{\boldsymbol{\alpha}}(\kappa)=\boldsymbol{Z}'\boldsymbol{y} \tag{12.16}$$

これより，

$$\widehat{\boldsymbol{\alpha}}(\kappa)=(\boldsymbol{\Lambda}+\kappa\boldsymbol{I})^{-1}\boldsymbol{Z}'\boldsymbol{y}=(\boldsymbol{\Lambda}+\kappa\boldsymbol{I})^{-1}\boldsymbol{\Lambda}\boldsymbol{\Lambda}^{-1}\boldsymbol{Z}'\boldsymbol{y}=(\boldsymbol{I}+\kappa\boldsymbol{\Lambda}^{-1})^{-1}\widehat{\boldsymbol{\alpha}} \tag{12.17}$$

が得られる。したがって，リッジ推定は $\kappa$ の値に依存する。特に，$\kappa=0$ のとき，最小2乗推定 $\widehat{\boldsymbol{\alpha}}$ に等しい。

リッジ推定量の統計的性質に関して，次式が導ける。

$$E[\widehat{\boldsymbol{\alpha}}(\kappa)]=diag\left(\frac{\lambda_j}{\lambda_j+\kappa}\right)\boldsymbol{\alpha} \qquad bais[\widehat{\boldsymbol{\alpha}}(\kappa)]=diag\left(\frac{-\kappa}{\lambda_j+\kappa}\right)\boldsymbol{\alpha}$$

$$V[\widehat{\boldsymbol{\alpha}}(\kappa)]=(\boldsymbol{I}+\kappa\boldsymbol{\Lambda}^{-1})^{-1}V(\widehat{\boldsymbol{\alpha}})(\boldsymbol{I}+\kappa\boldsymbol{\Lambda}^{-1})^{-1}=\sigma^2 diag\left(\frac{\lambda_j}{(\lambda_j+\kappa)^2}\right)$$

計量経済モデルとして定式化した構造方程式のリッジ推定は，**8.5**節で述べたように次式で得られる。

(12.18)　$$(\boldsymbol{X}'\boldsymbol{X}+\kappa\boldsymbol{I})\widehat{\boldsymbol{\beta}}(\kappa)=\boldsymbol{X}'\boldsymbol{y}$$

この推定量と，再定式化した関係式のリッジ推定との間には，

(12.19)　$$\widehat{\boldsymbol{\beta}}(\kappa)=\boldsymbol{P}\widehat{\boldsymbol{\alpha}}(\kappa)$$

の関係がある。つまり，母パラメタ間の関係 $\boldsymbol{\beta}=\boldsymbol{P}\boldsymbol{\alpha}$ と同様の関係があることが証明できる。

リッジ回帰による個々の推定量の平均2乗誤差は次の通りである。

(12.20)　$$MSE[\widehat{\alpha}_j(\kappa)]=\sigma^2\frac{\lambda_j}{(\lambda_j+\kappa)^2}+\frac{\kappa^2}{(\lambda_j+\kappa)^2}\alpha_j^2$$

これより，次のことが明らかにできる。

①　$\lambda_j \leqq \dfrac{\sigma^2}{\alpha_j^2}$ ならば，$0<\kappa$ のとき常に，$MSE[\widehat{\alpha}_j(\kappa)]<MSE[\widehat{\alpha}_j]$

②　$\lambda_j > \dfrac{\sigma^2}{\alpha_j^2}$ ならば，$0<\kappa<\dfrac{2\lambda_j\sigma^2}{\lambda_j\alpha_j^2-\sigma^2}$ のとき，$MSE[\widehat{\alpha}_j(\kappa)]<MSE[\widehat{\alpha}_j]$

さらに，$\kappa=\dfrac{\sigma^2}{\sigma_j^2}$ のとき，リッジ推定の平均2乗誤差 $MSE[\widehat{\alpha}_j(\kappa)]$ は最小になる。

また，リッジ推定量の全平均 2 乗誤差は次の通りである。

$$(12.21)\quad TMSE[\hat{\alpha}(\kappa)]=\sigma^2\sum\frac{\lambda_j}{(\lambda_j+\kappa)^2}+\sum\frac{\kappa^2}{(\lambda_j+\kappa)^2}\alpha_j^2$$

これより，$\alpha_j^2$ の最大値を $\alpha_{max}^2$ とし，また最小値を $\alpha_{min}^2$ と表すと，

$$\frac{\sigma^2}{\alpha_{max}^2}<\kappa<\frac{\sigma^2}{\alpha_{min}^2}$$

を満たす正数 $\kappa$ に対して，最小 2 乗推定量の全平均 2 乗誤差よりも小さい全平均 2 乗誤差をもつリッジ推定量が存在することが証明できる。なお，

$$TMSE[\hat{\beta}(\kappa)]=TMSE[\hat{\alpha}(\kappa)]$$

が成り立つことも証明できる。

さて，平均 2 乗誤差基準で，最小 2 乗推定よりリッジ推定の方がより良いと言える可能性は高い。しかしながら，リッジ推定に不可欠な正の数 $\kappa$ の値をどう決定するか，を解決しなければならない。

正の数 $\kappa$ の選択のために，リッジトレースを図示することが奨められている。$\kappa$ の値を連続的に変化させて，それに対応して，構造方程式の各係数推定値の軌跡を図示する。そのリッジトレースの観察から，$\kappa$ の選択基準として次の 4 点があげられている。

(1) ある $\kappa$ の値で，モデル内のすべての係数推定値が安定的になる。

(2) ある $\kappa$ の値で，係数推定値の絶対値が異常に大きな値をとらなくなる。

(3) モデルにしている経済関係式の背景にある理論的仮説に照らして，最小 2 乗推定では誤った符号に推定されるが，ある $\kappa$ の値では，リッジ推定によって正しい符号の推定値が得られる。

(4) $\kappa$ の値を増加させても，攪乱項の分散の推定値が，それほど大きくならない領域がある。

以上の 4 つの基準に照らして，$\kappa$ の値を選択するのである。

## 12.5　主成分回帰

説明変数間に多重共線性が存在するとき，最小2乗推定量の分散が大きくなり，推定値は不安定になるので，最小2乗推定に代えて，リッジ推定を提示した。実は，リッジ推定の他に，偏りのある推定量ではあるが，安定的な推定結果が得られるのに，主成分回帰がある。

再定式化されたモデルの関係式と，計量経済モデルとして定式化した経済関係式に対する主成分回帰による推定量は，次式で定義される。

(12.22)　$\tilde{\boldsymbol{\alpha}} = [\boldsymbol{I} - \boldsymbol{J}_k]\hat{\boldsymbol{\alpha}} \qquad \tilde{\boldsymbol{\beta}} = \boldsymbol{P}\tilde{\boldsymbol{\alpha}}$

ここで，行列 $\boldsymbol{J}_k$ は，$kk$ 要素は1で，他のすべての要素がゼロである正方行列である。つまり，変換された関係式のパラメタ $\boldsymbol{\alpha}$ について，分散が非常に大きい第 $k$ 番目の推定量は削除し，それ以外の相対的に分散の小さい推定量のみ採用するのである。このようにパラメタ $\boldsymbol{\alpha}$ の推定量を得て，その上で，母パラメタ間の関係 $\boldsymbol{\beta} = \boldsymbol{P}\boldsymbol{\alpha}$ と同様の関係を用いて，本来推定したい経済関係式のパラメタ $\boldsymbol{\beta}$ の推定を行うのである。それらの統計学的性質は次の通りである。

(12.23)　$E(\tilde{\boldsymbol{\alpha}}) = [\boldsymbol{I} - \boldsymbol{J}_k]\boldsymbol{\alpha} \qquad bias(\tilde{\boldsymbol{\alpha}}) = -\boldsymbol{J}_k\boldsymbol{\alpha} \qquad V(\tilde{\boldsymbol{\alpha}}) = \sigma^2[\boldsymbol{I} - \boldsymbol{J}_k]\boldsymbol{\Lambda}^{-1}$

(12.24)　$E(\tilde{\boldsymbol{\beta}}) = \boldsymbol{\beta} - \boldsymbol{P}\boldsymbol{J}_k\boldsymbol{P}'\boldsymbol{\beta} \qquad bias(\tilde{\boldsymbol{\beta}}) = -\boldsymbol{P}\boldsymbol{J}_k\boldsymbol{P}'\boldsymbol{\beta}$

$V(\tilde{\boldsymbol{\beta}}) = \sigma^2\boldsymbol{P}[\boldsymbol{I} - \boldsymbol{J}_k]\boldsymbol{\Lambda}^{-1}\boldsymbol{P}'$

また，全平均2乗誤差について，次式は容易に導くことができる。

$$TMSE(\tilde{\boldsymbol{\alpha}}) = TMSE(\tilde{\boldsymbol{\beta}}) = \sigma^2\sum_{j=1}^{k-1}\frac{1}{\lambda_j} + \alpha_k^2$$

そして，$\alpha_k^2 < \dfrac{\sigma^2}{\lambda_k}$ のとき，したがって，$\dfrac{\sigma^2}{\alpha_k^2} > \lambda_k \fallingdotseq 0$ のとき，主成分回帰による推定量の全平均2乗誤差は最小2乗推定の全平均2乗誤差より小さいことが

証明できる。

## 12.6　パラメタの制約条件

構造パラメタに何らかの経済学上の満たすべき条件について，これが満たされているかどうかを検定する方法と，その条件を満たす推定方法について述べる。

例えば，コブダグラス生産関数の経済モデルは，

$$O_t = AK_t^{\alpha} L_t^{\beta}$$

である。ここで，$O_t$ は産出量，$K_t$ は資本ストック量，$L_t$ は労働雇用量である。この生産関数において，$A$ は単位を変換する定数である。他方，パラメタ $\alpha$, $\beta$ に関して，規模に関して収穫一定ならば，

$$\alpha + \beta = 1$$

の制約条件が考慮される。この経済モデルを計量経済モデルにするため，次のように変数変換する。

$\log(O_t) = \log A + \alpha \log(K_t) + \beta \log(L_t)$ より，

$Y_t = \gamma + \alpha X_{t1} + \beta X_{t2} + u_t$

ここで，$Y_t = \log(O_t)$，$X_{t1} = \log(K_t)$，$X_{t2} = \log(L_t)$，$\gamma = \log A$

一般的な形で，係数の間に一定の線形関係が存在するかどうかの検定方式を説明しておこう。

まず，計量経済モデルを行列・ベクトル表示して，

$$\boldsymbol{y} = \boldsymbol{X\beta} + \boldsymbol{u} \qquad \boldsymbol{u} \sim N(\boldsymbol{0},\ \sigma^2 \boldsymbol{I})$$

とする。そうして，次の帰無仮説を検定する方式を述べる。

帰無仮説 $H_0$：$\boldsymbol{\delta}'\boldsymbol{\beta}=c$

すでに述べたように，OLS 推定量 $\widehat{\boldsymbol{\beta}}$ について，次式が得られる。

$$\widehat{\boldsymbol{\beta}}\sim N(\boldsymbol{\beta},\ \sigma^2(\boldsymbol{X}'\boldsymbol{X})^{-1})\ \text{より，}\ \boldsymbol{\delta}'\widehat{\boldsymbol{\beta}}\sim N(\boldsymbol{\delta}'\boldsymbol{\beta},\ \sigma^2\boldsymbol{\delta}'(\boldsymbol{X}'\boldsymbol{X})^{-1}\boldsymbol{\delta})$$

そして，帰無仮説のもとでは，

$$\boldsymbol{\delta}'\widehat{\boldsymbol{\beta}}\sim N(c,\ \sigma^2\boldsymbol{\delta}'(\boldsymbol{X}'\boldsymbol{X})^{-1}\boldsymbol{\delta})$$

また，残差の2乗和については，これまでに示してきたように，

$$\frac{\widehat{\boldsymbol{u}}'\widehat{\boldsymbol{u}}}{\sigma^2}=\frac{(n-k)\widehat{\sigma}^2}{\sigma^2}\sim\chi(n-k)$$

したがって，次式が検定統計量になる。

$$t=\frac{\boldsymbol{\delta}'\widehat{\boldsymbol{\beta}}-c}{\sqrt{\widehat{\sigma}^2\boldsymbol{\delta}'(\boldsymbol{X}'\boldsymbol{X})^{-1}\boldsymbol{\delta}}}\sim t(n-k)$$

次に，構造パラメタの間の制約条件：$\boldsymbol{\delta}'\boldsymbol{\beta}=c$ 付きで，上述した計量経済モデルを推定する方法を説明しよう。このとき，

$$s=(\boldsymbol{y}-\boldsymbol{X\beta})'(\boldsymbol{y}-\boldsymbol{X\beta})+\lambda(\boldsymbol{\delta}'\boldsymbol{\beta}-c)$$

を最小にする。したがって，次の2つの条件が導出される。

$$\frac{\partial s}{\partial\boldsymbol{\beta}}=-2(\boldsymbol{X}'\boldsymbol{X\beta}-\boldsymbol{X}'\boldsymbol{y})+\lambda\boldsymbol{\delta}=\boldsymbol{0}\quad\text{および}\quad\frac{\partial s}{\partial\lambda}=\boldsymbol{\delta}'\boldsymbol{\beta}-c=0$$

この連立方程式について $\boldsymbol{\beta}$ の解を $\boldsymbol{b}$ と書くと，$\boldsymbol{b}$ は次式の通りである。

$$\boldsymbol{b}=\widehat{\boldsymbol{\beta}}+\frac{c-\boldsymbol{\delta}'\widehat{\boldsymbol{\beta}}}{\boldsymbol{\delta}'(\boldsymbol{X}'\boldsymbol{X})^{-1}\boldsymbol{\delta}}(\boldsymbol{X}'\boldsymbol{X})^{-1}\boldsymbol{\delta}$$

制約条件付きの構造パラメタの推定値 $\boldsymbol{b}$ は，OLS 推定値 $\widehat{\boldsymbol{\beta}}$ を，上式の第2項

の分だけ修正することになる。

## 12.7　説明変数と攪乱項の相関

単一の構造方程式において，説明変数と攪乱項とが相関をもつ場合，どのような配慮をすべきかについて，第8章8.6節で取りあげた。この節では，そこでの議論を行列ベクトルを使って定式化し，より一般的な形で説明しておこう。

標準的な計量経済モデル $\boldsymbol{y}=\boldsymbol{X}\boldsymbol{\beta}+\boldsymbol{u}$ における OLS 推定量は，

$$\widehat{\boldsymbol{\beta}}=(\boldsymbol{X}'\boldsymbol{X})^{-1}\boldsymbol{X}'\boldsymbol{y}=(\boldsymbol{X}'\boldsymbol{X})^{-1}\boldsymbol{X}'(\boldsymbol{X}\boldsymbol{\beta}+\boldsymbol{u})=\boldsymbol{\beta}+(\boldsymbol{X}'\boldsymbol{X})^{-1}\boldsymbol{X}'\boldsymbol{u}$$

である。したがって，もし，説明変数 $\boldsymbol{X}$ と攪乱項 $\boldsymbol{u}$ との間に，相関があるならば，

$$E[\widehat{\boldsymbol{\beta}}]=\boldsymbol{\beta}+E[(\boldsymbol{X}'\boldsymbol{X})^{-1}\boldsymbol{X}'\boldsymbol{u}]\neq\boldsymbol{\beta}$$

になる。つまり，OLS 推定量は不偏推定量にならない。また，上式の第 2 式の第 2 項は，標本数を増やしても，説明変数 $\boldsymbol{X}$ と攪乱項 $\boldsymbol{u}$ との間に相関があるかぎりゼロにはならない。したがって，OLS 推定は一致推定量にもならないことは，すでに述べた。

説明変数 $\boldsymbol{X}$ と攪乱項 $\boldsymbol{u}$ とに相関があるとき，「操作変数法（Method of Instrumental Variables)」と呼ばれる推定法を用いれば，偏りのない推定値が得られる。以下で，操作変数法を説明しておこう。

いま，$k$ 個の説明変数の行列を $\boldsymbol{X}$ とし，$k$ 個の説明変数のうち攪乱項と相関のある説明変数 $\boldsymbol{X}_{t2}$ と操作変数 $Z_t$ とを入れ換えた行列を $\boldsymbol{Z}$ とする。つまり，

$$\boldsymbol{X}=\begin{bmatrix} X_{11} & X_{12} & X_{13} & \cdots & X_{1k} \\ X_{21} & X_{22} & X_{23} & \cdots & X_{2k} \\ \vdots & \vdots & \vdots & \vdots & \vdots \\ X_{n1} & X_{n2} & X_{n3} & \cdots & X_{nk} \end{bmatrix},\quad \boldsymbol{Z}=\begin{bmatrix} X_{11} & Z_{12} & X_{13} & \cdots & X_{1k} \\ X_{21} & Z_{22} & X_{23} & \cdots & X_{2k} \\ \vdots & \vdots & \vdots & \vdots & \vdots \\ X_{n1} & Z_{n2} & X_{n3} & \cdots & X_{nk} \end{bmatrix}$$

である。ここで，攪乱項 $u_t$ に相関がある第 2 説明変数である $X_{t2}$ に代えて，

攪乱項 $u_t$ と相関がない変数 $Z_t$ を推定に用いる。操作変数法による回帰係数ベクトルの推定量を $\tilde{\boldsymbol{\beta}}$ とすると，

$$\boldsymbol{Z}'\boldsymbol{y}=\boldsymbol{Z}'\boldsymbol{X}\tilde{\beta}$$

を満たす。この推定量について解くと，

$$\tilde{\beta}=(\boldsymbol{Z}'\boldsymbol{X})^{-1}\boldsymbol{Z}'\boldsymbol{y}$$

が得られる。

最後に，操作変数法による回帰係数ベクトルの推定量 $\tilde{\boldsymbol{\beta}}$ の統計的な性質を示しておこう。攪乱項 $u$ が正規分布 $N(0,\ \sigma^2\boldsymbol{I})$ に従うならば，推定量も正規分布に従い，

$$\tilde{\beta}\sim N(\beta,\ \sigma^2(\boldsymbol{Z}'\boldsymbol{X})^{-1}\boldsymbol{Z}'\boldsymbol{Z}(\boldsymbol{Z}'\boldsymbol{X})^{-1})$$

であることが証明できる。

## 12.8　主成分分析

### 総合指数を求める

$k$ 個の変量 $\boldsymbol{x}'=[X_1,\ X_2,\ X_3,\ \cdots,\ X_k]$ の観測値が得られたとき，個々の変量の動きをそれぞれ観察するより，$k$ 個の変量のもつ情報が組み込まれた1つの変数 $v$ を作り，その変量の動きを観察する方が把握しやすい。別な言い方をすると，$k$ 個の変量のもつ情報の損失が少なければ，1，2の変数を考察することで充分であると言える。もしそうであるなら，現実に観測される変数 $\boldsymbol{x}'=[X_1,\ X_2,\ X_3,\ \cdots,\ X_k]$ の一次結合を次の通りとし，観測された $k$ 個の変量から構成する総合指数 $v$ を次のように定義する。

$$v=\boldsymbol{x}'\boldsymbol{p}\qquad ただし，\qquad \boldsymbol{p}'\boldsymbol{p}=1$$

ここで，標準化された一次結合にするため，係数に関して，$\boldsymbol{p}'\boldsymbol{p}=1$ が満たさ

れるようにすべきである。そうして変量 $v$ の分散が最大になるよう係数ベクトル $\boldsymbol{p}$ を決定する。

いま，総合指数 $v$ の分散については，次の通りである。

$$V(v)=E(v^2)=E(\boldsymbol{p}'\boldsymbol{x}\boldsymbol{x}\boldsymbol{p})=\boldsymbol{p}'E(\boldsymbol{x}\boldsymbol{x}')\boldsymbol{p}=\boldsymbol{p}'\boldsymbol{R}\boldsymbol{p}$$

上式で，観測される変量 $\boldsymbol{x}'$ が，次式のように基準化されているとしている。

$$E[\boldsymbol{x}]=0 \qquad V[\boldsymbol{x}]=E[\boldsymbol{x}\boldsymbol{x}']=\boldsymbol{R} \quad \cdots\text{相関係数行列}$$

以上の考えに基づいて，１次結合の係数ベクトル $\boldsymbol{p}$ について，その数学的な解を求める。ラグランジュ関数 $T=\boldsymbol{p}'\boldsymbol{R}\boldsymbol{p}-\lambda(\boldsymbol{p}'\boldsymbol{p}-1)$ を最大にすべく，これを，$\boldsymbol{p}$ および $\lambda$ で偏微分してゼロとおくと，

$$\boldsymbol{R}\boldsymbol{p}=\lambda\boldsymbol{p} \qquad \boldsymbol{p}'\boldsymbol{p}=1$$

が得られる。

結局，$\lambda$ は相関係数行列 $\boldsymbol{R}$ の固有値であり，$\boldsymbol{p}$ は，それに対応する固有ベクトルである。さらに，これらより，$V(v)=\boldsymbol{p}'\boldsymbol{R}\boldsymbol{p}=\lambda\boldsymbol{p}'\boldsymbol{p}=\lambda$ が導かれる。

一般に，$k\times k$ 対称行列 $\boldsymbol{R}$ の固有値は $k$ 個あり，それらは非負であるから，

$$\lambda_1 \geqq \lambda_2 \geqq \lambda_3 \geqq \cdots \geqq \lambda_k \geqq 0$$

とできる。また，それぞれの固有値に対応する固有ベクトルを $\boldsymbol{p}_j$ とすると，それぞれの固有ベクトルを列にもつ行列 $\boldsymbol{P}$ と，固有値を対角要素にもつ対角行列 $\boldsymbol{\Lambda}$ を定義すると，次式が成り立つ。

$$\boldsymbol{R}\boldsymbol{P}=\boldsymbol{P}\boldsymbol{\Lambda} \Longleftrightarrow \boldsymbol{R}[\boldsymbol{p}_1\boldsymbol{p}_2\cdots\boldsymbol{p}_k]=[\boldsymbol{p}_1\boldsymbol{p}_2\cdots\boldsymbol{p}_k]\begin{bmatrix}\lambda_1 & 0 & \cdots & 0\\ 0 & \lambda_2 & \cdots & 0\\ \vdots & \vdots & \ddots & \vdots\\ 0 & 0 & \cdots & \lambda_k\end{bmatrix}, \quad \boldsymbol{P}'\boldsymbol{P}=\boldsymbol{P}\boldsymbol{P}'=\boldsymbol{I}$$

さて，上述のように，$V(v)=\lambda$ は最大にすべき値であるから，求めるべき係数ベクトルは，変量 $\boldsymbol{x}$ の相関係数行列 $\boldsymbol{R}$ の最大固有値 $\lambda_1$ に対応する固有ベ

クトル $\boldsymbol{p}_1$ でなければならない。そうして，変量 $\boldsymbol{x}$ のベクトル $\boldsymbol{p}_1$ による一次結合で作られる変量は，第１主成分 $v_1$ という。

つまり，$v_1=\boldsymbol{x}'\boldsymbol{p}_1$ である。$k$ 個の変量 $\boldsymbol{x}$ の分散の総和を，総分散と定義すると，第１主成分 $v_1$ が変量 $\boldsymbol{x}$ の総分散 $k$ に対して寄与する割合は，$\dfrac{\lambda_1}{k}$ になる。この寄与率の値が充分な大きさでなければ，第２主成分を求める。第２主成分の係数ベクトルは相関係数行列 $\boldsymbol{R}$ の２番目に大きい固有値 $\lambda_2$ に対する固有ベクトル $\boldsymbol{p}_2$ になり，そして第２主成分の寄与率は $\dfrac{\lambda_2}{k}$ になることが証明できる。第３主成分以下も同様に求められる。

### 主成分を求める

主成分分析については，上述とは違った考え方がある。

$k$ 個の変数 $X_1$，$X_2$，$X_3$，…，$X_k$ は，通常，その程度に強弱があるものの，互いに相関しているものである。もしそうであるなら，互いに $k$ 個の変数を相関させ得るより基本的な独立変量 $Z_1$，$Z_2$，$Z_3$，……が存在して，これらが現実に観測される変数 $X_1$，$X_2$，$X_3$，…，$X_k$ の変動を規定していると考えられる。変量 $Z_1$，$Z_2$，$Z_3$，……は，主成分といい，観測される変量 $X_1$，$X_2$，$X_3$，…，$X_k$ よりも本質的なものであるから，その個数は一般的には $k$ より少ないと考えてよい。いま，

$$\boldsymbol{x}'=[X_1,\ X_2,\ X_3,\ \cdots,\ X_k] \qquad \boldsymbol{z}'=[Z_1,\ Z_2,\ Z_3,\ \cdots\cdots]$$

と変量ベクトルを定義する。

主成分 $\boldsymbol{z}$ は基準化されているとすると，$E[\boldsymbol{z}]=\boldsymbol{0}$，$V[\boldsymbol{z}]=E[\boldsymbol{z}\boldsymbol{z}']=\boldsymbol{I}$ が成り立つ。主成分 $\boldsymbol{z}$ は，観測される変量の動きを規定する，より本質的なものであるから，主成分は互いに独立であり，互いに相関しないと考えるのが自然である。したがって，$\boldsymbol{z}$ の分散・共分散行列あるいは相関係数行列は単位行列になる。

さて，観測される変量 $\boldsymbol{x}'$ は主成分 $\boldsymbol{z}'$ の１次関数であると想定すると，

$$\boldsymbol{x}'=\boldsymbol{z}'\boldsymbol{B}$$

と表現できる。観測される変量 $\boldsymbol{x}'$ についても，次式のように基準化しておく。

$$E[\boldsymbol{x}]=\boldsymbol{0}\quad V[\boldsymbol{x}]=E[\boldsymbol{x}\boldsymbol{x}']=E[\boldsymbol{B}'\boldsymbol{z}\boldsymbol{z}\boldsymbol{B}']=\boldsymbol{B}'E[\boldsymbol{z}\boldsymbol{z}]\boldsymbol{B}'=\boldsymbol{B}'\boldsymbol{B}=\boldsymbol{R}$$

…相関係数行列

いま，係数行列 $\boldsymbol{B}$ の第1行を $\boldsymbol{b}_1'$ とすると，第1主成分 $Z_1$ が変量 $X_1$，$X_2$，$X_3$，…，$X_k$ の分散に寄与する大きさは，$\boldsymbol{b}_1'\boldsymbol{b}_1$ になる。そうして，主成分分析においては，まず，各変量 $X_1$，$X_2$，$X_3$，…，$X_k$ の総分散に寄与する大きさが最大になるように，第1主成分 $Z_1$ を決定する。第1主成分を求めるため，ラグランジェ関数 $S=\boldsymbol{b}_1'\boldsymbol{b}_1-tr\boldsymbol{M}(\boldsymbol{B}'\boldsymbol{B}-\boldsymbol{R})$ を最大化する解を求める。ここで，$\boldsymbol{M}$ は対称な未定係数行列である。$S$ を $\boldsymbol{B}$ および $\boldsymbol{M}$ で偏微分してゼロとすると，$\begin{bmatrix}\boldsymbol{b}_1'\\\boldsymbol{O}\end{bmatrix}=\boldsymbol{B}\boldsymbol{M}$，$\boldsymbol{B}'\boldsymbol{B}=\boldsymbol{R}$ が得られる。これより，$\boldsymbol{B}'\begin{bmatrix}\boldsymbol{b}_1'\\\boldsymbol{O}\end{bmatrix}\boldsymbol{b}_1=\boldsymbol{B}'\begin{bmatrix}\boldsymbol{b}_1'\boldsymbol{b}_1\\\boldsymbol{0}\end{bmatrix}=\boldsymbol{B}'\boldsymbol{B}\boldsymbol{M}\boldsymbol{b}_1=\boldsymbol{R}\boldsymbol{M}\boldsymbol{b}_1$ が導ける。ここで，$s_1=\boldsymbol{b}_1'\boldsymbol{b}_1$ とおくと，結局，$s_1\boldsymbol{b}_1=\boldsymbol{R}\boldsymbol{M}\boldsymbol{b}_1$ が成り立つ。一方，$\begin{bmatrix}\boldsymbol{b}_1'\\\boldsymbol{O}\end{bmatrix}=\boldsymbol{B}\boldsymbol{M}$ の第1行は，$\boldsymbol{b}_1'=\boldsymbol{b}_1'\boldsymbol{M}$ であり，したがって，$\boldsymbol{b}_1=\boldsymbol{M}'\boldsymbol{b}_1=\boldsymbol{M}\boldsymbol{b}_1$ が成り立つ。ゆえに，$s_1\boldsymbol{b}_1=\boldsymbol{R}\boldsymbol{M}\boldsymbol{b}_1=\boldsymbol{R}\boldsymbol{b}_1$ が得られる。つまり，$s_1$ は $\boldsymbol{R}$ の固有値であり，$\boldsymbol{b}_1$ はそれに対応する固有ベクトルである。また，$s_1$ は最大にすべきであるから，$\boldsymbol{b}_1$ は最大固有値に対応する固有ベクトルである。

各変量 $X_1$，$X_2$，$X_3$，…，$X_k$ の総分散のうち，第1主成分 $Z_1$ が説明に寄与した部分を差し引いた残りを考え，それに対して最大に寄与する主成分を第2主成分 $Z_2$ とする。以下順に，第3主成分以下を決定していく。

数学的証明を省いて結論だけ述べると，主成分分析の解は以下の通りになる。

いま，変量 $\boldsymbol{x}$ と同じ数だけの主成分を考えれば，求めるべき行列 $\boldsymbol{B}$ の各行は，$k$ 個の観測される変量の相関係数行列 $\boldsymbol{R}$ の固有値 $\lambda_j$ に対する固有ベクトル $\boldsymbol{p}_j'$ になる。そうして，観測される変量 $\boldsymbol{x}'$ は主成分 $\boldsymbol{z}'$ の1次関数であると同時に，主成分 $\boldsymbol{z}$ は観測された変量 $\boldsymbol{x}$ の一次結合で表すことができ，次の通りになる。

$$z' = x'P\Lambda^{-\frac{1}{2}} \quad \text{および} \quad x' = z'B = z'\Lambda^{-\frac{1}{2}}P'$$

### 社会資本を計測する：主成分分析の例

この節では，計量経済的な分析の一つとして活用されてきている主成分分析を説明した。この節の最後に，読者が分析方法の具体的イメージを抱くことができるよう，主成分分析の具体例を示しておこう。

的確に社会資本と呼べるデータは，それ自体はない。しかし，社会資本を構成するであろうものは多くある。つまり社会資本の要素になり得るものは，多々見受けられる。このようなとき，社会資本の要素になり得る変量のデータから，一つの，あるいは一つでなくても少数の総合指標を作成するのである。そうして，その総合指標を社会資本の変量データとして，例えば，マクロ的な，あるいは産業・企業における生産関数を計測する際に用いるなど，経済モデルの構築に活用するのである。

表12－1に掲げた20の変量は，ここに取りあげた主成分分析のために採用した変量である。それぞれの変量のデータは，都道府県別のデータである。20の変量は様々で，変量の単位はそれぞれ異なる。そこで，変数の単位を揃えるべく，変量はすべて標準化（基準化）している。したがって変数の積和行列は，もとの変数の相関係数行列になる。

表12－1に掲げているように，第1主成分から第5主成分までで，総分散（＝20）のうち累積寄与率が74％強が示しているように，全体の約4分の3の情報を把握していると言える。換言すると，当初，使用している20個の変量データの情報は，5個の主成分の変動に集約されたのである。

各主成分を構成する変量の成分係数などから判断して，それぞれの主成分に対して，厚生福祉関連社会資本，医療関連社会資本といった名称を付与することを試みている。表12－1の最下段に，各主成分の特徴を表わす名称を掲げている。

**表12－1　主成分分析（成分係数，分散，寄与率）**

| 採用した変量 | 第１成分 | 第２成分 | 第３成分 | 第４成分 | 第５成分 |
|---|---|---|---|---|---|
| 1 社会体育施設数 | 0.8688238 | -0.281547 | 0.0666836 | 0.017573 | 0.0959077 |
| 2 公民館数 | 0.6940982 | -0.296742 | 0.3405151 | -0.085966 | -0.249042 |
| 3 図書館数 | 0.6804367 | -0.240389 | 0.5493375 | 0.0746078 | -0.10444 |
| 4 児童福祉施設数 | 0.6063388 | 0.3537997 | 0.2317919 | 0.0173488 | 0.228488 |
| 5 博物館数 | 0.5693219 | -0.393538 | 0.5694502 | 0.0947395 | -0.166993 |
| 6 青少年教育施設数 | 0.5483401 | -0.309955 | 0.1933585 | 0.2221098 | 0.5501359 |
| 7 老人ホーム数 | 0.5232248 | 0.5684053 | -0.165064 | 0.0431997 | -0.001524 |
| 8 老人福祉センター数 | 0.4934305 | -0.354216 | 0.4461297 | -0.26945 | -0.065138 |
| 9 介護療養型医療施設数 | 0.5117631 | 0.6878933 | -0.027245 | 0.1791425 | -0.057087 |
| 10 一般診療所数(10万人当たり) | 0.1105431 | 0.6588465 | 0.3904102 | -0.043281 | 0.1222424 |
| 11 一般病院数(10万人当たり) | 0.5655636 | 0.6114045 | -0.064765 | 0.1337467 | 0.0995385 |
| 12 薬局数(10万人当たり) | 0.1493043 | 0.5635637 | -0.088557 | -0.280457 | 0.2662585 |
| 13 立体横断施設数 | -0.766662 | 0.0143835 | 0.5326432 | 0.0715403 | 0.145795 |
| 14 市町村道舗装率 | -0.203588 | 0.5839672 | 0.5119636 | 0.3651248 | -0.116231 |
| 15 主要道路実延長 | -0.713109 | 0.3916251 | 0.3660319 | -0.007483 | -0.062822 |
| 16 百貨店数 | 0.0232628 | 0.0949741 | -0.133024 | 0.7904125 | -0.410526 |
| 17 大型小売店数 | -0.448469 | -0.427907 | -0.166259 | 0.1484008 | -0.079212 |
| 18 都市公園面積 | 0.4784619 | -0.287938 | -0.401352 | 0.4394946 | 0.4076115 |
| 19 下水道普及率 | -0.60928 | -0.419394 | 0.2563945 | 0.3387158 | 0.3280577 |
| 20 都市公園数 | -0.804903 | 0.1074273 | 0.3746941 | 0.0432611 | 0.2605895 |
| 分　散 | 6.4130093 | 3.6055386 | 2.3213841 | 1.3718738 | 1.1233143 |
| 寄与率(%) | 32.065046 | 18.027693 | 11.606921 | 6.859369 | 5.6165714 |
| 累積寄与率(%) | 32.065046 | 50.092739 | 61.69966 | 68.559029 | 74.175601 |
| | 厚生福祉関連 | 医療関連 | 道路交通関連 | 商業環境 | 都市計画関連 |

# 確率表１　標準正規分布

$$Z_\alpha \to \alpha \quad \int_{Z\alpha}^{\infty} f(x)\,dx = \alpha$$

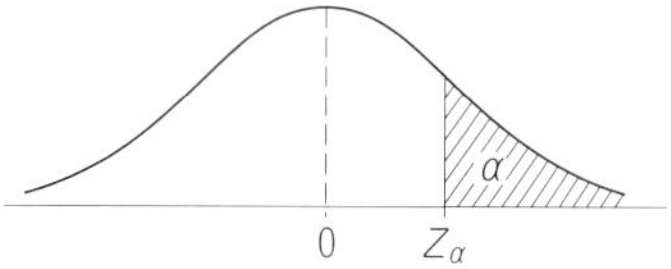


| $Z_\alpha$ | .00 | .01 | .02 | .03 | .04 | .05 | .06 | .07 | .08 | .09 |
|---|---|---|---|---|---|---|---|---|---|---|
| 0.0 | .5000 | .4960 | .4920 | .4880 | .4840 | .4801 | .4761 | .4721 | .4681 | .4641 |
| 0.1 | .4602 | .4562 | .4522 | .4483 | .4443 | .4404 | .4364 | .4325 | .4286 | .4247 |
| 0.2 | .4207 | .4168 | .4129 | .4090 | .4052 | .4013 | .3974 | .3936 | .3897 | .3859 |
| 0.3 | .3821 | .3783 | .3745 | .3707 | .3669 | .3632 | .3594 | .3557 | .3520 | .3483 |
| 0.4 | .3446 | .3409 | .3372 | .3336 | .3300 | .3264 | .3228 | .3192 | .3156 | .3121 |
| 0.5 | .3085 | .3050 | .3015 | .2981 | .2946 | .2912 | .2877 | .2843 | .2810 | .2776 |
| 0.6 | .2743 | .2709 | .2676 | .2643 | .2611 | .2578 | .2546 | .2514 | .2483 | .2451 |
| 0.7 | .2420 | .2389 | .2358 | .2327 | .2296 | .2266 | .2236 | .2206 | .2177 | .2148 |
| 0.8 | .2119 | .2090 | .2061 | .2033 | .2005 | .1977 | .1949 | .1922 | .1894 | .1867 |
| 0.9 | .1841 | .1814 | .1788 | .1762 | .1736 | .1711 | .1685 | .1660 | .1635 | .1611 |
| 1.0 | .1587 | .1562 | .1539 | .1515 | .1492 | .1469 | .1446 | .1423 | .1401 | .1379 |
| 1.1 | .1357 | .1335 | .1314 | .1292 | .1271 | .1251 | .1230 | .1210 | .1190 | .1170 |
| 1.2 | .1151 | .1131 | .1112 | .1093 | .1075 | .1056 | .1038 | .1020 | .1003 | .0985 |
| 1.3 | .0968 | .0951 | .0934 | .0918 | .0901 | .0885 | .0869 | .0853 | .0838 | .0823 |
| 1.4 | .0808 | .0793 | .0778 | .0764 | .0749 | .0735 | .0721 | .0708 | .0694 | .0681 |
| 1.5 | .0668 | .0655 | .0643 | .0630 | .0618 | .0606 | .0594 | .0582 | .0571 | .0559 |
| 1.6 | .0548 | .0537 | .0526 | .0516 | .0505 | .0495 | .0485 | .0475 | .0465 | .0455 |
| 1.7 | .0446 | .0436 | .0427 | .0418 | .0409 | .0401 | .0392 | .0384 | .0375 | .0367 |
| 1.8 | .0359 | .0351 | .0344 | .0336 | .0329 | .0322 | .0314 | .0307 | .0301 | .0294 |
| 1.9 | .0287 | .0281 | .0274 | .0268 | .0262 | .0256 | .0250 | .0244 | .0239 | .0233 |
| 2.0 | .0228 | .0222 | .0217 | .0212 | .0207 | .0202 | .0197 | .0192 | .0188 | .0183 |
| 2.1 | .0179 | .0174 | .0170 | .0166 | .0162 | .0158 | .0154 | .0150 | .0146 | .0143 |
| 2.2 | .0139 | .0136 | .0132 | .0129 | .0125 | .0122 | .0119 | .0116 | .0113 | .0110 |
| 2.3 | .0107 | .0104 | .0102 | .0099 | .0096 | .0094 | .0091 | .0089 | .0087 | .0084 |
| 2.4 | .0082 | .0080 | .0078 | .0075 | .0073 | .0071 | .0069 | .0068 | .0066 | .0064 |
| 2.5 | .0062 | .0060 | .0059 | .0057 | .0055 | .0054 | .0052 | .0051 | .0049 | .0048 |
| 2.6 | .0047 | .0045 | .0044 | .0043 | .0041 | .0040 | .0039 | .0038 | .0037 | .0036 |
| 2.7 | .0035 | .0034 | .0033 | .0032 | .0031 | .0030 | .0029 | .0028 | .0027 | .0026 |
| 2.8 | .0026 | .0025 | .0024 | .0023 | .0023 | .0022 | .0021 | .0021 | .0020 | .0019 |
| 2.9 | .0019 | .0018 | .0018 | .0017 | .0016 | .0016 | .0015 | .0015 | .0014 | .0014 |
| 3.0 | .0013 | .0013 | .0013 | .0012 | .0012 | .0011 | .0011 | .0011 | .0010 | .0010 |
| 3.1 | .0010 | .0009 | .0009 | .0009 | .0008 | .0008 | .0008 | .0008 | .0007 | .0007 |
| 3.2 | .0007 | .0007 | .0006 | .0006 | .0006 | .0006 | .0006 | .0005 | .0005 | .0005 |
| 3.3 | .0005 | .0005 | .0005 | .0004 | .0004 | .0004 | .0004 | .0004 | .0004 | .0003 |
| 3.4 | .0003 | .0003 | .0003 | .0003 | .0003 | .0003 | .0003 | .0003 | .0003 | .0002 |
| 3.5 | .0002 | .0002 | .0002 | .0002 | .0002 | .0002 | .0002 | .0002 | .0002 | .0002 |
| 3.6 | .0002 | .0002 | .0001 | .0001 | .0001 | .0001 | .0001 | .0001 | .0001 | .0001 |
| 3.7 | .0001 | .0001 | .0001 | .0001 | .0001 | .0001 | .0001 | .0001 | .0001 | .0001 |
| 3.8 | .0001 | .0001 | .0001 | .0001 | .0001 | .0001 | .0001 | .0001 | .0001 | .0001 |
| 3.9 | .00005 | .00005 | .00004 | .00004 | .00004 | .00004 | .00004 | .00004 | .00003 | .00003 |

注）この表の一番左の欄は，$Z_\alpha$ の小数点以下第１位までの値を示し，一番上の欄は，$Z_\alpha$ の小数点以下第２位の値を示す。たとえば，$\alpha=0.0250$ になる $Z_\alpha$ は，1.9 と 0.06 で，$Z_\alpha=1.96$ となる。

# 確率表 2　$\boldsymbol{\chi}^2$ 分布

$$n,\ \alpha \to \chi_\alpha^2 \qquad \int_{\chi_\alpha^2}^{\infty} f(x\ ;\ n)\,dx = \alpha$$

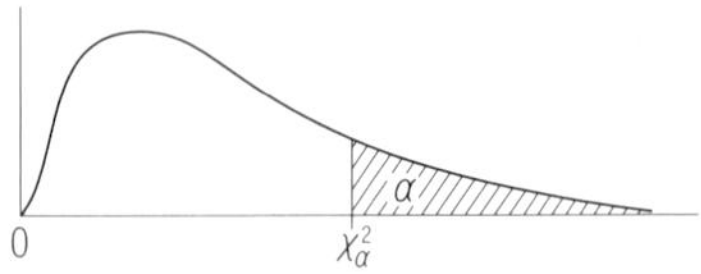


| $n$ \ $\alpha$ | 0.995 | 0.99 | 0.975 | 0.95 | 0.05 | 0.025 | 0.01 | 0.005 |
|---|---|---|---|---|---|---|---|---|
| 1 | $0.0^4393$ | $0.0^3157$ | $0.0^3982$ | $0.0^23$ | 3.84 | 5.02 | 6.63 | 7.88 |
| 2 | 0.0100 | 0.0201 | 0.0506 | 0.103 | 5.99 | 7.38 | 9.21 | 10.60 |
| 3 | 0.0717 | 0.115 | 0.216 | 0.352 | 7.81 | 9.35 | 11.34 | 12.84 |
| 4 | 0.207 | 0.297 | 0.484 | 0.711 | 9.49 | 11.14 | 13.28 | 14.86 |
| 5 | 0.412 | 0.554 | 0.831 | 1.145 | 11.07 | 12.83 | 15.09 | 16.75 |
| 6 | 0.676 | 0.872 | 1.237 | 1.635 | 12.59 | 14.45 | 16.81 | 18.55 |
| 7 | 0.989 | 1.239 | 1.690 | 2.17 | 14.07 | 16.01 | 18.48 | 20.3 |
| 8 | 1.344 | 1.646 | 2.18 | 2.73 | 15.51 | 17.53 | 20.1 | 22.0 |
| 9 | 1.735 | 2.09 | 2.70 | 3.33 | 16.92 | 19.02 | 21.7 | 23.6 |
| 10 | 2.16 | 2.56 | 3.25 | 3.94 | 18.31 | 20.5 | 23.2 | 25.2 |
| 11 | 2.60 | 3.05 | 3.82 | 4.57 | 19.68 | 21.9 | 24.7 | 26.8 |
| 12 | 3.07 | 3.57 | 4.40 | 5.23 | 21.0 | 23.3 | 26.2 | 28.3 |
| 13 | 3.57 | 4.11 | 5.01 | 5.89 | 22.4 | 24.7 | 27.7 | 29.8 |
| 14 | 4.07 | 4.66 | 5.63 | 6.57 | 23.7 | 26.1 | 29.1 | 31.3 |
| 15 | 4.60 | 5.23 | 6.26 | 7.26 | 25.0 | 27.5 | 30.6 | 32.8 |
| 16 | 5.14 | 5.81 | 6.91 | 7.96 | 26.3 | 28.8 | 32.0 | 34.3 |
| 17 | 5.70 | 6.41 | 7.56 | 8.67 | 27.6 | 30.2 | 33.4 | 35.7 |
| 18 | 6.26 | 7.01 | 8.23 | 9.39 | 28.9 | 31.5 | 34.8 | 37.2 |
| 19 | 6.84 | 7.63 | 8.91 | 10.12 | 30.1 | 32.9 | 36.2 | 38.6 |
| 20 | 7.43 | 8.26 | 9.59 | 10.85 | 31.4 | 34.2 | 37.6 | 40.0 |
| 21 | 8.03 | 8.90 | 10.28 | 11.59 | 32.7 | 35.5 | 38.9 | 41.4 |
| 22 | 8.64 | 9.54 | 10.98 | 12.34 | 33.9 | 36.8 | 40.3 | 42.8 |
| 23 | 9.26 | 10.20 | 11.69 | 13.09 | 35.2 | 38.1 | 41.6 | 44.2 |
| 24 | 9.89 | 10.86 | 12.40 | 13.85 | 36.4 | 39.4 | 43.0 | 45.6 |
| 25 | 10.52 | 11.52 | 13.12 | 14.61 | 37.7 | 40.6 | 44.3 | 46.9 |
| 26 | 11.16 | 12.20 | 13.84 | 15.38 | 38.9 | 41.9 | 45.6 | 48.3 |
| 27 | 11.81 | 12.88 | 14.57 | 16.15 | 40.1 | 43.2 | 47.0 | 49.6 |
| 28 | 12.46 | 13.56 | 15.31 | 16.93 | 41.3 | 44.5 | 48.3 | 51.0 |
| 29 | 13.12 | 14.26 | 16.05 | 17.71 | 42.6 | 45.7 | 49.6 | 52.3 |
| 30 | 13.79 | 14.95 | 16.79 | 18.49 | 43.8 | 47.0 | 50.9 | 53.7 |
| 40 | 20.71 | 22.16 | 24.43 | 26.51 | 55.8 | 59.3 | 63.7 | 66.8 |
| 50 | 27.99 | 29.71 | 32.36 | 34.76 | 67.5 | 71.4 | 76.2 | 79.5 |
| 60 | 35.53 | 37.48 | 40.48 | 43.19 | 79.1 | 83.3 | 88.4 | 92.0 |
| 70 | 43.28 | 45.44 | 48.76 | 51.74 | 90.5 | 95.0 | 100.4 | 104.2 |
| 80 | 51.17 | 53.54 | 57.15 | 60.39 | 101.9 | 106.6 | 112.3 | 116.3 |
| 90 | 59.20 | 61.75 | 65.65 | 69.13 | 113.1 | 118.1 | 124.1 | 128.3 |
| 100 | 67.33 | 70.06 | 74.22 | 77.93 | 124.3 | 129.6 | 135.8 | 140.2 |
| 110 | 75.55 | 78.46 | 82.87 | 86.79 | 135.5 | 140.9 | 147.4 | 151.9 |
| 120 | 83.85 | 86.92 | 91.57 | 95.70 | 146.6 | 152.2 | 159.0 | 163.6 |
| 130 | 92.22 | 95.45 | 100.3 | 104.7 | 157.6 | 163.5 | 170.4 | 175.3 |
| 140 | 100.7 | 104.0 | 109.1 | 113.7 | 168.6 | 174.6 | 181.8 | 186.8 |
| 150 | 109.1 | 112.7 | 118.0 | 122.7 | 179.6 | 185.8 | 193.2 | 198.4 |
| 160 | 117.7 | 121.3 | 126.9 | 131.8 | 190.5 | 196.9 | 204.5 | 209.8 |
| 170 | 126.3 | 130.1 | 135.8 | 140.8 | 201.4 | 208.0 | 215.8 | 221.2 |
| 180 | 134.9 | 138.8 | 144.7 | 150.0 | 212.3 | 219.0 | 227.1 | 232.6 |
| 190 | 143.5 | 147.6 | 153.7 | 159.1 | 223.2 | 230.1 | 238.3 | 244.0 |
| 200 | 152.2 | 156.4 | 162.7 | 168.3 | 234.0 | 241.1 | 249.4 | 255.3 |

# 確率表 3　$\boldsymbol{t}$ 分布

$$n,\ \alpha \to t_\alpha \quad \int_{t_\alpha}^{\infty} f(x\,;n)\,dx=\alpha$$

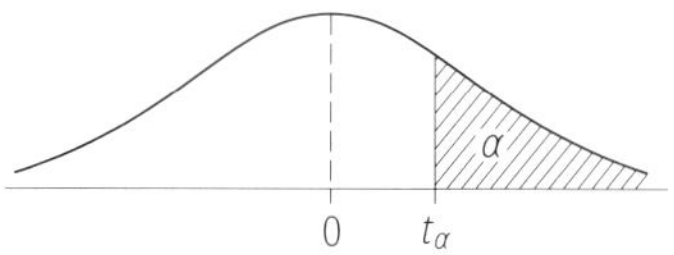


| $n$ \ $\alpha$ | 0.05 | 0.025 | 0.01 | 0.005 |
|---|---|---|---|---|
| 1 | 6.314 | 12.706 | 31.821 | 63.657 |
| 2 | 2.920 | 4.303 | 6.965 | 9.925 |
| 3 | 2.353 | 3.182 | 4.541 | 5.841 |
| 4 | 2.132 | 2.776 | 3.747 | 4.604 |
| 5 | 2.015 | 2.571 | 3.365 | 4.032 |
| 6 | 1.943 | 2.447 | 3.143 | 3.707 |
| 7 | 1.895 | 2.365 | 2.998 | 3.499 |
| 8 | 1.860 | 2.306 | 2.896 | 3.355 |
| 9 | 1.833 | 2.262 | 2.821 | 3.250 |
| 10 | 1.812 | 2.228 | 2.764 | 3.169 |
| 11 | 1.796 | 2.201 | 2.718 | 3.106 |
| 12 | 1.782 | 2.179 | 2.681 | 3.055 |
| 13 | 1.771 | 2.160 | 2.650 | 3.012 |
| 14 | 1.761 | 2.145 | 2.624 | 2.977 |
| 15 | 1.753 | 2.131 | 2.602 | 2.947 |
| 16 | 1.746 | 2.120 | 2.583 | 2.921 |
| 17 | 1.740 | 2.110 | 2.567 | 2.898 |
| 18 | 1.734 | 2.101 | 2.552 | 2.878 |
| 19 | 1.729 | 2.093 | 2.539 | 2.861 |
| 20 | 1.725 | 2.086 | 2.528 | 2.845 |
| 21 | 1.721 | 2.080 | 2.518 | 2.831 |
| 22 | 1.717 | 2.074 | 2.508 | 2.819 |
| 23 | 1.714 | 2.069 | 2.500 | 2.807 |
| 24 | 1.711 | 2.064 | 2.492 | 2.797 |
| 25 | 1.708 | 2.060 | 2.485 | 2.787 |
| 26 | 1.706 | 2.056 | 2.479 | 2.779 |
| 27 | 1.703 | 2.052 | 2.473 | 2.771 |
| 28 | 1.701 | 2.048 | 2.467 | 2.763 |
| 29 | 1.699 | 2.045 | 2.462 | 2.756 |
| 30 | 1.697 | 2.042 | 2.457 | 2.750 |
| 31 | 1.696 | 2.040 | 2.453 | 2.744 |
| 32 | 1.694 | 2.037 | 2.449 | 2.738 |
| 33 | 1.692 | 2.035 | 2.445 | 2.733 |
| 34 | 1.691 | 2.032 | 2.441 | 2.728 |
| 35 | 1.690 | 2.030 | 2.438 | 2.724 |
| 36 | 1.688 | 2.028 | 2.434 | 2.719 |
| 37 | 1.687 | 2.026 | 2.431 | 2.715 |
| 38 | 1.686 | 2.024 | 2.429 | 2.712 |
| 39 | 1.685 | 2.023 | 2.426 | 2.708 |
| 40 | 1.684 | 2.021 | 2.423 | 2.704 |
| 41 | 1.683 | 2.020 | 2.421 | 2.701 |
| 42 | 1.682 | 2.018 | 2.418 | 2.698 |
| 43 | 1.681 | 2.017 | 2.416 | 2.695 |
| 44 | 1.680 | 2.015 | 2.414 | 2.692 |
| 45 | 1.679 | 2.014 | 2.412 | 2.690 |
| 46 | 1.679 | 2.013 | 2.410 | 2.687 |
| 47 | 1.678 | 2.012 | 2.408 | 2.685 |
| 48 | 1.677 | 2.011 | 2.407 | 2.682 |
| 49 | 1.677 | 2.010 | 2.405 | 2.680 |
| 50 | 1.676 | 2.009 | 2.403 | 2.678 |
| 60 | 1.671 | 2.000 | 2.390 | 2.660 |
| 80 | 1.664 | 1.990 | 2.374 | 2.639 |
| 120 | 1.658 | 1.980 | 2.358 | 2.617 |
| 240 | 1.651 | 1.970 | 2.342 | 2.596 |
| ∞ | 1.645 | 1.960 | 2.326 | 2.576 |

# 確率表 4 (i)　$\boldsymbol{F}$ 分布（5％点）

$$m,\ n \to F \quad \int_F^{\infty} f(x\,;\,m,\ n)\,dx = 0.05$$

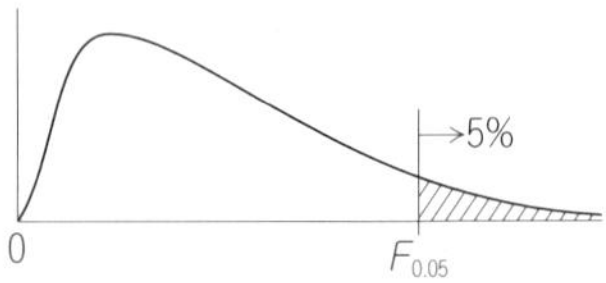


| $n$ \ $m$ | 1 | 2 | 3 | 4 | 5 | 6 | 7 | 8 | 9 | 10 |
|---|---|---|---|---|---|---|---|---|---|---|
| 1 | 161 | 200 | 216 | 225 | 230 | 234 | 237 | 239 | 241 | 242 |
| 2 | 18.5 | 19.0 | 19.2 | 19.2 | 19.3 | 19.3 | 19.4 | 19.4 | 19.4 | 19.4 |
| 3 | 10.1 | 9.55 | 9.28 | 9.12 | 9.01 | 8.94 | 8.89 | 8.85 | 8.81 | 8.79 |
| 4 | 7.71 | 6.94 | 6.59 | 6.39 | 6.26 | 6.16 | 6.09 | 6.04 | 6.00 | 5.96 |
| 5 | 6.61 | 5.79 | 5.41 | 5.19 | 5.05 | 4.95 | 4.88 | 4.82 | 4.77 | 4.74 |
| 6 | 5.99 | 5.14 | 4.76 | 4.53 | 4.39 | 4.28 | 4.21 | 4.15 | 4.10 | 4.06 |
| 7 | 5.59 | 4.74 | 4.35 | 4.12 | 3.97 | 3.87 | 3.79 | 3.73 | 3.68 | 3.64 |
| 8 | 5.32 | 4.46 | 4.07 | 3.84 | 3.69 | 3.58 | 3.50 | 3.44 | 3.39 | 3.35 |
| 9 | 5.12 | 4.26 | 3.86 | 3.63 | 3.48 | 3.37 | 3.29 | 3.23 | 3.18 | 3.14 |
| 10 | 4.96 | 4.10 | 3.71 | 3.48 | 3.33 | 3.22 | 3.14 | 3.07 | 3.02 | 2.98 |
| 11 | 4.84 | 3.98 | 3.59 | 3.36 | 3.20 | 3.09 | 3.01 | 2.95 | 2.90 | 2.85 |
| 12 | 4.75 | 3.89 | 3.49 | 3.26 | 3.11 | 3.00 | 2.91 | 2.85 | 2.80 | 2.75 |
| 13 | 4.67 | 3.81 | 3.41 | 3.18 | 3.03 | 2.92 | 2.83 | 2.77 | 2.71 | 2.67 |
| 14 | 4.60 | 3.74 | 3.34 | 3.11 | 2.96 | 2.85 | 2.76 | 2.70 | 2.65 | 2.60 |
| 15 | 4.54 | 3.68 | 3.29 | 3.06 | 2.90 | 2.79 | 2.71 | 2.64 | 2.59 | 2.54 |
| 16 | 4.49 | 3.63 | 3.24 | 3.01 | 2.85 | 2.74 | 2.66 | 2.59 | 2.54 | 2.49 |
| 17 | 4.45 | 3.59 | 3.20 | 2.96 | 2.81 | 2.70 | 2.61 | 2.55 | 2.49 | 2.45 |
| 18 | 4.41 | 3.55 | 3.16 | 2.93 | 2.77 | 2.66 | 2.58 | 2.51 | 2.46 | 2.41 |
| 19 | 4.38 | 3.52 | 3.13 | 2.90 | 2.74 | 2.63 | 2.54 | 2.48 | 2.42 | 2.38 |
| 20 | 4.35 | 3.49 | 3.10 | 2.87 | 2.71 | 2.60 | 2.51 | 2.45 | 2.39 | 2.35 |
| 21 | 4.32 | 3.47 | 3.07 | 2.84 | 2.58 | 2.57 | 2.49 | 2.42 | 2.37 | 2.32 |
| 22 | 4.30 | 3.44 | 3.05 | 2.82 | 2.66 | 2.55 | 2.46 | 2.40 | 2.34 | 2.30 |
| 23 | 4.28 | 3.42 | 3.03 | 2.80 | 2.64 | 2.53 | 2.44 | 2.37 | 2.32 | 2.27 |
| 24 | 4.26 | 3.40 | 3.01 | 2.78 | 2.62 | 2.51 | 2.42 | 2.36 | 2.30 | 2.25 |
| 25 | 4.24 | 3.39 | 2.99 | 2.76 | 2.60 | 2.49 | 2.40 | 2.34 | 2.28 | 2.24 |
| 26 | 4.23 | 3.37 | 2.98 | 2.74 | 2.59 | 2.47 | 2.39 | 2.32 | 2.27 | 2.22 |
| 27 | 4.21 | 3.35 | 2.96 | 2.73 | 2.57 | 2.46 | 2.37 | 2.31 | 2.25 | 2.20 |
| 28 | 4.20 | 3.34 | 2.95 | 2.71 | 2.56 | 2.45 | 2.36 | 2.29 | 2.24 | 2.19 |
| 29 | 4.18 | 3.33 | 2.93 | 2.70 | 2.55 | 2.43 | 2.35 | 2.28 | 2.22 | 2.18 |
| 30 | 4.17 | 3.32 | 2.92 | 2.69 | 2.53 | 2.42 | 2.33 | 2.27 | 2.21 | 2.16 |
| 40 | 4.08 | 3.23 | 2.84 | 2.61 | 2.45 | 2.34 | 2.25 | 2.18 | 2.12 | 2.08 |
| 60 | 4.00 | 3.15 | 2.76 | 2.53 | 2.37 | 2.25 | 2.17 | 2.10 | 2.04 | 1.99 |
| 120 | 3.92 | 3.07 | 2.68 | 2.45 | 2.29 | 2.17 | 2.09 | 2.02 | 1.96 | 1.91 |
| ∞ | 3.84 | 3.00 | 2.60 | 2.37 | 2.21 | 2.10 | 2.01 | 1.94 | 1.88 | 1.83 |

| n \ m | 12 | 15 | 20 | 24 | 30 | 40 | 60 | 120 | ∞ |
|---|---|---|---|---|---|---|---|---|---|
| 1 | 244 | 246 | 248 | 249 | 250 | 251 | 252 | 253 | 254 |
| 2 | 19.4 | 19.4 | 19.4 | 19.5 | 19.5 | 19.5 | 19.5 | 19.5 | 19.5 |
| 3 | 8.74 | 8.70 | 8.66 | 8.64 | 8.62 | 8.59 | 8.57 | 8.55 | 8.53 |
| 4 | 5.91 | 5.86 | 5.80 | 5.77 | 5.75 | 5.72 | 5.69 | 5.66 | 5.63 |
| 5 | 4.68 | 4.62 | 4.56 | 4.53 | 4.50 | 4.46 | 4.43 | 4.40 | 4.36 |
| 6 | 4.00 | 3.94 | 3.87 | 3.84 | 3.81 | 3.77 | 3.74 | 3.70 | 3.67 |
| 7 | 3.57 | 3.51 | 3.44 | 3.41 | 3.38 | 3.34 | 3.30 | 3.27 | 3.23 |
| 8 | 3.28 | 3.22 | 3.15 | 3.12 | 3.08 | 3.04 | 3.01 | 2.97 | 2.93 |
| 9 | 3.07 | 3.01 | 2.94 | 2.90 | 2.86 | 2.83 | 2.79 | 2.75 | 2.71 |
| 10 | 2.91 | 2.85 | 2.77 | 2.74 | 2.70 | 2.66 | 2.62 | 2.58 | 2.54 |
| 11 | 2.79 | 2.72 | 2.65 | 2.61 | 2.57 | 2.53 | 2.49 | 2.45 | 2.40 |
| 12 | 2.69 | 2.62 | 2.54 | 2.51 | 2.47 | 2.43 | 2.38 | 2.34 | 2.30 |
| 13 | 2.60 | 2.53 | 2.46 | 2.42 | 2.38 | 2.34 | 2.30 | 2.25 | 2.21 |
| 14 | 2.53 | 2.46 | 2.39 | 2.35 | 2.31 | 2.27 | 2.22 | 2.18 | 2.13 |
| 15 | 2.48 | 2.40 | 2.33 | 2.29 | 2.25 | 2.20 | 2.16 | 2.11 | 2.07 |
| 16 | 2.42 | 2.35 | 2.28 | 2.24 | 2.19 | 2.15 | 2.11 | 2.06 | 2.01 |
| 17 | 2.38 | 2.31 | 2.23 | 2.19 | 2.15 | 2.10 | 2.06 | 2.01 | 1.96 |
| 18 | 2.34 | 2.27 | 2.19 | 2.15 | 2.11 | 2.06 | 2.02 | 1.97 | 1.92 |
| 19 | 2.31 | 2.23 | 2.16 | 2.11 | 2.07 | 2.03 | 1.98 | 1.93 | 1.88 |
| 20 | 2.28 | 2.20 | 2.12 | 2.08 | 2.04 | 1.99 | 1.95 | 1.90 | 1.84 |
| 21 | 2.25 | 2.18 | 2.10 | 2.05 | 2.01 | 1.96 | 1.92 | 1.87 | 1.81 |
| 22 | 2.23 | 2.15 | 2.07 | 2.03 | 1.98 | 1.94 | 1.89 | 1.84 | 1.78 |
| 23 | 2.20 | 2.13 | 2.05 | 2.01 | 1.96 | 1.91 | 1.86 | 1.81 | 1.76 |
| 24 | 2.18 | 2.11 | 2.03 | 1.98 | 1.94 | 1.89 | 1.84 | 1.79 | 1.73 |
| 25 | 2.16 | 2.09 | 2.01 | 1.96 | 1.92 | 1.87 | 1.82 | 1.77 | 1.71 |
| 26 | 2.15 | 2.07 | 1.99 | 1.95 | 1.90 | 1.85 | 1.80 | 1.75 | 1.69 |
| 27 | 2.13 | 2.06 | 1.97 | 1.93 | 1.88 | 1.84 | 1.79 | 1.73 | 1.67 |
| 28 | 2.12 | 2.04 | 1.96 | 1.91 | 1.87 | 1.82 | 1.77 | 1.71 | 1.65 |
| 29 | 2.10 | 2.03 | 1.94 | 1.90 | 1.85 | 1.81 | 1.75 | 1.70 | 1.64 |
| 30 | 2.09 | 2.01 | 1.93 | 1.89 | 1.84 | 1.79 | 1.74 | 1.68 | 1.62 |
| 40 | 2.00 | 1.92 | 1.84 | 1.79 | 1.74 | 1.69 | 1.64 | 1.58 | 1.51 |
| 60 | 1.92 | 1.84 | 1.75 | 1.70 | 1.65 | 1.59 | 1.53 | 1.47 | 1.39 |
| 120 | 1.83 | 1.75 | 1.66 | 1.61 | 1.55 | 1.50 | 1.43 | 1.35 | 1.25 |
| ∞ | 1.75 | 1.67 | 1.57 | 1.52 | 1.46 | 1.39 | 1.32 | 1.22 | 1.00 |

# 確率表 4 (ii)　$\boldsymbol{F}$ 分布（1％点）

$$m,\ n \to F \quad \int_F^{\infty} f(x\,;m,\ n)\,dx = 0.01$$

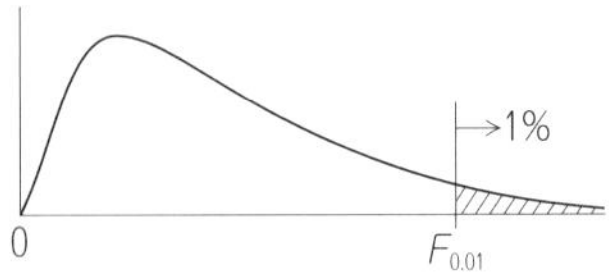


| n \ m | 1 | 2 | 3 | 4 | 5 | 6 | 7 | 8 | 9 | 10 |
|---|---|---|---|---|---|---|---|---|---|---|
| 1 | 4050 | 5000 | 5400 | 5620 | 5760 | 5860 | 5930 | 5980 | 6080 | 6060 |
| 2 | 98.5 | 99.0 | 99.2 | 99.2 | 99.3 | 99.3 | 99.4 | 99.4 | 99.4 | 99.4 |
| 3 | 34.1 | 30.8 | 29.5 | 28.7 | 28.2 | 27.9 | 27.7 | 27.5 | 27.3 | 27.2 |
| 4 | 21.2 | 18.0 | 16.7 | 16.0 | 15.5 | 15.2 | 15.0 | 14.8 | 14.7 | 14.5 |
| 5 | 16.3 | 13.3 | 12.1 | 11.4 | 11.0 | 10.7 | 10.5 | 10.3 | 10.2 | 10.1 |
| 6 | 13.7 | 10.9 | 9.78 | 9.15 | 8.75 | 8.47 | 8.26 | 8.10 | 7.98 | 7.87 |
| 7 | 12.2 | 9.55 | 8.45 | 7.85 | 7.46 | 7.19 | 6.99 | 6.84 | 6.72 | 6.62 |
| 8 | 11.3 | 8.65 | 7.59 | 7.01 | 6.63 | 6.37 | 6.18 | 6.03 | 5.91 | 5.81 |
| 9 | 10.6 | 8.02 | 6.99 | 6.42 | 6.06 | 5.80 | 5.61 | 5.47 | 5.35 | 5.26 |
| 10 | 10.0 | 7.56 | 6.55 | 5.99 | 5.64 | 5.39 | 5.20 | 5.06 | 4.94 | 4.85 |
| 11 | 9.65 | 7.21 | 6.22 | 5.67 | 5.32 | 5.07 | 4.89 | 4.74 | 4.63 | 4.54 |
| 12 | 9.33 | 6.93 | 5.95 | 5.41 | 5.06 | 4.82 | 4.64 | 4.50 | 4.39 | 4.30 |
| 13 | 9.07 | 6.70 | 5.74 | 5.21 | 4.86 | 4.62 | 4.44 | 4.30 | 4.19 | 4.10 |
| 14 | 8.86 | 6.51 | 5.56 | 5.04 | 4.69 | 4.46 | 4.28 | 4.14 | 4.03 | 3.94 |
| 15 | 8.68 | 6.36 | 5.42 | 4.89 | 4.56 | 4.32 | 4.14 | 4.00 | 3.89 | 3.80 |
| 16 | 8.53 | 6.23 | 5.29 | 4.77 | 4.44 | 4.20 | 4.03 | 3.89 | 3.78 | 3.69 |
| 17 | 8.40 | 6.11 | 5.18 | 4.67 | 4.34 | 4.10 | 3.93 | 3.79 | 3.68 | 3.59 |
| 18 | 8.29 | 6.01 | 5.09 | 4.58 | 4.25 | 4.01 | 3.84 | 3.71 | 3.60 | 3.51 |
| 19 | 8.18 | 5.93 | 5.01 | 4.50 | 4.17 | 3.94 | 3.77 | 3.63 | 3.52 | 3.43 |
| 20 | 8.10 | 5.85 | 4.94 | 4.43 | 4.10 | 3.87 | 3.70 | 3.56 | 3.46 | 3.37 |
| 21 | 8.02 | 5.78 | 4.87 | 4.37 | 4.04 | 3.81 | 3.64 | 3.51 | 3.40 | 3.31 |
| 22 | 7.95 | 5.72 | 4.82 | 4.31 | 3.99 | 3.76 | 3.59 | 3.45 | 3.35 | 3.26 |
| 23 | 7.88 | 5.66 | 4.76 | 4.26 | 3.94 | 3.71 | 3.54 | 3.41 | 3.30 | 3.21 |
| 24 | 7.82 | 5.61 | 4.72 | 4.22 | 3.90 | 3.67 | 3.50 | 3.36 | 3.26 | 3.17 |
| 25 | 7.77 | 5.57 | 4.68 | 4.18 | 3.85 | 3.63 | 3.46 | 3.32 | 3.22 | 3.13 |
| 26 | 7.72 | 5.53 | 4.64 | 4.14 | 3.82 | 3.59 | 3.42 | 3.29 | 3.18 | 3.09 |
| 27 | 7.68 | 5.49 | 4.60 | 4.11 | 3.78 | 3.56 | 3.39 | 3.26 | 3.15 | 3.06 |
| 28 | 7.64 | 5.45 | 4.57 | 4.07 | 3.75 | 3.53 | 3.36 | 3.23 | 3.12 | 3.03 |
| 29 | 7.60 | 5.42 | 4.54 | 4.04 | 3.73 | 3.50 | 3.33 | 3.20 | 3.09 | 3.00 |
| 30 | 7.56 | 5.39 | 4.51 | 4.02 | 3.70 | 3.47 | 3.30 | 3.17 | 3.07 | 2.98 |
| 40 | 7.31 | 5.18 | 4.31 | 3.83 | 3.51 | 3.29 | 3.12 | 2.99 | 2.89 | 2.80 |
| 60 | 7.08 | 4.98 | 4.13 | 3.65 | 3.34 | 3.12 | 2.95 | 2.82 | 2.72 | 2.63 |
| 120 | 6.85 | 4.79 | 3.95 | 3.48 | 3.17 | 2.96 | 2.79 | 2.66 | 2.56 | 2.47 |
| ∞ | 6.63 | 4.61 | 3.78 | 3.32 | 3.02 | 2.80 | 2.64 | 2.51 | 2.41 | 2.32 |

| n＼m | 12 | 15 | 20 | 24 | 30 | 40 | 60 | 120 | ∞ |
|---|---|---|---|---|---|---|---|---|---|
| 1 | 6110 | 6160 | 6210 | 6230 | 6260 | 6290 | 6310 | 6340 | 6370 |
| 2 | 99.4 | 99.4 | 99.4 | 99.5 | 99.5 | 99.5 | 99.5 | 99.5 | 99.5 |
| 3 | 27.1 | 26.9 | 26.7 | 26.6 | 26.5 | 26.4 | 26.3 | 26.2 | 26.1 |
| 4 | 14.4 | 14.2 | 14.0 | 13.9 | 13.8 | 13.7 | 13.7 | 13.6 | 13.5 |
| 5 | 9.89 | 9.72 | 9.55 | 9.47 | 9.38 | 9.29 | 9.20 | 9.11 | 9.02 |
| 6 | 7.72 | 7.56 | 7.40 | 7.31 | 7.23 | 7.14 | 7.06 | 6.97 | 6.88 |
| 7 | 6.47 | 6.31 | 6.16 | 6.07 | 5.99 | 5.91 | 5.82 | 5.74 | 5.65 |
| 8 | 5.67 | 5.52 | 5.36 | 5.28 | 5.20 | 5.12 | 5.03 | 4.95 | 4.86 |
| 9 | 5.11 | 4.96 | 4.81 | 4.73 | 4.65 | 4.57 | 4.48 | 4.40 | 4.31 |
| 10 | 4.71 | 4.56 | 4.41 | 4.33 | 4.25 | 4.17 | 4.08 | 4.00 | 3.91 |
| 11 | 4.40 | 4.25 | 4.10 | 4.02 | 3.94 | 3.86 | 3.78 | 3.69 | 3.60 |
| 12 | 4.16 | 4.01 | 3.86 | 3.78 | 3.70 | 3.62 | 3.54 | 3.45 | 3.36 |
| 13 | 3.96 | 3.82 | 3.66 | 3.59 | 3.51 | 3.43 | 3.34 | 3.26 | 3.17 |
| 14 | 3.80 | 3.66 | 3.51 | 3.43 | 3.35 | 3.27 | 3.18 | 3.09 | 3.00 |
| 15 | 3.67 | 3.52 | 3.37 | 3.29 | 3.21 | 3.13 | 3.05 | 2.96 | 2.87 |
| 16 | 3.55 | 3.41 | 3.26 | 3.18 | 3.10 | 3.02 | 2.93 | 2.84 | 2.75 |
| 17 | 3.46 | 3.31 | 3.16 | 3.08 | 3.00 | 2.92 | 2.83 | 2.75 | 2.65 |
| 18 | 3.37 | 3.23 | 3.08 | 3.00 | 2.92 | 2.84 | 2.75 | 2.66 | 2.57 |
| 19 | 3.30 | 3.15 | 3.00 | 2.92 | 2.84 | 2.76 | 2.67 | 2.58 | 2.49 |
| 20 | 3.23 | 3.09 | 2.94 | 2.86 | 2.78 | 2.69 | 2.61 | 2.52 | 2.42 |
| 21 | 3.17 | 3.03 | 2.88 | 2.80 | 2.72 | 2.64 | 2.55 | 2.46 | 2.36 |
| 22 | 3.12 | 2.98 | 2.83 | 2.75 | 2.67 | 2.58 | 2.50 | 2.40 | 2.31 |
| 23 | 3.07 | 2.93 | 2.78 | 2.70 | 2.62 | 2.54 | 2.45 | 2.35 | 2.26 |
| 24 | 3.03 | 2.89 | 2.74 | 2.66 | 2.58 | 2.49 | 2.40 | 2.31 | 2.21 |
| 25 | 2.99 | 2.85 | 2.70 | 2.62 | 2.54 | 2.45 | 2.36 | 2.27 | 2.17 |
| 26 | 2.96 | 2.81 | 2.66 | 2.58 | 2.50 | 2.42 | 2.33 | 2.23 | 2.13 |
| 27 | 2.93 | 2.78 | 2.63 | 2.55 | 2.47 | 2.38 | 2.29 | 2.20 | 2.10 |
| 28 | 2.90 | 2.75 | 2.60 | 2.52 | 2.44 | 2.35 | 2.26 | 2.17 | 2.06 |
| 29 | 2.87 | 2.73 | 2.57 | 2.49 | 2.41 | 2.33 | 2.23 | 2.14 | 2.03 |
| 30 | 2.84 | 2.70 | 2.55 | 2.47 | 2.39 | 2.30 | 2.21 | 2.11 | 2.01 |
| 40 | 2.56 | 2.52 | 2.37 | 2.29 | 2.20 | 2.11 | 2.02 | 1.92 | 1.80 |
| 60 | 2.50 | 2.35 | 2.20 | 2.12 | 2.03 | 1.94 | 1.84 | 1.73 | 1.60 |
| 120 | 2.34 | 2.19 | 2.03 | 1.95 | 1.86 | 1.76 | 1.66 | 1.53 | 1.38 |
| ∞ | 2.18 | 2.04 | 1.88 | 1.79 | 1.70 | 1.59 | 1.47 | 1.32 | 1.00 |

# 確率表 5(i)　ダービン・ワトソン比検定 $d_L$, $d_U$ の 5 %点

| $n$ | $p=1$ | | $p=2$ | | $p=3$ | | $p=4$ | | $p=5$ | |
|---|---|---|---|---|---|---|---|---|---|---|
| | $d_L$ | $d_U$ | $d_L$ | $d_U$ | $d_L$ | $d_U$ | $d_L$ | $d_U$ | $d_L$ | $d_U$ |
| 15 | 1.08 | 1.36 | 0.95 | 1.54 | 0.82 | 1.75 | 0.69 | 1.97 | 0.56 | 2.21 |
| 16 | 1.10 | 1.37 | 0.98 | 1.54 | 0.86 | 1.73 | 0.74 | 1.93 | 0.62 | 2.15 |
| 17 | 1.13 | 1.38 | 1.02 | 1.54 | 0.90 | 1.71 | 0.78 | 1.90 | 0.67 | 2.10 |
| 18 | 1.16 | 1.39 | 1.05 | 1.53 | 0.93 | 1.69 | 0.82 | 1.87 | 0.71 | 2.06 |
| 19 | 1.18 | 1.40 | 1.08 | 1.53 | 0.97 | 1.68 | 0.86 | 1.85 | 0.75 | 2.02 |
| 20 | 1.20 | 1.41 | 1.10 | 1.54 | 1.00 | 1.68 | 0.90 | 1.83 | 0.79 | 1.99 |
| 21 | 1.22 | 1.42 | 1.13 | 1.54 | 1.03 | 1.67 | 0.93 | 1.81 | 0.83 | 1.96 |
| 22 | 1.24 | 1.43 | 1.15 | 1.54 | 1.05 | 1.66 | 0.96 | 1.80 | 0.86 | 1.94 |
| 23 | 1.26 | 1.44 | 1.17 | 1.54 | 1.08 | 1.66 | 0.99 | 1.79 | 0.90 | 1.92 |
| 24 | 1.27 | 1.45 | 1.19 | 1.55 | 1.10 | 1.66 | 1.01 | 1.78 | 0.93 | 1.90 |
| 25 | 1.29 | 1.45 | 1.21 | 1.55 | 1.12 | 1.66 | 1.04 | 1.77 | 0.95 | 1.89 |
| 26 | 1.30 | 1.46 | 1.22 | 1.55 | 1.14 | 1.65 | 1.06 | 1.76 | 0.98 | 1.88 |
| 27 | 1.32 | 1.47 | 1.24 | 1.56 | 1.16 | 1.65 | 1.08 | 1.76 | 1.01 | 1.86 |
| 28 | 1.33 | 1.48 | 1.26 | 1.56 | 1.18 | 1.65 | 1.10 | 1.75 | 1.03 | 1.85 |
| 29 | 1.34 | 1.48 | 1.27 | 1.56 | 1.20 | 1.65 | 1.12 | 1.74 | 1.05 | 1.84 |
| 30 | 1.35 | 1.49 | 1.28 | 1.57 | 1.21 | 1.65 | 1.14 | 1.74 | 1.07 | 1.83 |
| 31 | 1.36 | 1.50 | 1.30 | 1.57 | 1.23 | 1.65 | 1.16 | 1.74 | 1.09 | 1.83 |
| 32 | 1.37 | 1.50 | 1.31 | 1.57 | 1.24 | 1.65 | 1.18 | 1.73 | 1.11 | 1.82 |
| 33 | 1.38 | 1.51 | 1.32 | 1.58 | 1.26 | 1.65 | 1.19 | 1.73 | 1.13 | 1.81 |
| 34 | 1.39 | 1.51 | 1.33 | 1.58 | 1.27 | 1.65 | 1.21 | 1.73 | 1.15 | 1.81 |
| 35 | 1.40 | 1.52 | 1.34 | 1.58 | 1.28 | 1.65 | 1.22 | 1.73 | 1.16 | 1.80 |
| 36 | 1.41 | 1.52 | 1.35 | 1.59 | 1.29 | 1.65 | 1.24 | 1.73 | 1.18 | 1.80 |
| 37 | 1.42 | 1.53 | 1.36 | 1.59 | 1.31 | 1.66 | 1.25 | 1.72 | 1.19 | 1.80 |
| 38 | 1.43 | 1.54 | 1.37 | 1.59 | 1.32 | 1.66 | 1.26 | 1.72 | 1.21 | 1.79 |
| 39 | 1.43 | 1.54 | 1.38 | 1.60 | 1.33 | 1.66 | 1.27 | 1.72 | 1.22 | 1.79 |
| 40 | 1.44 | 1.54 | 1.39 | 1.60 | 1.34 | 1.66 | 1.29 | 1.72 | 1.23 | 1.79 |
| 45 | 1.48 | 1.57 | 1.43 | 1.62 | 1.38 | 1.67 | 1.34 | 1.72 | 1.29 | 1.78 |
| 50 | 1.50 | 1.59 | 1.46 | 1.63 | 1.42 | 1.67 | 1.38 | 1.72 | 1.34 | 1.77 |
| 55 | 1.53 | 1.60 | 1.49 | 1.64 | 1.45 | 1.68 | 1.41 | 1.72 | 1.38 | 1.77 |
| 60 | 1.55 | 1.62 | 1.51 | 1.65 | 1.48 | 1.69 | 1.44 | 1.73 | 1.41 | 1.77 |
| 65 | 1.57 | 1.63 | 1.54 | 1.66 | 1.50 | 1.70 | 1.47 | 1.73 | 1.44 | 1.77 |
| 70 | 1.58 | 1.64 | 1.55 | 1.67 | 1.52 | 1.70 | 1.49 | 1.74 | 1.46 | 1.77 |
| 75 | 1.60 | 1.65 | 1.57 | 1.68 | 1.54 | 1.71 | 1.51 | 1.74 | 1.49 | 1.77 |
| 80 | 1.61 | 1.66 | 1.59 | 1.69 | 1.56 | 1.72 | 1.53 | 1.74 | 1.51 | 1.77 |
| 85 | 1.62 | 1.67 | 1.60 | 1.70 | 1.57 | 1.72 | 1.55 | 1.75 | 1.52 | 1.77 |
| 90 | 1.63 | 1.68 | 1.61 | 1.70 | 1.59 | 1.73 | 1.57 | 1.75 | 1.54 | 1.78 |
| 95 | 1.64 | 1.69 | 1.62 | 1.71 | 1.60 | 1.73 | 1.58 | 1.75 | 1.56 | 1.78 |
| 100 | 1.65 | 1.69 | 1.63 | 1.72 | 1.61 | 1.74 | 1.59 | 1.76 | 1.57 | 1.78 |

注）$p$ は定数項以外の説明変数の個数。

# 確率表5(ii)　ダービン・ワトソン比検定 $d_L$, $d_U$ の1%点

| $n$ | $p=1$ | | $p=2$ | | $p=3$ | | $p=4$ | | $p=5$ | |
|---|---|---|---|---|---|---|---|---|---|---|
| | $d_L$ | $d_U$ | $d_L$ | $d_U$ | $d_L$ | $d_U$ | $d_L$ | $d_U$ | $d_L$ | $d_U$ |
| 15 | 0.81 | 1.07 | 0.70 | 1.25 | 0.59 | 1.46 | 0.49 | 1.70 | 0.39 | 1.96 |
| 16 | 0.84 | 1.09 | 0.74 | 1.25 | 0.63 | 1.44 | 0.53 | 1.66 | 0.44 | 1.90 |
| 17 | 0.87 | 1.10 | 0.77 | 1.25 | 0.67 | 1.43 | 0.57 | 1.63 | 0.48 | 1.85 |
| 18 | 0.90 | 1.12 | 0.80 | 1.26 | 0.71 | 1.42 | 0.61 | 1.60 | 0.52 | 1.80 |
| 19 | 0.93 | 1.13 | 0.83 | 1.26 | 0.74 | 1.41 | 0.65 | 1.58 | 0.56 | 1.77 |
| 20 | 0.95 | 1.15 | 0.86 | 1.27 | 0.77 | 1.41 | 0.68 | 1.57 | 0.60 | 1.74 |
| 21 | 0.97 | 1.16 | 0.89 | 1.27 | 0.80 | 1.41 | 0.72 | 1.55 | 0.63 | 1.71 |
| 22 | 1.00 | 1.17 | 0.91 | 1.28 | 0.83 | 1.40 | 0.75 | 1.54 | 0.66 | 1.69 |
| 23 | 1.02 | 1.19 | 0.94 | 1.29 | 0.86 | 1.40 | 0.77 | 1.53 | 0.70 | 1.67 |
| 24 | 1.04 | 1.20 | 0.96 | 1.30 | 0.88 | 1.41 | 0.80 | 1.53 | 0.72 | 1.66 |
| 25 | 1.05 | 1.21 | 0.98 | 1.30 | 0.90 | 1.41 | 0.83 | 1.52 | 0.75 | 1.65 |
| 26 | 1.07 | 1.22 | 1.00 | 1.31 | 0.93 | 1.41 | 0.85 | 1.52 | 0.78 | 1.64 |
| 27 | 1.09 | 1.23 | 1.02 | 1.32 | 0.95 | 1.41 | 0.88 | 1.51 | 0.81 | 1.63 |
| 28 | 1.10 | 1.24 | 1.04 | 1.32 | 0.97 | 1.41 | 0.90 | 1.51 | 0.83 | 1.62 |
| 29 | 1.12 | 1.25 | 1.05 | 1.33 | 0.99 | 1.42 | 0.92 | 1.51 | 0.85 | 1.61 |
| 30 | 1.13 | 1.26 | 1.07 | 1.34 | 1.01 | 1.42 | 0.94 | 1.51 | 0.88 | 1.61 |
| 31 | 1.15 | 1.27 | 1.08 | 1.34 | 1.02 | 1.42 | 0.96 | 1.51 | 0.90 | 1.60 |
| 32 | 1.16 | 1.28 | 1.10 | 1.35 | 1.04 | 1.43 | 0.98 | 1.51 | 0.92 | 1.60 |
| 33 | 1.17 | 1.29 | 1.11 | 1.36 | 1.05 | 1.43 | 1.00 | 1.51 | 0.94 | 1.59 |
| 34 | 1.18 | 1.30 | 1.13 | 1.36 | 1.07 | 1.43 | 1.01 | 1.51 | 0.95 | 1.59 |
| 35 | 1.19 | 1.31 | 1.14 | 1.37 | 1.08 | 1.44 | 1.03 | 1.51 | 0.97 | 1.59 |
| 36 | 1.21 | 1.32 | 1.15 | 1.38 | 1.10 | 1.44 | 1.04 | 1.51 | 0.99 | 1.59 |
| 37 | 1.22 | 1.32 | 1.16 | 1.38 | 1.11 | 1.45 | 1.06 | 1.51 | 1.00 | 1.59 |
| 38 | 1.23 | 1.33 | 1.18 | 1.39 | 1.12 | 1.45 | 1.07 | 1.52 | 1.02 | 1.58 |
| 39 | 1.24 | 1.34 | 1.19 | 1.39 | 1.14 | 1.45 | 1.09 | 1.52 | 1.03 | 1.58 |
| 40 | 1.25 | 1.34 | 1.20 | 1.40 | 1.15 | 1.46 | 1.10 | 1.52 | 1.06 | 1.58 |
| 45 | 1.29 | 1.38 | 1.24 | 1.42 | 1.20 | 1.48 | 1.16 | 1.53 | 1.11 | 1.58 |
| 50 | 1.32 | 1.40 | 1.28 | 1.45 | 1.24 | 1.49 | 1.20 | 1.54 | 1.16 | 1.59 |
| 55 | 1.36 | 1.43 | 1.32 | 1.47 | 1.28 | 1.51 | 1.25 | 1.55 | 1.21 | 1.59 |
| 60 | 1.38 | 1.45 | 1.35 | 1.48 | 1.32 | 1.52 | 1.28 | 1.56 | 1.25 | 1.60 |
| 65 | 1.41 | 1.47 | 1.38 | 1.50 | 1.35 | 1.53 | 1.31 | 1.57 | 1.28 | 1.61 |
| 70 | 1.43 | 1.49 | 1.40 | 1.52 | 1.37 | 1.55 | 1.34 | 1.58 | 1.31 | 1.61 |
| 75 | 1.45 | 1.50 | 1.42 | 1.53 | 1.39 | 1.56 | 1.37 | 1.59 | 1.34 | 1.62 |
| 80 | 1.47 | 1.52 | 1.44 | 1.54 | 1.42 | 1.57 | 1.39 | 1.60 | 1.36 | 1.62 |
| 85 | 1.48 | 1.53 | 1.46 | 1.55 | 1.43 | 1.58 | 1.41 | 1.60 | 1.39 | 1.63 |
| 90 | 1.50 | 1.54 | 1.47 | 1.56 | 1.45 | 1.59 | 1.43 | 1.61 | 1.41 | 1.64 |
| 95 | 1.51 | 1.55 | 1.49 | 1.57 | 1.47 | 1.60 | 1.45 | 1.62 | 1.42 | 1.64 |
| 100 | 1.52 | 1.56 | 1.50 | 1.58 | 1.48 | 1.60 | 1.46 | 1.63 | 1.44 | 1.65 |

# 索　引

## サ　行

## タ　行



## ナ・ハ行

## マ　行



## ヤ　行



## ラ　行

〈著者紹介〉

井上　勝雄（いのうえ・かつお）

1943年　大阪生まれ
1967年　関西学院大学経済学部卒業
1972年　関西学院大学経済学部専任助手を経て，
現　在　関西学院大学経済学部教授
主　著　『新・よくわかる統計学の考え方』ミネルヴァ書房，2008年
『計量経済学の理論と応用』有斐閣，1983年
ほか

MINERVA TEXT LIBRARY ㊼
経済統計の計量分析
——計量経済学入門——

2010年４月20日　初版第１刷発行　〈検印省略〉

定価はカバーに
表示しています

著　者　井　上　勝　雄
発行者　杉　田　啓　三
印刷者　江　戸　宏　介

発行所　株式会社　ミネルヴァ書房
607-8494　京都市山科区日ノ岡堤谷町１
電話代表（075）581-5191番
振替口座　01020－0－8076


共同印刷工業・清水製本

ISBN 978-4-623-05705-4
Printed in Japan